Uni-Taschenbücher 123

W0391011

UTB FÜR WISSEN SCHAFT

Eine Arbeitsgemeinschaft der Verlage

Wilhelm Fink Verlag München
Gustav Fischer Verlag Jena und Stuttgart
A. Francke Verlag Tübingen und Basel
Paul Haupt Verlag Bern · Stuttgart · Wien
Hüthig Fachverlage Heidelberg
Leske Verlag + Budrich GmbH Opladen
Lucius & Lucius Verlagsgesellschaft Stuttgart
J. C. B. Mohr (Paul Siebeck) Tübingen
Quelle & Meyer Verlag · Wiesbaden
Ernst Reinhardt Verlag München und Basel
Schäffer-Poeschel Verlag · Stuttgart
Ferdinand Schöningh Verlag Paderborn · München · Wien · Zürich
Eugen Ulmer Verlag Stuttgart
Vandenhoeck & Ruprecht in Göttingen und Zürich

Die Menschenrechte

Erklärungen, Verfassungsartikel,
Internationale Abkommen

Mit einer umfassenden Einführung

herausgegebenen von

WOLFGANG HEIDELMEYER

4., erneuerte und erweiterte Auflage 1997

Ferdinand Schöningh

Paderborn · München · Wien · Zürich

Wolfgang Heidelmeyer, Doktor der Rechte, geb. 1925, Senatsrat a.D. in Berlin, Veröffentlichungen auf dem Gebiet des Staats- und Völkerrechts und der internationalen Politik.

Die Deutsche Bibliothek – CIP-Einheitsaufnahme

Die Menschenrechte: Erklärungen, Verfassungsartikel, internationale Abkommen / mit einer umfassenden Einf. hrsg. von Wolfgang Heidelmeyer. – 4., erneuerte und erw. Aufl. – Paderborn; München; Wien: Schöningh, 1997
(UTB für Wissenschaft: Uni-Taschenbücher; 123)
ISBN 3-8252-0123-0 (UTB)
ISBN 3-506-99160-4 (Schöningh)
NE: Heidelmeyer, Wolfgang [Hrsg.]; UTB für Wissenschaft / Uni-Taschenbücher

Gedruckt auf umweltfreundlichem, chlorfrei gebleichtem Papier (mit 50 % Altpapieranteil)

4., erneuerte und erweiterte Auflage, 1997

(Verlag Ferdinand Schöningh GmbH, Jühenplatz 1, D-33098 Paderborn)
ISBN 3-506-99160-4

Printed in Germany
Herstellung: Ferdinand Schöningh, Paderborn
Einbandgestaltung: Alfred Krugmann, Freiberg am Neckar

UTB-Bestellnummer: ISBN 3-8252-0123-6

Inhalt

ZWEITER TEIL – DOKUMENTE

Historische und zeitgenössische Erklärungen, internationale Abkommen und Verfassungsartikel

Erster Abschnitt:
Die „klassischen Kataloge" der Menschenrechte

Zweiter Abschnitt:
Historische Verfassungstexte

Dritter Abschnitt:
Moderne Staatsverfassungen

A. Europäische Verfassungen

B. Außereuropäische Verfassungen

Vorbemerkung zur vierten Auflage

Wie die früheren Auflagen gibt auch diese Ausgabe einen handlichen Überblick für eine gleichzeitig umfassende Orientierung über Entwicklung, Stand und aktuelle Tendenzen der Menschenrechte und der Grundrechte und Grundfreiheiten des Staatsbürgers im nationalen und internationalen Rahmen. Der gleichzeitige Blick auf Staatsverfassungen, internationale Texte und andere Dokumente, die den geschichtlichen Fluß in rechtlicher Ausdeutung erkennbar machen, soll die wechselseitige Befruchtung beider Bereiche verdeutlichen und zugleich die mächtige und ständig wachsende Strömung erscheinen lassen, die zunehmend die Staatsgesinnung der Mitglieder der Völkergemeinschaft durchdringt und prägt. Nicht zuletzt deshalb wurde bei der Auswahl der nationalen Texte ein Schwerpunkt bei Verfassungen des ehemaligen Ostblocks gesehen, in denen die wachsende Bedeutung der grundlegenden menschlichen Rechte in ihren einzelnen Verästelungen nunmehr einen Prozeß der Bewußtseinsbildung zu tragen beginnt, der sich auch dort schwerlich wieder verdrängen läßt.

Bei der erneuerten Wiedergabe von Verfassungsauszügen galt es wiederum, den Bogen von den Elementen traditioneller Herkunft, die in ihrer anfänglichen historischen Gestalt weiterwirken, bis zu Belegen modernsten Verfassungsdenkens zu spannen. – Soweit Dokumente nicht amtlichen Ursprungs sind oder auf amtlicher Übersetzung beruhen, werden sie – mit geringen Ausnahmen – in eigener Transposition des Herausgebers vorgelegt, wobei entweder auf Originaltexte oder vorzügliche Übertragungen in englischer Sprache in der von Albert P. Blaustein und Gisbert H. Flanz besorgten Ausgabe der „Constitutions of the Countries of the World“ (New York – Stand September 1994) zurückgegriffen werden konnte.

Berlin, im März 1996 Wolfgang Heidelmeyer

ERSTER TEIL – EINFÜHRUNG

Die Menschenrechte

A. Philosophische und traditionelle Ursprünge der Menschenrechtsidee

I. Moralphilosophische und theologische Grundgedanken

Nicht mit sich allein lebt der Mensch, er lebt mit den anderen, und die Beziehung zu den anderen führt zu der Frage nach seinen Rechten und Pflichten.

Auf diese Frage sind im Laufe der Geschichte viele verschiedene Antworten gegeben worden, aus denen sich nach und nach ein differenzierteres Gefüge von Vorstellungen entwickelt hat: Wie soll der Mensch handeln und wie soll er behandelt werden?

Im indischen Denken (Manu und Buddha) werden zehn menschliche Freiheiten und Tugenden genannt, nämlich fünf soziale Freiheiten (Freiheit von Gewalt, von Not, von Ausbeutung von Entehrung, von verfrühtem Tode und Krankheit), zu denen fünf Tugenden treten (Toleranz, Gemeinschaftsgefühl, Wissen, Freiheit des Gewissens und der Gedanken, Freiheit von Furcht). In diesen grundlegenden Ideen sind die natürlichen Ansprüche des Menschen an die Gestalt von Gemeinschaften enthalten. Die ähnlich orientierte stoische Philosophie hielt es darum auch für einen Fehler, dem Menschen alle Gebote und Verbote auseinandersetzen zu wollen: Solle man etwa noch besonders vorschreiben, daß es gilt, mit dem Hungernden das Brot zu brechen, dem Schiffbrüchigen die Hand zu reichen? Der Römer Seneca schrieb: „Bringe ich alle menschlichen Pflichten auf eine kurze Formel, dann kann ich sagen: Alles, was Du vor Augen hast, was göttliche und menschliche Züge in sich vereint, bildet eine große Einheit; wir sind alle Glieder eines einzigen großen Körpers. Die Natur hat uns als Blutsverwandte geschaffen, als sie uns aus demselben Samen zu gleicher Bestimmung erzeugte. Sie pflanzte uns gegenseitig Liebe ins Blut und machte uns zu Wesen einer Gemeinschaft. Sie, die Natur, hat Recht und Billigkeit in die Welt gebracht; nach ihren Gesetzen ist es erbärmlicher, anderen zu schaden, als Schaden zu leiden; nach ihrem Gebot sollen unsere Hände zur Hilfe bereit sein für die, die sie brauchen … Wir sind für die Gemeinschaft geboren. Unsere menschliche Gemeinschaft gleicht einem Bogengewölbe: Es würde zusammenstürzen, wenn nicht die einzelnen Steine sich gegenseitig stützen und das Gewölbe hielten." (Briefe an Lucilius, XV, 3[95]).

Aus der natürlichen Vernunft des Menschen fließt die natürliche Gerechtigkeit: Dieser Satz ist in vielen Philosophien nachzuweisen. So sagte der Chinese Laotse mit kritischem Hinweis auf die Flut der Gesetze, die sich von der schlichten vernünftigen Einsicht in die Gerechtigkeit entfernen: „Viel Gesetze und Verordnungen gibt man, um so mehr Diebe und Räuber gibt es." (Spruch 57.) Hier zeigt sich der Punkt, wo die Ordnung des Landes durch das gesetzte Recht, durch das Gesetz, sich umzukehren beginnt zum Schaden der Gemeinschaft und damit des Menschen: „Maßvolle Regierung – echtes Volk; scharfe Regierung – Scherbenvolk." (Laotse, Spruch 58)

Die christliche Lehre, die in ihren religiös-sittlichen Überzeugungen von menschlicher Gleichheit den Lehren der Stoiker nicht fern stand, entschied sich eindeutig zugunsten der natürlichen Rechte des Menschen, wenn sie das Spannungsverhältnis von Freiheit und Autorität, das jede menschliche Gemeinschaft bestimmt, zugunsten der Freiheit löste Thomas von Aquin setzte bereits im 13. Jahrhundert des Naturrecht, das er als Abglanz des ewigen Rechts der göttlichen Vernunft versteht, in Widerspruch zum positiven Recht der menschlichen Gesetze. Diese sind nur gültig, wenn sie dem natürlichen und ewigen Recht genügen. Ist dies nicht der Fall, kann man den Gesetzen den Gehorsam verweigern. „Unrecht braucht Waffen" erinnerte auch der Chinese Laotse (Spruch 57).

Die Lehren vom natürlichen Recht sind auch im Zeitalter der Reformation lebendig, als Martin Luther „Von der Freiheit eines Christenmenschen" schrieb.

Manche neigen dazu, wegen solcher Zeugnisse den Gedanken der Menschenrechte als eine späte Frucht der Reformation zu begreifen. Zwar hatte der Westfälische Friede einen Durchbruch für die Religions- und Gewissensfreiheit gebracht, indem zwar die Befugnis der Fürsten, entsprechend dem Augsburger Religionsfrieden von 1555 über die Konfession ihrer Untertanen zu entscheiden, erhalten blieb, zugleich aber Andersgläubigen Gewissensfreiheit und Schutz ihrer Rechte zugesichert war (Verosta). Die Wurzeln aber reichen weiter zurück, denn gerade das Recht zum Widerstand, welches die spätere Naturrechtslehre im Innersten bestimmt hat, ist keine europäische Erfindung allein. In einem sehr alten Werk Chinas, dem „Buch der Geschichte", heißt es: „Der Himmel liebt das Volk, und der Herrscher muß dem Himmel gehorchen." Wenn der Herrscher nicht mehr zum Wohl seiner Untertanen regiert, können diese gegen ihn aufstehen und ihn vom Thron stoßen. Die chinesische Geschichte ist reich an Beispielen für die Beseitigung von Tyrannen (Chung-Sho Lo).

II. Das Naturrecht und die europäische Staatsphilosophie

Die mittelalterliche Staatsgewalt des schlichten Personenverbandes, welche der modernen Form des Gebietsverbandes (Territorialstaat) vorausgeht, enthielt in sich eine rechtliche Ordnung, die den Verhältnissen der Zeit angemessen war und bereits ein System „rechtsstaatlicher" Sicherungen umfaßte: die Sicherheit des Bürgers und Untertanen lag im Wesen des ständischen Verbandes. doch blieb außerdem der Einbruch außerweltlicher Grundregeln (Normen) sichtbar.

Der Rechtslehrer Andrea d'Isernia, um nur ein Beispiel zu nennen, bejahte zu Beginn des 14. Jahrhunderts aus patristischer Tradition ein volles Widerstandsrecht gegenüber einer ungerechten Ordnung.

Die meisten großen Rechtsdenker des 16. und 17. Jahrhunderts (Grotius, Bellarmin, Pufendorf, Bodin, Suarez) waren darin einig, daß der Verstoß gegen das sogenannte Naturrecht am Ende nichts anderes als Tyrannei bedeutete. Ihre Naturrechtslehre hatte zunächst aufklärerische, schließlich aber auch revolutionäre Züge. Dabei entdeckte sie durchaus kein neues Prinzip, sondern machte ein altes wirksam. Die Juristen hatten von alters her den Boden bereitet, indem sie das Gesetzesrecht (positives Recht) dem natürlichen Recht entgegenstellten. Alle Herschaftsverhältnisse hatten sich an der „natürlichen Vernunft" auszurichten. Sie unterstanden „als Einschränkungen der natürlichen Freiheit des Menschen" dem Erfordernis allgemeiner Gerechtigkeit (justa causa). „Ohne die Unerbittlichkeit, mit der das natürliche Recht in diesem System seine Ansprüche an das positive Gesetz vertrat, hätte das Wort Naturrecht nicht seine unheimlich faszinierende ... Wirkung ausüben können" (Reibstein). Aber man wird dieses Naturrecht immer wieder mißverstehen, wenn man es als Sammlung bestimmter Vorschriften zu verstehen sucht (die der Nachwelt oftmals nicht viel anders als eine Summe von Plattheiten erschienen sind). Dem lehensrechtlichen System der mittelalterlichen Gesellschaft und den Naturrechtslehren ging es mehr um die Rechtsidee, daß nämlich die herrschende Gewalt nicht selbstherrlich aufzutreten hätte. Erst der später aufkommende Absolutismus verdrängte diesen inneren Gehalt der tragenden Rechtsüberzeugung.

Auch für Thomas Hobbes bestimmte sich zwar das Maß der Freiheit nach der Ausgewogenheit zwischen dem Wohl von Bürger und Staat. Da die natürlichen Gesetze jedoch ohne die souveräne Staatsgewalt niemals „Gesetze" seien und sie zudem viele innere Widersprüche enthielten, müsse man davon ausgehen, daß nur das (positive) Gesetz „Recht und Unrecht" gültig festlegt. Hobbes setzte schließlich denWillen des Staates völlig dem Willen der ihm unterworfenen Bürger gleich. Anders Samuel Pufendorf, der gerade diesen Willen des Bürgers, sich dem Staat zu unterwerfen, eng durch den Gemeinschaftszweck (Staatszweck) begrenzte, nämlich auf diejenigen Angelegenheiten, die das Ganze betreffen, denn dieser Bereich kann kein Unrecht bergen. Darüber hinaus kann das allgemeine Gesetz der Menschheit dem einzelnen gegenüber durchaus verletzt werden. Das klingt schon an die Lehren von John Locke an, die in besonderer Weise zur Entstehung der modernen Menschheitsidee beigetragen haben.

Für Locke („Über die Regierung") sind die Menschen von Natur frei, gleich und voneinander unabhängig. Indessen können sie diese natürliche Freiheit durch ein Übereinkommen mit anderen aufheben, indem sie sich zusammenschließen, um in der Gemeinschaft behaglich, sicher und friedlich zu leben. Auf diese Weise bilden sie einen einzigen politischen Körper (Staat), der vom Willen der Mehrheit geleitet wird. Sie verzichten dadurch aber nicht auf ihre angeborene Freiheit im Naturzustand um sich blind einem maßlosen und unbeschränkten Willen auszuliefern. so ist zum Beispiel ihr Eigentum nicht der staatlichen Gewalt nach Gutdünken überliefert, und „da kein Mensch und keine menschliche Gesellschaft die Macht hat, ihre Erhaltung und die Mittel dazu dem absoluten Willen und der willkürlichen Herrschaft eines anderen zu überlassen, werden sie, sooft sich jemand anschicken sollte, sie in einen derartigen sklavischen Zustand zu versetzen, das Recht haben, zu verteidigen, worauf zu verzichten sie nicht die Macht haben", denn „gebraucht man Gewalt ohne Recht wider das Volk, ... so bedeutet dies dem Volke gegenüber den Kriegszustand". Dieses Recht auf Widerstand heißt aber nicht, eine Willkür gegen die andere auszutauschen und dem unbesonnenen Urteil das Geschick des Gemeinwesens zu überliefern: „Nur ungerechter und ungesetzlicher Gewalt darf Gewalt entgegengesetzt werden. Wer immer in irgendeinem anderen Fall Widerstand leistet, setzt sich selbst der gerechten Verurteilung ... aus."

Mit dieser letzten Bemerkung steht man vor den vielgestaltigen und ungelösten Problemen einer „natürlichen Begrenzung" der „natürlichen Rechte", bis hinein in das „Recht auf Widerstand", das sich bald im historischen Verlauf zum Recht auf Revolutionierung der gesamten Verhältnisse verdichten sollte. Sicher verletzt der Staat die Grenzen seiner Macht, wenn er die ihm ausgelieferten Menschen nicht als Bürger behandelt. Die Grenze gegenüber dem einzelnen Menschen ist völlig klar, wenn ein gegenwärtiger Angriff auf Leib oder Leben vorliegt (Notwehrrecht). Die gesellschaftlichen Bedingungen einer Revolution sind aber vielschichtiger. In der Geschichte der Menschenrechte dämmert im Gefolge des Zeitalters des Absolutismus eine neue Periode liberaler und demokratischer Gesinnung herauf. Die Stunde schlug für die Geburt der Revolution in der traditionsschwach beginnenden Gesellschaft Amerikas. Das Naturrecht wandelte sich in dieser Bewegung zu einer neuen Philosophie des Strebens nach Glück (Utilitarismus). Die explosive Kraft der „natürlichen, angeborenen Rechte der Menschheit" tritt deutlich zutage. In der Entwicklung der englischen Freiheiten war sie bereits vorgeprägt.

III. Die englischen Freiheiten und die amerikanische Revolution

Die Geschichte dieser Freiheiten ist eng verbunden mit der Tradition des gewohnheitlichen allgemeinen Rechts (Common Law) in England. Dieses Recht ist nicht aus Gesetzen des Königs, sondern aus den Entscheidungen der Richter entstanden. Die richterliche Gewalt war ein natürliches Gegengewicht zur Gewalt der Krone. Als Jakob I. versuchte, auf der Grundlage des römischen Rechts die unabhängige richterliche Gewalt unter seinen Willen zu zwingen, stieß er auf den heftigen Widerstand von Lord Justice Coke, der ihn belehrte, „daß der König zwar nicht einem Menschen unterworfen sei, aber Gott und dem Gesetz" (Romberg).

Dieses Gesetz, in erster Linie das Common Law, hatte sich in der freien englischen Luft ausgebildet, von der Lord Mansfield später gesagt haben soll, sie sei zu rein für einen Sklaven, so daß der frei sei, der sie atme. Es waren die englischen Richter, welche durch ihre Sprüche die notwendigen individuellen Garantien für die einzelnen sicherten, so den Schutz gegen willkürliche Verhaftung, der sich im Kampf zwischen König und Parlament zur Petition of Rights

(1628) und schließlich zu der berühmten Habeas-Corpus-Akte (1679) verdichtete. In der ebenso berühmten Magna Charta Libertatum von 1215 war bereits vom König zugestanden worden, daß ungesetzliche Verhaftung oder Bestrafung eines freien Mannes nicht stattfinden dürften. Im Jahre 1689 wurde das Gefüge der vorwiegend ständischen Freiheiten in der Bill of Rights durch die Anerkennung der grundlegenden Rechte des souveränen Parlaments vervollständigt.

Diesen Bestand an wesentlichen Rechtsvorstellungen, einschließlich der Tradition des Common Law, nahmen die puritanischen Auswanderer aus England mit in die Neue Welt. Als sie indessen in der Unabhängigkeitserklärung vom 4. Juli 1776 der großen Rechtfertigung ihres Abfalles vom Mutterland bedurften, um die inzwischen traditionell gewordene Vorstellung von der alleinigen Souveränität des englischen Parlaments zu überwinden, entsannen sie sich der Vorstellungen John Locke's und erklärten es zu einer unmittelbar einleuchtenden, selbstverständlichen Wahrheit, daß alle Menschen gleich geschaffen und mit bestimmten unveräußerlichen Rechten ausgestattet seien, zu denen das Recht auf Leben, auf Freiheit und das Streben nach Glück gehörten. Sie sagten ferner, daß die Regierung ihre rechtmäßige Gewalt nur aus der Zustimmung der Regierten herleiten könnte, und „wenn immer eine Regierungsform sich dieses Zielen abträglich erweist, es das Recht des Volkes ist, sie zu ändern oder abzuschaffen und eine neue Regierung einzusetzen und diese auf solchen Grundsätzen aufzubauen und ihre Gewalten so zu organisieren, wie es ihm zur Gewährleistung seiner Sicherheit und seines Glücks geboten scheint".

Aus dieser Verbindung von Tradition und naturrechtlichen Ideen folgten jene Vorstellungen, die als grundlegende, demokratisch und liberal bestimmte Gestaltungskräfte in den Formulierungen der Rechteerklärungen, den Bills of Rights, im Rahmen der Verfassungen von Virginia, Pennsylvania, Maryland, North-Carolina, Vermont, Massachusetts und New Hampshire erscheinen. Die älteste Bill of Rights ist die von Virginia (12. Juni 1776). Sie verbindet den politischen Anspruch des Volkes von Virginia auf Selbstregierung seines Staates (Art. 14) mit den Grundsätzen der amerikanischen Unabhängigkeitserklärung (Art. 1) und einer demokratischen Ordnung („that all power is vested in and consequently derived from the people" – Art. 2), dem Recht der Mehrheit auf Verfassungsreform (Art. 3), dem Grundsatz der freien Wahlen (Art. 6) und der reinlichen Scheidung der gesetzgebenden, vollziehenden und richterlichen Gewalt. Neben diesen demokratischen Ordnungsgrundsätzen findet man Gewährleistungen, die heute zum allgemeinen Bestand menschenrechtlicher Garantien gehören, wie zum Beispiel die Sicherung von Rechten der Beschuldigten im Zusammenhang mit Strafverfahren (Art. 8–10), in denen sich die traditionellen Gedanken des englischen Strafprozesses widerspiegeln, verbunden mit dem Recht auf ein Verfahren vor Geschworenengerichten. Ferner wird die Pressefreiheit zu einem der „großen Bollwerke der Freiheit" erklärt (Art. 12). Auch die Freiheit der Religionsausübung wird gewährleistet (Art. 16). Schließlich erscheint eine Zusammenfassung von Tugenden in Artikel 15 als Grundlage einer freien Regierung und der Segnungen der Freiheit. Die Rechteerklärungen der anderen Staaten tragen ähnliche Züge (die von Maryland nimmt noch das Widerstandsrecht in sich auf).

Überblickt man von hier aus den Bogen der Entwicklung, so findet man in den amerikanischen Texten tatsächlich alle Elemente der freiheitlichen Tradition in Verbindung mit den philosophischen, moralischen und juristischen Grundüberzeugungen der voraufgehenden Jahrhunderte wieder. Der gleiche Samen ging in der Großen Französischen Revolution auf.

IV. Die Französische Erklärung der Rechte des Menschen und des Bürgers von 1789

Etwa zur gleichen Zeit wie John Locke in England hatte in Frankreich Montesquieu die sozialen, politischen und religiösen Einrichtungen scharfsinnig analysiert. Sein berühmtes Werk über den „Geist der Gesetze" (Esprit des Lois, 1748) legte den Grund für die modernen Vorstellungen vom Verfassungsstaat (Gewaltenteilung). Und bereits in seinen berühmten „Persischen Briefen" (1721) spielte er auf die Notwendigkeit einer Verfassung und die Ideen der Freiheit und Gleichheit an. Dort findet man auch ähnliche Ideen wie zwei Jahrzehnte früher bei Locke: „Wenn ein Fürst, weit davon entfernt, seine Untertanen glücklich leben zu lassen, sie unterdrücken und vernichten will, so endet die Grundlage des Gehorsam; nichts bindet sie mehr, nichts knüpft sie mehr an ihn, und sie kehren wieder in ihre natürliche Freiheit zurück" (Persische Briefe, CIV).

Rousseau übersteigerte diese zeitgenössischen Ideen von den „natürlichen Freiheiten" zu der verführerischen Lehre, daß der Mensch im natürlichen Urzustande gut und tugendhaft sei und nur die sozialen Mächte diese Tugend untergraben hätten. Seine Lehre von einem Gesellschaftsvertrag (Contrat social), der den idyllischen Naturzustand beendet, begründet die „völlige Hingabe jedes Vertragsgenossen mit allen Rechten an die Gesamtheit", und „da die Entäußerung rückhaltlos geschieht, ist die Vereinigung so vollkommen wie nur möglich, und kein Vertragsgenosse hat mehr etwas zu fordern." Hieraus folgt, „daß es keine Art von Fundamentalgesetz gibt noch geben kann, die zwingend für den Volkskörper wäre, nicht einmal der Gesellschaftsvertrag selbst" (Schickhardt). In solchen Vorstellungen löst die „Souveränität des Volkes" die Rechte des einzelnen in der Gemeinschaft völlig auf, denn es leuchtet ein, daß das souveräne „Volk" nicht einmal an die „unveräußerlichen Menschenrechte" gebunden sein könnte. Das menschliche Grundrecht ist nur noch in einem übertragenen Sinne in der Macht des Kollektivs zu finden.

Nimmt man diese Ideen zusammen mit den klassischen Meinungen des Naturrechts über das Recht auf Widerstand, so wird die umwälzende Grundstimmung deutlich, die in der Französischen Revolution erscheint. Die ideologische Übertreibung Rousseaus offenbart sich in den Unterschieden zwischen den Erklärungen der Rechte von 1793 und 1789.

Nach dem Aufstand im Juli 1789 sah sich die aus der ursprünglichen Versammlung der Generalstände gebildete Nationalversammlung vor der Aufgabe, eine neue politische und soziale Ordnung zu schaffen. Dabei drängte sich der Gedanke der Menschenrechte geradezu auf, nachdem die amerikanischen Kolonisten das Beispiel gegeben hatten. Ein besonderes Grundrecht hatte bereits ein französisches Gesetz vom Jahre 1776 (wohl unter dem Einfluß der Schule der Physiokraten) allgemein aufgestellt: In dem Edikt zur Aufhebung der Zünfte wurde ein „Recht auf Arbeit" durch Ludwig XVI. als „geheiligtes und unveräußerliches Recht der Menschheit" anerkannt (Jellinek). In der französischen Menschenrechtserklärung von 1789 findet man es nicht mehr wieder.

Diese Erklärung beruhte auf einer größeren Zahl von Entwürfen. Der erste dieser Vorschläge wurde von Lafayette eingebracht, der im amerikanischen Unabhängigkeitskrieg mitgekämpft hatte. Es ist sicher, daß der damalige amerikanische Gesandte in Paris, Thomas Jefferson, auf die Formulierung Einfluß genommen hat.

Das Projekt Lafayettes enthält bereits die auch heute noch oft getroffene Unterscheidung von Menschenrechten (die der einzelne in die Gesellschaft mitbringt) und Bürgerrechten (die er im Staatsganzen erwirbt und innehat); die Bedeutung einer solchen Einteilung der Zusammenstellung sollte man jedoch nicht überschätzen. Ganz anders gestaltet war der Vorschlag von Sieyès, der eine „vernunftbegründete Form" für die Darlegung der „unmittelbar einleuchtenden Wahrheiten" einer gesetzesartigen Darstellung vorgezogen hätte, weil sonst die Wahrheit als „Glaubensartikel" formuliert sei und darum „mehr das Gedächtnis als die Vernunft belastet". Diese Vorstellung zielte offenbar mehr auf eine philosophische Begründung als auf ein praktisch brauchbares Werk: Die Gesellschaft erscheint als „Folge und Ergänzung des Naturzustandes"; in ihr genießt der Mensch einen höheren Grad von Freiheit, denn die Vergesellschaftung schützt die Gleichheit (der Rechte) gegen die Ungleichheit (der Mittel). In einem dritten Projekt – von Target – steht die möglichst unbeschränkte Eigenart des einzelnen (Individualismus) im Vordergrund: Das Gesetz darf nur verbieten, was anderen schaden kann. Tiefes Mißtrauen gilt der staatlichen Organisation. Die Hauptaufgabe ist, die Menschenrechte als Rechte des einzelnen zu schützen. Für Target ist jede Vereinigung, in der die Rechte des einzelnen (Individualrechte) gefährdet sind, nicht mehr als eine Räuberbande (brigandage).

Solche unterschiedlichen Ansätze traten noch in einer größeren Zahl anderer Vorschläge zutage, doch allenthalben wurde der Einfluß der amerikanischen Ideen deutlich. So machte Malouet in der Generaldebatte am 3. August 1789 einige bemerkenswerte Ausführungen: „Die Amerikaner waren ohne Zweifel für die Freiheit vorbereitet. Anders bei uns. Viele Menschen ohne Eigentum erwarten ihren Unterhalt von einer gesicherten Arbeit und einem ständigen Schutz. Ich glaube, daß in einem großen Staat Menschen, die durch das Schicksal in eine abhängige Stellung versetzt wurden, eher die richtigen Grenzen als die Ausdehnung ihrer natürlichen Freiheit sehen sollten" (Schickhardt).

In teilweise stürmischen Debatten fanden die Beratungen am 27. August ihren Abschluß; am 5. Oktober nahm der König nach einigem Zögern den endgültigen Text an, der schließlich der Verfassung von 1791 vorangestellt wurde.

Die Einleitung der Erklärung bezeichnet „die Unkenntnis, das Vergessen oder die Mißachtung der Rechte des Menschen" als „die alleinigen Ursachen des öffentlichen Unglücks und der Verderbtheit der Regierungen" und wünscht die „Handlungen der gesetzgebenden und ausübenden Macht" an die Menschenrechte zu binden, damit sie mehr geachtet werden und so „die Ansprüche der Bürger, indem sie künftig auf einfache und unbestreitbare Prinzipien gegründet werden, sich immer auf die Wahrung der Verfassung und auf das Wohl aller richten mögen".

Beim Lesen dieser Sätze gewinnt man das Gefühl, es handle sich bei den anerkannten Rechten nicht so sehr um Rechte des Menschen gegen den Staat, sondern um ein ideologisches Staatsprogramm, dessen Bedeutung für den einzelnen erst klar wird, wenn man die Gesetze kennt, von denen in dem nachfolgenden Katalog von 17 Artikeln die Rede ist und die die gewährten Freiheiten sogleich wieder beschränken. An der Spitze steht der Satz, daß die Menschen frei und gleich an Rechten geboren werden. Gesellschaftliche Unterschiede können nur auf den gemeinsamen Nutzen gegründet werden.

Artikel 2 nennt die „natürlichen und unabdingbaren Menschenrechte" selbst: Freiheit, Eigentum, Sicherheit und Widerstand gegen Unterdrückung. Sie sollen „Endzweck aller politischen Vereinigung" sein. Sodann wird die „Souveränität der Nation" genannt, von der sich alle Autorität ableiten muß (Art. 3).

Artikel 4 bezeichnet den Begriff der Freiheit als das Recht, „alles tun zu können, was einem anderen nicht schadet". In diesem Sinne werden die Grenzen der Freiheit durch das Gesetz bestimmt.

Dieses Gesetz soll nur Handlungen verbieten dürfen, „die der Gesellschaft schädlich sind"; was nicht auf diese Weise verboten ist, ist erlaubt (Art. 5). Hier wird der Einfluß der Ideen Rousseaus deutlich. Ebenso entstammt die nächste Bestimmung völlig seinem Geiste: „Das Gesetz ist der Ausdruck des allgemeinen Willens (volonté générale)." Dieser ideale Gemeinwille Rousseaus enthält aber nicht einfach die Summe dessen, was jeder einzelne und, zusammengenommen, alle Bürger wollen, weil ein Ausgleich von Widersprüchen darin unmöglich wäre, sondern entspringt erst einem Vorgang demokratischer Diskussion, in dem sich letztlich die Minderheit zu beugen hat. Aber was geschieht, wenn die Mehrheit mit dem praktisch von ihr geformten „Gemeinwillen", d.h. dem Gesetz, „unabdingbare Menschenrechte" verletzt? Die Erklärung von 1789 verlangt nur, daß das Gesetz „für alle das gleiche" sei (Art. 6). Obwohl das Recht auf Widerstand anerkannt ist, hat der Bürger, „der auf Grund eines Gesetzes vorgeladen oder festgenommen wird, auf der Stelle" zu gehorchen (Art. 7); Widerstand hiergegen wäre strafbar.

Artikel 8 stellte aber wenigstens klar, daß keinesfalls auf Grund eines Gesetzes bestraft werden kann, welches nicht bereits vor der Begehung der Straftat bestanden hat. Hierin liegt eine wirksame Garantie, ebenso wie in der Bestimmung in Artikel 7, daß es eines Gesetzes bedarf, um jemanden seiner Freiheit zu berauben. Artikel 9 fügt hinzu, daß jeder so lange als unschuldig gilt, bis er für schuldig befunden ist, und daß das Gesetz alle Härten bei der Festnahme und Festhaltung „streng unterbinden" soll.

Nur schwach ist die Gewährung der Freiheit auf Meinungsäußerung im Artikel 10 und 11 ausgestaltet: Sie darf „die durch das Gesetz errichtete öffentliche Ordnung" nicht stören. Die Pressefreiheit steht unter dem Vorbehalt „der Verantwortlichkeit für den Mißbrauch dieser Freiheit in den durch das Gesetz bestimmten fällen".

Die folgenden Artikel enthalten Erklärungen über die Notwendigkeit einer öffentlichen Macht im Interesse der Menschenrechte, über die Steuerpflicht, die Steuerbewilligung und die Haftung der Beamten für ihre Amtsführung. Artikel 16 verkündet sodann, daß eine Gesellschaft, die weder die Rechte zusichere noch die Gewaltenteilung festlege, überhaupt keine Verfassung habe. Schließlich garantiert Artikel 17 das Eigentum; eine Enteignung setze eine „gerechte Entschädigung" voraus.

Betrachtet man die Erklärung von 1789 insgesamt, so drängt sich der Eindruck auf, daß die ideale Natur des „Gemeinwillens" und die „Souveränität des Gesetzes" (das als solches noch nicht „gerecht" sein muß) wohl doch überschätzt worden sind.

Die Verfassung der Jakobiner von 1793, die zwar niemals wirklich in Kraft trat, hielt an dem Gedanken von 1789 fest, gestaltete den Katalog der Rechte aber in knappere Formeln um; die Zahl der Artikel wurde gleichzeitig auf 35 vermehrt. Die Kompromisse von 1789 weichen zu radikalen Sätzen verkürzten Glaubensartikeln. Das Widerstandsrecht erhält einen eigenen Artikel, die jederzeitige Verfassungsänderung wird ermöglicht (Art. 28), das Recht auf Revolution verkündet: „Wenn die Regierung die Rechte des Volkes verletzt, so ist die Erhebung dem Volke und jedem Teil davon heiligstes Recht und unerlässliche Pflicht." (Art. 35). Unter diesem äußerlich bestechenden Gewande, das eine höchstmögliche Verbürgung der Freiheit des einzelnen und strenge Beschränkung der Staatsgewalt umreißt, vollzog sich der Terror des „tugendhaften, unbestechlichen" Robespierre.

Die Lehre der Französischen Revolution und der aus ihr hervorgegangenen Grundideen ist, daß auch mit höchster Feierlichkeit verkündete Rechte des Menschen einer verfassungsmäßigen Kontrolle bedürfen, wenn sie nicht durch die realen Verhältnisse und deren Ausdruck in der allgemeinen Gesetzgebung ohnehin praktisch verbürgt werden. Aber auch in diesem Falle bedarf es eines Hüters, damit die Pflicht zur Achtung der Menschenrechte durch das Gesetz nicht im Nebel eines „Volkswillens" verschwinden kann, der – um die Worte Targets zu wiederholen – aus der politischen Vereinigung eine „Räuberbande" werden läßt.

B. Die Menschenrechte in den Staatsverfassungen

I. Von der Französischen Revolution bis zum Ende des Ersten Weltkrieges

Die restaurative Entwicklung nach der Revolution brachte in Frankreich eine deutliche Abschwächung radikal übersteigerter Ideen über die Natur der persönlichen Freiheiten.

Bereits die Verfassung von 1795 stellt einer verkürzten Zusammenfassung von Rechten einen Katalog von Pflichten gegenüber, die allerdings bei dem heutigen Betrachter das Gefühl einer aufdringlichen Plattheit erwecken: „Keiner ist ein guter Bürger, wenn er nicht ein guter Sohn, guter Vater, guter Bruder, guter Freund, guter Gatte ist", oder: „Keiner ist ein Ehrenmann, wenn er nicht ein freimütiger und frommer Beobachter der Gesetze ist."

Die Verfassung Bonapartes von 1799 ließ die Menschen- und Bürgerrechte fast völlig verschwinden. Einiges davon blieb nur in den Bestimmungen über das Verfahren bei Verhaftungen übrig, womit aber wenigstens der reale Gehalt an Garantien aus den Revolutionsjahren und ihren Texten hinübergerettet wurde. Von den politischen Rechten blieb nur das Recht auf Eingaben und Beschwerden (Petitionsrecht), welches in der jakobinischen Verfassung enthalten war, bestehen; das Widerstandsrecht wurde in sein Gegenteil verkehrt, indem es zulässig wurde, bei staatsbedrohenden Unruhen die Verfassung zeitweilig außer Kraft zu setzen.

Die Bourbonen gewährten in der Verfassungscharta von 1814 wiederum einige Garantien als „Staatsrechte der Franzosen" (Gleichheit vor dem Gesetz, gleicher Zugang zu öffentlichen Ämtern, Garantie der persönlichen Freiheit, Religionsfreiheit, Meinungsfreiheit – wenn sie sich den Gesetzen fügt, Sicherung des Eigentums).

Während der „Hundert Tage" Napoleons ergeht ein Zusatzakt zu den Verfassungen des Kaiserreichs, der durch eine Volksabstimmung bestätigt wurde. Nach der endgültigen Restauration der Bourbonen tritt die Charta von 1814, die König Ludwig der XVIII. okroyiert hatte, wieder in Kraft; sie wurde 1830 durch Vereinbarung zwischen König und Parlament revidiert (Mayer-Tasch).

In der Verfassung Belgiens vom 7. Februar 1831, die in veränderter Fassung heute noch gilt, zeichnet der zweite Teil die Rechte der Belgier auf. Einige gehören zum modernen und allgemeinen Bestande der Grundfreiheiten (Gleichheit vor dem Gesetz, Freiheit der Person, des Glaubens, der Lehre und der Presse, Recht auf den „gesetzlich bestimmten Richter", Gesetzmäßigkeit des Strafsystems, Garantie gegen willkürliche Verhaftung, Garantie des Eigentums und der Unverletzlichkeit der Wohnung, Versammlungs- und Vereinigungsfreiheit, Petitionsrecht, Garantie des Briefgeheimnisses). Andere Rechte sind nur aus der besonderen politischen Lage des Landes verständlich (Sprachenfreiheit, Abschaffung von Standesvorrechten).

Ebenso kennt die Verfassung der Französischen Republik vom 4. November 1848 nur „Bürgerrechte"; sie bezeichnet aber bereits die Grenzlinie zwischen der allein auf die bürgerlichen Freiheiten gerichteten früheren Menschenrechtserklärung und den neu zutage tretenden sozialen Ansprüchen: „Die Verfassung garantiert den Bürgern die Freiheit der Arbeit und des Gewerbes. Die Gesellschaft begünstigt und ermutigt die Entwicklung der Arbeit durch freien Elementarunterricht, Berufserziehung, Gleichheit der Beziehungen zwischen Arbeitgeber und Arbeitnehmer, die Einrichtungen der Fürsorge und des Kredits, die landwirtschaftlichen Einrichtungen, freiwilligen Zusammenschlüsse und die Einrichtung durch Staat, Departements und Gemeinden von öffentlichen Arbeiten, die geeignet sind, Arbeitslose zu beschäftigen; sie gewährt verlassenen Kindern sowie Kranken und mittellosen Alten, die ihre Familien nicht unterhalten können, Unterstützung" (Art. 13). die abstrakte Sozialidee der Jakobiner („der Zweck der Gesellschaft ist das allgemeine Wohl") erscheint hier in einem der Wirklichkeit verantwortlichen Bilde von grundlegenden Gesellschaftspflichten (Recht auf Bildung, Arbeit, Freiheit von Not).

Die Verfassung der Paulskirche (Verfassung des Deutschen Reiches, verkündet von der Verfassunggebenden Nationalversammlung in Frankfurt am Main am 28. März 1849) bleibt dahinter in ihrem Grundgehalt zurück.

Die Frankfurter Versammlung hatte am 3. Juli 1848 die Beratung der „Grundrechte des deutschen Volkes" begonnen. Über die Ergebnisse der Beratungen sagt Hartung: „Mit deutscher Gründlichkeit und Umständlichkeit suchen sie ... die Rechtsphäre des einzelnen Deutschen gegenüber dem Staat und seinen Beamten bis ins kleinste abzugrenzen." Und über die Beratungen selbst schrieb Heinrich Laube: „Während dieser endlosen Verhandlungen riefen die Linken fortwährend: Ihr verratet die Freiheit, ihr widerwärtigen Menschen der Mitte, die ihr uns verhaßter seid als die Reaktionäre der Rechten, ihr verratet die große Zeit, welche jeden Rest von Bevormundung und Sklaverei verschwinden ließe. Pfui über euch! ... Zwischen diesen Gegensätzen, zwischen einem schreienden und einem schweigenden, zwischen einem unbesonnen schreienden und einem spöttisch schweigenden, kam und stieg die Flut von Verbesserungsanträgen, kam und stieg die Flut von Rednern – das deutsche Parlament schien unterzugehen in Redensarten..." (Das erste deutsche Parlament). Dennoch gelangte man zu einem Ergebnis, einem umfangreichen Werk mit 59 Paragraphen. Diese Grundrechte wurden zunächst (27. Dezember 1848) als selbständiges Gesetz verkündet und dann in die Verfassung des Deutschen Reiches von 1849 übernommen. die aufgestellten Rechtsregeln reichten von dem Gebot einer Verfassung mit Volksvertretung für jeden deutschen Staat bis zu Grundsätzen der Gemeindeverfassung, gaben den fremdnationalen Minderheiten in Deutschland das Recht auf eine eigene Entwicklung, garantierten diplomatischen Schutz im Ausland, schafften Privilegien ab, stellten die Deutschen in verschiedenen deutschen Staaten einander gleich, sprachen davon, welche Behörden die Standesbücher führen sollten; daneben findet man den bereits bekannten klassischen Rechtekatalog, wie ihn die belgische Verfassung enthielt. Mit noch größerem Recht als von den früheren französischen Erklärungen kann man sagen, daß es sich bei diesen Schöpfungen um ein wesentliches Staatsgrundgesetz handelte.

Wohl sind es Bürgerrechte, nicht aber grundlegende Rechte des Menschen, welche sich hier spiegeln. Wo die allgemeine Gleichheit genannt wird, begreift man sie aus der gegenwärtigen politischen Lage: „Vor dem Gesetz gilt kein Unterschied der Stände" (§ 137). Es war ein bestimmtes Staatsbild, welches man zu zeichnen wünschte, und in einem solchen Versuch liegt sicher ein Nachteil: Jede Änderung eines Umrißteils wirkt auf die anderen Linien, und die Gesamterscheinung wird in Frage gestellt. Die Garantie der Menschenrechte müßte aber so beschaffen sein, daß sie in jedem Staatsbild gleichmäßigen Bestand hat. Bis dahin jedoch war und ist ein weiter Weg.

Die Beratungen von 1848 haben außerdem noch das Problem aufgeworfen, wie es sich mit den Grundrechten verhält, wenn das Staatsganze in Not (Krieg, Aufruhr) gerät. Artikel 197 der Verfassung von 1849 sah vor, daß bestimmte Grundrechte (Verhaftung, Haussuchung, Versammlungsrecht) zeitweilig außer Kraft gesetzt werden können. Welche Grundrechte solchen Einschränkungen im Notstandsfalle unterworfen sein können oder nicht, dazu wird man zu verschiedenen Zeiten und an verschiedenen Orten wohl stets verschiedene Antworten geben. Eine allgemeinverbindliche Antwort würde die Klärung voraussetzen, welche der vielfältigen Rechte wirklich „unveräußerlichen" Charakter tragen und damit, wenn man dies völlig ernst nimmt, jeglichem Zugriff der Staatsgewalt entzogen sind.

In der deutschen Verfassungsgeschichte wirkte das Beispiel von 1848 weiter in die preußische Verfassungsurkunde von 1850. Und auch in Österreich bildete sich in dem Staatsgrundgesetz vom 21. Dezember 1867 ein Katalog von Grundrechten. Ähnliche Entwicklungen vollzogen sich in den Verfassungen Griechenlands (1864), Rumäniens (1866), Serbiens (1888), der Türkei (1876), Japans (1889) und Rußlands (1906) [Hartung]. Hingegen verzichteten die Verfassungen des Deutschen Reichs von 1871 und Frankreichs von 1875 auf ausdrückliche Grundrechtsteile, ohne daß man daraus schließen dürfte, die Grundrechte der früheren Texte seien abgeschafft worden; sie waren – wenigstens in Deutschland – Gemeingut im Rahmen der allgemeinen Gesetzgebung geworden.

II. Verfassungsentwicklungen in Europa seit 1918: Von der Divergenz zur Konvergenz

Wir haben gesehen, daß der liberale Durchbruch zu den menschlichen Freiheiten im Kern auf die Verneinung der Kollektivgewalt oder wenigstens deren äußerste Beschränkung abzielt. Man kann die bürgerlichen Freiheiten als „negative" Rechte gegen die Gesellschaft auffassen, und man wird dann zwangsläufig zu der Vorstellung von Forderungen an die Gesamtheit geleitet, welche das Bild dieser Freiheiten ergänzt, nämlich zu der Vorstellung von „positiven" Rechten (Recht auf Arbeit, Unterstützung, staatliche Fürsorge usw.). Beides kann sehr wohl und ohne Widerspruch nebeneinander bestehen. Die Gleichheit der Rechte und die Gleichheit der Chancen schließen einander keineswegs aus. Anderseits kann das Beharren auf dem Vorrang der „positiven Freiheitsrechte" (wie Sergius Hessen sie nennt), vor allem den Rechten auf Arbeit, auf Bildung und auf menschenwürdige Existenz, die „negativen" Freiheiten des liberalen Weltbildes weitgehend verdrängen und schließlich in dem Gedanken auflösen, daß die Gewährung sozialer Art durch die organisierte Gesellschaft der „wirkliche" Ausdruck der Menschenrechte sei. Die Entartung zur Gewaltherrschaft (Tyrannei) ist bei einer solchen Bestimmung der gesellschaftlichen Zwecke (man erinnere sich nur der jakobinischen Vorstellungen vom „allgemeinen Wohl") ebensowenig ausgeschlossen wie im Rahmen ganz andersartiger Vorstellungen über die Zwecke von Staat und Gesellschaft. In diesem Sinne sind gerade Anarchie als extreme Freiheitsvorstellung und doktrinärer Kommunismus als extreme Sozialvorstellung, um historische Gegenpole zu bezeichnen, durchaus verschwistert. Lenin schrieb in seinem letzten Buch vor der Oktoberrevolution in Rußland: „Der Punkt, an dem sich Anarchismus und Kommunismus scheiden, liegt nicht in der Auffassung über die ideale Gesellschaft, die bei beiden die gleiche ist, sondern ausschließlich in dem Weg, der zu diesem Ideal hinführt" (S. Hessen). Beiden Wegen aber ist die Gewalt gemeinsam.

Wenn die extremen Ideale überhaupt zueinander geführt werden können, dann sicher nur in einem Spannungsausgleich zwischen dem positiven und dem negativen, also zwischen dem streng sozialen und dem streng liberalen Pol. Allein so kann ein im Sinne der Menschenrechte angemessener Zustand der Gesellschaft und damit des Staates erreicht werden. Die russischen Revolutionäre von 1918 hatten den Blick dafür aber ebensowenig gewonnen wie die französischen Jakobiner, denen es in der Zeit ihrer Herrschaft an Meinungen über soziale Gerechtigkeit sicher nicht fehlte: „Überfluß ist schändlich", sagte Saint Just.

Der Allrussische Rätekongreß, die Versammlung der Arbeiter-, Soldaten- und Bauerndeputierten, nahm am 10. Juli 1918 ein Grundgesetz mit einer „Erklärung der Rechte des werktätigen und ausgebeuteten Volkes" an, in deren Mittelpunkt die kollektive Gewalt des Proletariats stand. Erklärter Zweck war die Beseitigung der „Ausbeutung des Menschen durch den Menschen", die Abschaffung der Klassen, die „Vernichtung der Parasitenschicht der Gesellschaft". Ferner hieß es: „Die Macht muß ganz und ausschließlich den werktägigen Massen und ihren bevollmächtigten Vertretern ... gehören." In dieser Erklärung über „Rechte" ist zur Rechtfertigung der revolutionären Ziele nur noch ein „Recht auf Revolution" erkennbar. Das historisch bekannte Recht auf Widerstand gewinnt erneut Gestalt. Die Idee eines allgemeinen Menschenrechts zeigte abermals ihre verändernde Macht.

Die Verfassung der Union der Sozialistischen Sowjetrepubliken vom 5. Dezember 1936 drückte die sozialistischen Ziele in ihrem Abschnitt über die Grundrechte und Grundpflichten der Bürger nach der Vollendung der Revolution erheblich gemäßigter aus und gab dem sowjetischen Staatsbild Raum. Die neu gestaltete Staatsmacht gewährt allen Bürgern die gleichen Rechte, wobei die sozialen Artikel durchaus im Vordergrund stehen (Recht auf Arbeit, Bildung, Erholung, Versorgung). Daneben findet man aber auch die herkömmlichen Freiheiten (Freiheit der Person, Gleichberechtigung, Gewissensfreiheit, Freiheit der Rede, der Presse, der Versammlung, der Vereinigung). Der entscheidende Unterschied zu den überkommenen Vorstellungen liegt darin, daß die Bürger des Staates alle zugesagten Rechte und Freiheiten nur als Glied der Gemeinschaft genießen, der sie sich ein- und unterzuordnen haben und gegen deren „allgemeinen Willen", welcher sich in den staatlichen Gesetzen ausdrückt, kein Schutz gewährt wird. Am Ende ist nur von materiellen Voraussetzungen für die Ausübung von Freiheiten die Rede, da aber die Bedingungen der Kontrolle unterliegen, sind es eben nur „kontrollierte Freiheiten".

Nun darf man jedoch bei aller angebrachten Kritik vom Standpunkt der persönlichen Freiheiten her nicht übersehen, daß die Gewährung sozialer Wohltaten, wie zum Beispiel des Rechts auf Arbeit und soziale Vorsorge, ein Zusammenwirken aller Bürger innerhalb der sozialen Staatsidee verlangt und dadurch die absoluten (d.h. die grundsätzlich unbeschränkten) Freiheiten des einzelnen mit der Freiheit und Wohlfahrt der anderen Glieder der Gemeinschaft verbindet; darin liegt eine notwendige Beschränkung. Mit dieser Überlegung wird das Problem der Sicherung der Menschenrechte im modernen Staat auf eine einzige Fragestellung zurückgeführt: Wie kann die angeborene Freiheit und Würde der menschlichen Person durch die Gemeinschaft gesichert und zugleich gegen die Willkür der Gemeinschaft geschützt werden?

Die Waagschalen für Individuum und Kollektiv scheinen in stetem Wechsel zu steigen und zu sinken. Alexander Borelius notierte zu solchen Wirkungen der Geschichte: „Immer hat sie auf anti-geschichtliche Lehren mit einer neuen und gewaltigen Geschichts-Lehre geantwortet. Indem sie den Singularisierungsversuchen jeweils die großartigsten, elementarsten, gefährlichsten Kollektiverscheinungen hat folgen lassen, die sie je in ihrem Ablauf hervorbrachte. Indem sie diesen Versuchen, die Macht fragwürdig zu machen, jeweils die stärksten Machtkonzeptionen entgegengesetzt hat, die es in der Geschichte gab."(Das Ende der Vernunft, 1947).

Häufig genug folgen auf solche Machtstrukturen umfassende Gegenbilder. Und so geschah es auch in Deutschland nach dem Zweiten Weltkrieg.

Nach dem Ende des Ersten Weltkrieges hatten die Deutschen in ihrer bisherigen Reichsverfassung keine ausdrückliche Aufzählung von Grundrechten vorgefunden. Dennoch waren „die Grundgedanken der Menschenrechte" (wir müssen hinzufügen: im herkömmlichen Sinne) „bis auf wenige und unbedeutende Reste auch im Deutschen Reich von 1871 durchaus zur Herrschaft gelangt" (Hartung). Im Hinblick auf diesen Zustand sprach selbst der Vater der Weimarer Verfassung, Hugo Preuß, ein wenig herabsetzend von „alten Ladenhütern". Angesichts der breiten sozialen Unruhe, die von dem Erlebnis der Oktoberrevolution in Rußland beeindruckt und erregt wurde, gewann jedoch für die bürgerliche Anschauung eine Garantie herkömmlicher Rechte besondere Bedeutung, zumal die „institutionelle Garantie" von überkommenen Einrichtungen (Eigentum, Erbrecht, Familie usw.) Aber es bildeten sich in der Verfassung von Weimar nur abgeschwächte Übereinstimmungen (Formelkompromisse), die eher „in einen Leitfaden der Staatsbürgerkunde als in eine Verfassung" paßten (Hartung). Die schwierigen Probleme wurden aus der Verfassung und aus dem Bereich der durch sie gebotenen formellen Sicherheit in die durchführende Gesetzgebung verlagert. Für die Kompromißformeln wie für die im übrigen gewährten „klassischen Rechte" fehlte es immer noch an einer Einrichtung, welche die Durchführung der Grundrechte und ihre tatsächliche Sicherung überwachen konnte. Darüber hinaus schuf man ein Notverordnungsrecht des Reichspräsidenten (Art. 48), welches die zeitweilige Aufhebung von Grundrechten erlaubte und in seiner Praxis Gegenstand nachhaltiger Kritik wurde. Aber auch in anderen europäischen Verfassungen blieb die Möglichkeit einer Außerkraftsetzung von Grundrechten im Ausnahmezustand vorbehalten; zugleich findet man in ihnen den herkömmlichen Bestand an Grundrechten, einschließlich der sozialen Aufgaben des Staates (Hartung).

In der Zeit des Nationalsozialismus, der die Idee der menschlichen Gleichheit als „öde Gleichmacherei" verachtete und die Ungleichheit der Rassen predigte, wuchs sich die Mißachtung der Menschenrechte zu einem Staats- und Gesellschaftsbild aus, das ihm die Verachtung der Völkergemeinschaft für alle Zeiten sichert. Die mörderische Idee einer „höherwertigen Volksgemeinschaft" führte in Verbindung mit der Nichtbeachtung der grundlegenden menschlichen Rechte ins Verbrecherische. Es war eine zwingende Folge dieser geschichtlichen Epoche, daß der Gedanke der Sicherung künftiger Geschlechter vor den abscheulichen Verirrungen einer gewaltig übersteigerten Kollektividee in der modernen deutschen Verfassungsgesinnung seinen Niederschlag fand. Die völlige Niederringung des nationalsozialistischen Deutschland im Jahre 1945 schuf die historische Voraussetzung für eine solche Umkehr.

Bei der einfachen Anknüpfung an die Ordnung der Weimarer Republik konnte es nicht bewenden. Und angesichts der sich abzeichnenden Entwicklungen im östlichen Deutschland galt es, die Struktur einer wehrhaften Demokratie ins Auge zu fassen.

Die freie Verfassungsberatung in jenem Teile Deutschlands, der nicht gezwungen war, die Leitbilder einer kommunistischen (kollektiven) Welt- und Daseinsvorstellung zum Ausgangspunkt aller Überlegungen zu machen, führte 1949 zu dem Grundgesetz für die Bundesrepublik Deutschland. Diese Verfassung ist ein Modell des bedeutenden Versuchs, die persönlichen Freiheiten und sozialen Notwendigkeiten in der Gestalt der staatlichen Ordnung zum Ausgleich zu bringen. Um dieses Ziel zu erreichen, gibt das Grundgesetz nicht nur eine papierne Erklärung der Menschenrechte und der Rechte des Bürgers („Grundrechte") sowie einige „institutionelle Garantien", es hält nicht nur die Möglichkeit für die Schaffung einer sozialistischen Grundform des Staatswesens neben der einer privatwirtschaftlich bestimmten Sozialverfassung offen, sondern es verbürgt auch eine Einhaltung der Grundrechte in Form einer wohlausgebildeten Kontrolle der politischen (gesetzgebenden und ausführenden) Gewalten durch die richterliche Gewalt:

„Wird jemand durch die öffentliche Gewalt in seinen Rechten verletzt, so steht ihm der Rechtsweg offen" (Art. 19 Abs. 4). Und: „Hält ein Gericht ein Gesetz, auf dessen Gültigkeit es bei der Entscheidung ankommt, für verfassungswidrig, so ist das Verfahren auszusetzen und, ... wenn es sich um die Verletzung dieses Grundgesetzes handelt, die Entscheidung des Bundesverfassungsgerichts einzuholen" (Art. 100). Denn: „Das Deutsche Volk bekennt sich ... zu unverletzlichen und unveräußerlichen Menschenrechten als Grundlage jeder menschlichen Gemeinschaft, des Friedens und der Gerechtigkeit in der Welt. Die ...

Grundrechte binden Gesetzgebung, vollziehende Gewalt und Rechtsprechung als unmittelbar geltendes Recht" (Art. 1). Darum ist die Gesetzgebung in letzter Instanz dem Spruch des Bundesverfassungsgerichts unterworfen, dessen Entscheidungen mit Gesetzeskraft ergehen und die Verfassungsorgane des Bundes und der Länder sowie alle Gerichte und Behörden binden. In diesem allgemeinen Rahmen erblickt man die Grundrechte an der Spitze der modernen deutschen Verfassung. Der Schutz der „unantastbaren Würde des Menschen" ist nach dem Grundgesetz die alles überragende „Verpflichtung aller staatlichen Gewalt" (Art. 1), und jeder hat – bei Wahrung der Rechte anderer, der verfassungsgemäßigen Ordnung und des Sittengesetzes – das Recht auf die „freie Entfaltung seiner Persönlichkeit", auf Leben, körperliche Unversehrtheit und Freiheit der Person (Art. 2). Alle Menschen sind vor dem Gesetz gleich, und Männer und Frauen sind gleichberechtigt; niemand darf willkürlich (zum Beispiel seiner Rasse, seines Glaubens, seiner politischen Anschauungen wegen) bevorzugt oder benachteiligt werden (Art. 3). Das Grundgesetz bezeichnet ferner die Glaubens- und Bekenntnisfreiheit, das Recht der freien Meinungsäußerung, der Unverletzlichkeit der Wohnung und das Petitionsrecht, die Versammlungs- und Vereinigungsfreiheit, die Freizügigkeit, die Freiheit der Berufswahl und das Briefgeheimnis ausdrücklich als Grundrechte. Darüber hinaus gewährt es mit der Wirkung von Grundrechten weitere Garantien, die als „justizielle Grundrechte" bezeichnet werden können: Verbot von Ausnahmegerichten, der Rückwirkung von Strafgesetzen, der Doppelbestrafung (Art. 101, 103); in die Freiheit der Person kann nur auf Grund eines Gesetzes (zum Beispiel des Strafgesetzes) eingegriffen werden (Art. 104). Ehe und Familie genießen den „besonderen Schutz der staatlichen Ordnung", und die „staatliche Gemeinschaft wacht" über dem natürlichen „Recht der Eltern" zur Pflege und Erziehung der Kinder (Art. 6). Grundgarantien regeln die Gestaltung des Schulwesens (Art. 7). Eigentum und Erbrecht sind gewährleistet. Inhalt und Schranken bestimmen jedoch die Gesetze. Deshalb ist auch die Enteignung auf gesetzlicher Grundlage (einschließlich der Überführung von Grund und Boden, der Naturschätze und von Produktionsmitteln in Gemeineigentum – Sozialisierung) bei gerechter Entschädigung zum Wohle der Allgemeinheit ausdrücklich zulässig (Art. 14 und 15). Das bedeutet, daß unter dem Grundgesetz der freiheitsbezogene Bestand an Rechten auch dann nicht geschmälert werden dürfte und könnte, wenn die wirtschaftspolitischen Grundlagen des Gemeinwesens wesentlich umgestaltet würden. Die Bundesrepublik Deutschland würde unverändert ein demokratischer und sozialer Staat bleiben, in dem alle Staatsgewalt vom Volke ausgeht und von ihm in Wahlen und Abstimmungen und durch besondere Organe der Gesetzgebung, der vollziehenden Gewalt und der Rechtsprechung ausgeübt wird, wobei alle drei staatlichen Gewalten streng an Gesetz und Recht (Rechtsstaat) gebunden sind (Art. 20). Auf diese Weise sind die Grundrechte in eine wirkliche Beziehung zur staatlichen Ordnung gesetzt. Ihr Schutz wird nicht nur in einer inhaltsleeren bloßen Erklärung der Staatsgesinnung, sondern in praktischer und wirksamer Weise durch die Gerichte gesichert, die bei allen Entscheidungen den Maßstab der Grundrechte des Menschen und des Bürgers an die Gesetze legen.

Die Verfassung des anderen Staatswesens auf deutschem Boden, der ebenfalls 1949 gegründeten Deutschen Demokratischen Republik, blieb in der ganzen Zeit ihres Bestehens dem kommunistischen Verfassungsdenken verhaftet: Die Grundrechte galten als durch die Funktionen einer sozialistischen Gesellschaftsordnung gewährleistet, als unmittelbarer Ausdruck des Staatssystems („immanente Garantien"). Deshalb vermochte niemand darüber zu wachen, ob sie in der tatsächlichen Ordnung der Verhältnisse im Staat wirklich ihren angemessenen Ausdruck finden konnten, und überall wurden Schranken der Verfassung und der in ihr enthaltenden Vorstellungen deutlich. So hieß es zum Beispiel, jeder Bürger habe das „Recht auf freie Wahl des Arbeitsplatzes", aber nur „entsprechend den gesellschaftlichen Erfordernissen". Das Recht auf Arbeit wurde gewährleistet durch das staatliche sozialistische Programm (sozialistisches Eigentum an den Produktionsmitteln, Planung, Wirtschaftswachstum, sozialistisches Arbeitsrecht, Bildung und Weiterbildung) (Art. 24). In gleicher Weise wurden andere Grundrechte mit Staatsvorstellungen durchtränkt: Jeder Bürger hat das Recht, „den Grundsätzen dieser Verfassung gemäß" seine Meinung frei und öffentlich zu äußern (Art. 27), und alle haben das Recht, sich „im Rahmen der Grundsätze und Ziele der Verfassung" friedlich zu versammeln (Art. 28). Oder: Die Bürger haben das Recht auf Vereinigung, um „ihre Interessen in Übereinstimmung mit den Grundlagen und Zielen der Verfassung zu verwirklichen" (Art. 29).

Die Wahrung der Verfassung war damit nicht nur Schranke der Rechte (wie im Grundgesetz der Bundesrepublik Deutschland), sondern unmittelbarer Auftrag des Bürgers bei der Ausübung seiner Grundrechte. Nicht die Abgrenzung der Rechte des einzelnen ist der Sinn, sondern vielmehr die unmittelbare innere Einordnung des Staatsbürgers in die Gemeinschaft und deren besondere Zwecke. Wie schrieb doch Thomas Hobbes in seinem berühmten „Leviathan": „Man muß das Volk zum ersten lehren, daß es nicht nach anderen Staatsform verlangen soll, die es bei seinen Nachbarn sieht,und nicht den Wunsch haben soll, die seine zu ändern ... Ohne Gehorsam kann es in keiner Staatsform Eintracht unter den Bürgern geben ...".

Man wird zweifeln dürfen, ob es dem Wesen der „angeborenen und unveräußerlichen Menschenrechte" entspricht, wenn sie zum Gegenstand eines bestimmten zeitgenössischen Staatsdenkens gemacht werden. Das Grundgesetz der Bundesrepublik jedenfalls hat den kühnen Sprung gewagt und diese Frage klar verneint. Nur wer Grundrechte zum Kampf gegen die freiheitliche und demokratische Grundordnung mißbraucht, kann sie verlieren, aber auch nur durch den Spruch des höchsten Gerichts (Art. 18 des Grundgesetzes).

Die Wahl zwischen der bewußten Einordnung eines freien Bürgers in die gleichen Freiheiten der Mitbürger oder andererseits der Einordnung aller grundlegenden Lebensinteressen in das vorherbestimmte Gesamtinteresse des Staates, zwischen der persönlichen Freiheit und den namenlosen Freiheiten in einer übermächtigen Staatsordnung ist auf deutschem Boden mit dem Beitritt der DDR zur Bundesrepublik Deutschland endgültig getroffen.

Der Wind der Veränderung wehte aber auch im gesamten östlichen Raum Europas und brachte die ersten Beben im scheinbar so festgefügten System sowjetischer Hegemonie hervor. Auch die Sowjetunion konnte dem Vordringen menschenrechtlichen Denkens nicht ausweichen.

Bereits ihre Verfassung vom 7. Oktober 1977 deutete Ansätze zu einer rechtsstaatlichen Entwicklung in einem wesentlich erweiterten Grundrechtsteil an. Aber auch diese Rechte dienten im Grunde nur der Einordnung des einzelnen in das Staatsganze, mit einem einseitigen gesellschaftlichen Menschenrechtsverständnis.

Mit der Wahl Michail Gorbatschows zum Generalsekretär der Kommunistischen Partei der Sowjetunion am 11. März 1985 begann der Weg zu einer Umgestaltung (Perestrojka) des politischen Systems, der zunächst in einer ersten Verfassungsrevision am 1. Dezember 1988 mündete. Man hatte erkannt, daß die Sowjetunion sich seit Beginn der 80er Jahre in einer schweren Krise befand und der Weg der Demokratisierung unausweichlich wurde. Außenpolitisch hatte die polnische Arbeiterbewegung mit der Gründung unabhängiger Gewerkschaften 1980 ein weiteres Menetekel an die Wand geschrieben.

Im Januar 1987 kündigte sich bereits eine weitreichende Rechtsreform an: Rechtliche Garantien für Rechte und Freiheiten der Bürger und eine unabhängige Gerichtsbarkeit müßten geschaffen werden. 1988 wurde der „sozialistische Rechtsstaat“ zum Programm erhoben. Auch die Forderung nach einer völlig neuen Verfassung klang bereits an. Im Juni 1989 schließlich wurde eine Kommission zur Verfassungsrevision eingesetzt, mit dem Auftrag, eine neue Verfassung zu entwerfen.

Es dauerte nur zwei weitere Jahre, bis am 21. Dezember 1991 mit der Aufhebung des Vertrages über die Gründung der UdSSR vom 30. Dezember 1922 in Alma-Ata die Existenz der Sowjetunion beendet wurde. Seit dem 25. Dezember 1991 weht wieder die historische weiß-blau-rote Trikolore Rußlands über dem Moskauer Kreml. (Schweisfurth)

Nach einer landesweiten Volksabstimmung, die zugleich Boris Jelzin als Präsident an die Macht brachte, trat eine das Staatsganze umwälzende neue Verfassung in Kraft.

Nach deren Text bekräftigt „das multinationale Volk der russischen Förderation“ die Menschenrechte und Freiheiten in einem „demokratischen Rechtsstaat“ mit föderaler Verfassung und republikanischer Regierungsform. Der Mensch mit seinen Rechten und Freiheiten gilt als oberster Wert, und es ist „Pflicht des Staates, die Rechte und Freiheiten des Menschen und des Bürgers anzuerkennen, zu achten und zu schützen.“

Die Staatsgewalt in der Föderation wird auf der Grundlage der Trennung der Gewalten ausgeübt; Legislative, Exekutive und richterliche Gewalt sind unabhängig. Keine Ideologie darf staatlich gefördert oder vorgeschrieben werden. Ideologischer und politischer Pluralismus und das Mehrparteiensystem sind anerkannt. Grundrechte und Freiheiten, die mit den völkerrechtlichen Grundsätzen und Normen übereinstimmen, werden garantiert, die grundlegenden Rechte und Freiheiten eines menschlichen Wesens sind unveräußerlich und gelten von Geburt an. Diese Rechte und Freiheiten sind unmittelbar wirksam, bestimmen Bedeutung, Anwendung und Inhalt der Gesetze und die Tätigkeit der staatlichen Organe aller Ebenen und sollen von der Rechtsprechung gesichert werden.

Im einzelnen folgt der russische Katalog der Rechte den altehrwürdigen und modernen Bildern westlicher Menschenrechtsgesinnung. Es gilt die Gleichheit vor dem Gesetz, undiskriminierte Gleichheit, die nicht beschränkt werden kann, Gleichheit von Mann und Frau, Recht auf Leben und Beschränkung der Todesstrafe auf besonders schwere Verbrechen gegen das Leben mit der Garantie eines Schwurgerichtsprozesses in diesen Fällen, Schutz der menschlichen Würde und Folterverbot, Recht auf persönliche Freiheit und Unverletzlichkeit, ferner justizielle Garantien, Schutz der Privatsphäre, Unverletzlichkeit der Wohnung, Bewegungsfreiheit, Freiheit des Gewissens und der religiösen Überzeugung, Freiheit der Kommunikation und der Pressefreiheit, Zensurverbot, Vereinigungs- und Versammlungsfreiheit, Recht auf Privateigentum und Garantie des Erbrechts und so fort.

Jedermann ist befugt, seine oder ihre Rechte und Freiheiten mit allen vom Gesetz nicht verbotenen Mitteln zu verteidigen und kann sich an zwischenstaatliche Organe wenden, die mit dem Schutz menschlicher Rechte und Freiheiten betraut sind, wenn alle Möglichkeiten innerstaatlichen Rechtsschutzes erschöpft sind.

Alle diese Bestimmungen können nur in verfassungsrechtlicher Weise geändert werden und sind auch nur in Übereinstimmung mit dem Bundesverfassungsrecht zum Schutz der Bürger und der Verfassungsordnung beschränkbar.

Das erneuerte Rußland hat sich damit – wie es im Vorspruch der Verfassung heißt – „als Teil der Weltgemeinschaft" bekannt.

Zugleich ist die Konvergenz der menschenrechtlichen Auffassung auch in den anderen Teilen Osteuropas deutlich zu beobachten.

Mit dem Verschwinden des Warschauer Paktes und der sowjetisch-hegemonialen Wirtschaftsgemeinschaft Comecon wie auch der sowjetischen politischen Hegemonie bis hinein nach Deutschland hat das System menschenrechtsbegründeter Staatsgesinnung in ganz Europa seinen gebührenden Platz eingenommen, eine weithin unumkehrbare Entwicklung.

Neue Staaten, wie beispielsweise Slowenien, haben seit den Jahren 1991 und 1992 demokratische und rechtsstaatliche Verfassungen, in der slowenischen Verfassung nehmen Menschenrechte und Grundfreiheiten fast ein Drittel des Raumes ein. In der Tschechischen und Slowakischen Republik sind ebenfalls bedeutende Teile den Grundrechten gewidmet. In Slowenien werden italienischen und ungarischen Minderheiten daneben Sonderrechte im Rahmen von spezifischen allgemeinen Volksgruppenrechten (Art. 61 bis 65) eingeräumt (Kristan).

Aber auch andere Länder, wie Bulgarien und Rumänien, besitzen seit 1991 umfassende Kataloge bürgerlicher und sozialer Menschenrechte.

Darüberhinaus hat auch die Verfassungsgerichtsbarkeit nach der politischen Wandlung ihren Siegeszug angetreten. Allerdings ist der individuelle verfassungsgerichtliche Rechtsschutz (Verfassungsbeschwerde) bisher nur in Kroatien, Slowenien und der tschechischen Republik voll ausgebildet, in der Slowakei sind die Ansätze gegeben, während die russischen und ungarischen Varianten nicht problemlos sind (Brunner). Aber insoweit befindet sich Osteuropa noch in einer sehr jungen Entwicklungsphase. Da aber von Litauen über Polen, Rußland, Rumänien, Bulgarien bis hinunter nach Albanien Verfassungsgerichte in mehr oder weniger starker Form eingerichtet sind, bleibt für den Transformationsprozeß zu hoffen, daß die traditionellen deutschen und österreichischen Beispiele ihre Wirkung tun, ebenso wie die Fortschritte des Rechtes der Europäischen Menschenrechtskonvention überall in den Verfassungsbildern sichtbar sind. Ein mächtiger Schritt ist jedenfalls getan.

C. Die universalen Menschenrechte und ihr Ausdruck in der Staatengesellschaft

I. Der Beginn der internationalen Menschenrechtsbewegung

Der Beginn und die Entwicklung des zweiten großen Krieges in Europa, das offenkundige Scheitern der Völkerbundsidee und das verbreitete Gefühl für die Notwendigkeit eines neuen Fundaments für die internationale Ordnung ließen den Präsidenten der Vereinigten Staaten, F. D. Roosevelt, am 6. Januar 1941 in seiner Botschaft an den amerikanischen Kongreß jene berühmten Vier Freiheiten verkünden, die künftig der Menschheit helfen sollten, Frieden und internationale Sicherheit zu verbürgen: Rede- und Meinungsfreiheit, Glaubensfreiheit, Freiheit von Mangel und Freiheit von Furcht. In der ebenso berühmten Atlantik-Charta vom 14. August 1941 wurden weitere politische Prinzipien erklärt, welche die Hoffnung auf eine bessere Zukunft der Welt begründen halfen. Unter diesen Grundsätzen erschien auch das in den Nachkriegszeiten oft beschworene Selbstbestimmungsrecht der Völker.

Diese als Kriegsziele verkündeten Sätze fanden nach dem Ende der weltweiten Kämpfe ihren Niederschlag in der Charta der Vereinten Nationen, zu deren Zielen und Grundsätzen es gehört, „freundschaftliche Beziehungen zwischen den Nationen zu entwickeln, gegründet auf der Achtung des Grundsatzes der Gleichberechtigung und des Selbstbestimmungsrechtes der Völker" (Art. 1 Nr. 2 der Charta), „internationale Probleme wirtschaftlicher, sozialer, kultureller und humanitärer Art zu lösen und die Achtung der Menschenrechte und Grundfreiheiten für jedermann ohne Unterschied von Rasse, Geschlecht, Sprache oder Religion zu fördern und zu festigen" (Art. 1 Nr. 3). Die gleiche Zielsetzung findet man wieder bei der Erwähnung der internationalen Zusammenarbeit auf wirtschaftlichem und sozialem Gebiet (Art. 55) und innerhalb der Artikel über die internationale Treuhandschaft (vgl. Art. 76). Unter dem Eindruck solcher Erklärungen begann ein Vorgang von überragender Bedeutung: Die Entfaltung von Menschenrechten und Grundfreiheiten persönlicher und kollektiver, sozialer und wirtschaftlicher und schließlich auch im engeren Sinne politischer Art im internationalen Raum. Damit wurde der erste Schritt zu einer Entwicklung getan, welche auf die Allgemeinheit (Universalität) und feste Verankerung (Institutionalisierung) der Idee der Menschenrechte über und zwischen den staatlichen Ordnungen abzielt, man spricht mit einiger Berechtigung von einem neuen Völkerrecht, einem „common law" der Menschheit, für das hier der Grund gelegt wurde. Es handelt sich erneut um den von Begeisterung getragenen Aufbruch zu einer universalen Idee der Herrschaft des Rechts.

Aus dieser Grundstimmung ist es verständlich, daß die Friedensverträge mit Italien (Art. 15), Rumänien (Art. 3), Bulgarien (Art. 2) und Ungarn (Art. 2) vom Jahre 1947 besondere Grundverpflichtungen enthielten, die sich auf die Achtung der Menschenrechte aller unter der Souveränität dieser Staaten lebenden Personen bezogen. Diese Bestimmungen sollten sowohl die allgemeine Achtung der

Grundfreiheiten in diesen Staaten gewährleisten als auch das System von besonderen Verträgen ersetzen, welches nach dem Ersten Weltkrieg in Europa zum Schutz nationaler Minderheiten errichtet worden war. Die vertragliche Garantie erwies sich indessen als zu schwach, um eine Verletzung der Menschenrechte durch die kommunistischen Regime in Ungarn, Bulgarien und Rumänien zu verhindern. Aus diesem Grunde scheiterte zunächst der Aufnahmeantrag dieser drei Länder in die Vereinten Nationen. Wegen später nachdrücklich erhobener Vorwürfe gegen Bulgarien und Ungarn brachte die Generalversammlung der Vereinten Nationen in einem Beschluß vom 30. April 1949 ihre „tiefe Sorge" über die politische Lage in den beiden Ländern zum Ausdruck, und im Oktober desselben Jahres versuchten die Westmächte erfolglos, ein Schiedsverfahren auf Grund der Friedensverträge in Gang zu bringen; die beschuldigten Staaten benannten einfach keine Mitglieder für die Schiedskommission. Außerdem bestritt die Sowjetunion ständig die Zuständigkeit der Weltorganisation. Am 22. Oktober 1949 zeigte sich die Generalversammlung abermals besorgt um die Zustände in Ungarn, Bulgarien und Rumänien und ersuchte den Internationalen Gerichtshof um Erstattung eines Rechtsgutachtens. Das Gericht stellte fest, daß die drei Staaten zwar verpflichtet seien, sich einem Schiedsverfahren zu unterwerfen, daß aber wegen fehlender Bereitwilligkeit die Schiedsausschüsse nicht zusammentreten könnten. Die Generalversammlung mußte daraus schließen, daß die Regierungen der drei Länder sich der Verletzung der Menschenrechte wohl bewußt waren; sie konnte nicht mehr tun, als die genannten Staaten wegen ihrer Pflichtverletzung zu verurteilen. Darüber hinaus mußte sie aus den Debatten die Lehre ziehen, daß eine besondere Bestimmung ihrer Charta den Vereinten Nationen Schwierigkeiten machte: Das Verbot der Einmischung in die „inneren Angelegenheiten" der Mitgliedstaaten. Die Nichtachtung der Menschenrechte verschwand hinter dem Vorhang der staatlichen Souveränität.

Dennoch blieb das allgemeine Vertrauen ungeschwächt, daß es gelingen werde, trotz der grundverschiedenen philosophischen, religiösen, politischen und wirtschaftlichen Auffassungen an gemeinsamen Unternehmungen in einer geeinten Welt „in der gewisse Werte von allen anerkannt werden", zusammenzuarbeiten (Mc-Keon). Die Vereinten Nationen hatten nämlich schon 1946 begonnen, eine allgemeine Menschenrechtserklärung zu entwerfen.

II. Die Allgemeine Erklärung der Menschenrechte vom 10. Dezember 1948

Eine vom Wirtschafts- und Sozialrat der Weltorganisation eingesetzte besondere Menschenrechtskommission der Vereinten Nationen nahm zu Beginn des Jahres 1947 ihre Tätigkeit auf und beschloß, in einem dreistufigen Verfahren vorzugehen. In einer ersten feierlichen Erklärung sollte die allgemeine Rechtsüberzeugung der Völker ausgedrückt werden, diesem Schritt sollte der Entwurf eines internationalen Abkommens folgen und schließlich ein weiterer Vertrag die Anwendung und Durchführung des geplanten Abkommens durch geeignete Maßnahmen gewährleisten. Der erste Schritt wurde mit der Universal Declaration of Human Rights im Jahre 1948 vollzogen. Diese Erklärung ist zu einem bedeutenden historischen Dokument geworden, hat aber keine die Staaten bindende Wirkung, wenn man auch ihre allgemein moralische und rechtliche Bedeutung nicht von der Hand weisen kann. Einige Staaten haben sich bei dem Beschluß der Generalversammlung am 10. Dezember 1948 der Stimme enthalten (Ostblock, Südafrika, Saudi-Arabien), keiner aber hat dagegen gestimmt. Darin wird das eindrucksvolle Gewicht der öffentlichen Weltmeinung deutlich. Eine „gemeinsame Richtschnur für alle Völker und Nationen", wie es der Vorspruch der Erklärung ausdrückt, ist jedenfalls in die Welt getreten.

Die dreißig Artikel der Deklaration enthalten sowohl persönliche Freiheiten als auch politische und soziale Rechte; allem voran steht der allgemeine Grundsatz der natürlichen Freiheit, Gleichheit und Menschenwürde. Es folgen die grundlegenden Rechte auf Leben, Freiheit und Sicherheit der Person und auf Nichtdiskriminierung (Anspruch auf gleiche Behandlung ungeachtet der Rasse, Farbe, des Geschlechts, der Sprache und Religion, der politischen oder sonstigen Überzeugung, nationaler oder sozialer Herkunft, des Eigentums, der Geburt oder sonstiger Umstände). Das Eigentum und die sonst bereits aus der historischen Entwicklung bekannten Rechte werden anerkannt. Rechtsstaatliche Übung der Gerichtsbarkeit wird gefordert, Freizügigkeit und Auswanderungsfreiheit verlangt, das Asylrecht wird genannt. Politische Rechte sollen gewährt werden (Gewährleistung des demokratischen Prinzips), Religions-, Gedanken- und Gewissensfreiheit sollen Bestand haben. Eine breite Skala sozialer Rechte ist zu finden (soziale Sicherheit und Fürsorge, soziale Repräsentation durch Gewerkschaften und Berufsverbände, Recht auf Erholung, Bildung, Teilnahme am kulturellen Leben, gerechten und gleichen Lohn, Mutterschutz u.a.m.). Und schließlich bestimmt Artikel 30: „Keine Bestimmung der vorliegenden Erklärung darf so ausgelegt werden, daß sich daraus für einen Staat, eine Gruppe oder eine Person ein Recht ergibt, eine Tätigkeit auszuüben oder eine Handlung zu begehen, welche auf die Vernichtung der in dieser Erklärung angeführten Rechte und Freiheiten abzielt."

Ob die Erklärung im Laufe der Jahre bereits Völkergewohnheitsrecht geworden ist, bleibt umstritten, aber immerhin kann man der Meinung sein, daß auch ein Staat, der nicht den Menschenrechtskonventionen der Vereinten Nationen (s.u.) beigetreten ist, der Verletzung von Gewohnheitsrecht schuldig wird, wenn er eine Politik des Völkermordes, der Sklaverei und des Sklavenhandels, der willkürlichen Tötung von Einzelmenschen, der systematischen rassischen Diskriminierung u.ä. betreibt (Henkin). Die Allgemeine Erklärung von 1948 hat jedenfalls tiefen Einfluß auf innerstaatliche Entwicklungen genommen und bleibt die Urquelle weltweiter Menschenrechtsstandards. Und immerhin mehren sich die Stimmen, die dem Text die Charakteristik von Gewohnheitsrecht zusprechen wollen, und einige bezeichnen die Bestimmungen der Deklaration sogar als Normen zwingenden Rechts (jus cogens). Die Rechtsprechung in Deutschland hält die Sätze der Erklärung bisher nicht für Bestandteile des Bundesrechts als allgemeine Grundsätze des Völkerrechts, aber auch hier deuten sich Änderungen der Auffassung bereits an. Andernorts gehen Gerichte in die umgekehrte Richtung, indem sie Einwirkungen der Erklärung in den Verfassungsbereich feststellen oder gar annehmen, die Erklärung sei Teil der eigenen Verfassung (Oberster Gerichtshof von Tansania). Jedenfalls ist allenthalben der Einfluß auch im Bereich der Gerichtsbarkeit deutlich. (Committee on the Enforcement of Human Rights Law, International Law Association, Kairo Konferenz 1992, Report). Die Entschließung der Association von 1994, die zu dem Bericht gefaßt worden ist, umreißt jedenfalls deutlich die Notwendigkeiten zur Durchsetzung des internationalen Menschenrechtsstandards.

Wenn man die Erklärung Artikel für Artikel liest und überdenkt, gewinnt man einen unmittelbaren Eindruck von der außerordentlichen Vielfalt politischer Probleme, welche sich angesichts der unterschiedlichen Bedingungen in den verschiedenen Regionen der Erde bei der Entwicklung und Durchsetzung eines solchen Programms für ein „gemeinsames Menschheitsrecht" stellen. So kann man ablesen, daß es immer noch Sklaverei zu bekämpfen gilt, und daß es noch keineswegs an jedem Ort allgemeiner Grundsatz ist, jedem Menschen die volle Stellung einer Rechtsperson zuzugestehen. Neben dem Bekenntnis zu den Errungenschaften moderner sozialer Gesinnung muß man eben noch den uralten Kampf gegen Vorurteile führen, die die Stellung des Menschen in der Gesellschaft betreffen. Andere internationale Rechtsakte in besonderen Bereichen deuten das gleiche an.

III. Besondere internationale Abkommen zum Schutz von Menschenrechten und Grundfreiheiten

1. Abkommen zur Unterdrückung von Sklaverei und Zwangsarbeit

Bereits am 25. September 1926 wurde eine Sklavereikonvention unterzeichnet, an der von Anfang an 35 Staaten teilnahmen und die dem Zwecke dient, auf die vollständige Abschaffung der Sklaverei in allen ihren Formen (auch sofern sie in der Gestalt von ungerechtfertigter Zwangsarbeit auftritt) hinzuwirken. Zur Ergänzung dieser Bestrebungen wurde das Übereinkommen Nr. 29 der Internationalen Arbeitsorganisation vom 28. Juni 1930 geschlossen.

Diese Bemühungen konnten schon auf eine lange Geschichte zurückblicken, die mit dem Wiener Kongreß begonnen hatte. Die dort vertretenen Mächte erklärten am 8. Februar 1815, daß sich „die Stimme der Völker in allen zivilisierten Ländern" gegen den Handel mit afrikanischen Sklaven erhoben habe, und sie proklamierten im Namen aller „Mächte der Christenheit" ihren Wunsch, „einer Geißel ein Ende zu setzen", die so lange Afrika verwüstet, Europa degradiert und die Humanität betrübt habe. Während des 19. Jahrhunderts wurde der Sklavenhandel zur See weitgehend von der britischen Flotte unterdrückt, die aufgrund eines Abkommens vom 20. Dezember 1841 die Funktion einer Art von Seepolizei ausübte. Der Kampf wurde in der sogenannten Kongoakte von 1885 und in der Generalakte der Antisklavereikonferenz von 1890 in Brüssel fortgesetzt. Dennoch konnte der Zweck, die Sklaverei und sklavereiähnliche

Praktiken in der ganzen Welt auszurotten nur unvollkommen erreicht werden. In Beratungen innerhalb der Vereinten Nationen wurde festgestellt, daß in Teilen Afrikas und des arabischen Raumes und wahrscheinlich auch in anderen Gebieten Mißbräuche, wie beispielsweise die Schuldknechtschaft oder die Leibeigenschaft, von der Rechtsordnung bestimmter Staaten noch geduldet werden.

Darum wurde am 7. September 1956 ein Zusatzübereinkommen zu der Sklavereikonvention von 1926 und zur Fortführung der Bemühungen der Internationalen Arbeitsorganisation geschlossen. Dieses Übereinkommen geht davon aus, „daß die Freiheit das angeborene Recht jedes Menschen ist" und ferner in der „Allgemeinen Erklärung der Menschenrechte festgestellt wird, daß niemand in Sklaverei oder Knechtschaft gehalten werden darf und daß Sklaverei und Sklavenhandel in jeder Form verboten werden sollen". Das Übereinkommen verpflichtet die Staaten, in ihrem Bereich Schuldknechtschaft, Leibeigenschaft, Kauf, Verkauf und Vererbung von Frauen oder die Überlassung von Jugendlichen an eine andere Person zum Zwecke der Ausbeutung ihrer Arbeitskraft oder sonstiger Ausnutzung abzuschaffen, den Sklavenhandel als Verbrechen zu behandeln und ebenso die Sklaverei als solche und bestimmte Praktiken (Verstümmeln, Brandmarken von versklavten Personen) zu bestrafen.

Aber damit hat der Kampf gegen die Mißachtung der menschlichen Freiheit noch kein Ende gefunden. So hat sich z.B. die Internationale Arbeitsorganisation schon kurz darauf genötigt gesehen, „verschiedene weitere Anträge anzunehmen, betreffend die Abschaffung gewisser Formen der Zwangs- und Pflichtarbeit, durch die eine Verletzung der Menschenrechte gegeben ist" (Präambel des Abkommens Nr. 105 vom 25. Juni 1957).

2. Übereinkommen zur Sicherung der Vereinigungsfreiheit

Am 1. Juli 1949 hat die Internationale Arbeitsorganisation, die ihren Ursprung bereits auf den Friedensvertrag von Versailles im Jahre 1919 (Teil XIII – Gründung des internationalen Arbeitsamtes) zurückführen kann und zu deren seinerzeitigen Leitprinzipien unter anderen die Sicherung der Koalitionsfreiheit zählte (Artikel 427 des Versailler Vertrages), ein Übereinkommen über die Anwendung der Grundsätze des Vereinigungsrechts und des Rechts zu Kollektivverhandlungen (Übereinkommen Nr. 98) und zuvor am 9. Juli 1948 ein Übereinkommen über die Vereinigungsfreiheit und den Schutz des Vereinigungsrechts (Übereinkommen Nr. 87) abgeschlossen. Auch diese Vereinbarungen stehen in jenem Raum, den die moderne Vorstellung von den Menschenrechten und Grundfreiheiten umschreibt (vgl. dazu z.B. die Artikel 20 und 23 der Allgemeinen Erklärungen der Menschenrechte).

Ausdrücklich auf das Übereinkommen Nr. 87 haben sich streikende Arbeiter in Polen, wo die Gewerkschaften wie in den anderen Staaten des zu dieser Zeit noch existierenden „realen Sozialismus" nur als „Transmissionsriemen zu den Massen" (Lenin) zugunsten der (herrschenden) kommunistischen Partei erschienen, im Spätsommer 1980 berufen (Punkt 1 der 21 Forderungen eines überbetrieblichen Streikkomitees), als sie mit ausgedehnten Arbeitsniederlegungen und gestützt durch eine dem Recht der freien Gewerkschaftsgründung zugewandte Erklärung der polnischen Bischöfe schließlich eine Vereinbarung mit der polnischen Regierung erstritten (unterzeichnet in Danzig am 31. 8. 1980), welche die Gründung und Existenz selbständiger und unabhängiger Gewerkschaften in Übereinstimmung mit den auch von Polen ratifizierten Übereinkommen Nr. 87 und Nr. 98 der internationalen Arbeitsorganisation erlaubt und das Streikrecht anerkennt. Bei gleicher Gelegenheit wurden von der Regierung Forderungen zur Verbesserung des Informationswesens angenommen.

3. Die Internationale Konvention über die Verhütung und Bestrafung des Völkermordes

Die Konvention gegen den Völkermord wurde am 9. Dezember 1948 unter dem noch frischen Eindruck der nationalsozialistischen Gewaltverbrechen während des Zweiten Weltkrieges, insbesondere der grausamen Verfolgung und Ausrottung des europäischen Judentums, abgeschlossen. Ihre Bestimmungen sind heute auch Teil des deutschen Strafrechts; die Vernichtung nationaler, rassischer, religiöser oder durch ihr Volkstum bestimmter Minderheiten und die darauf gerichteten einzelnen Handlungen werden mit lebenslanger Freiheitsstrafe geahndet. Diese Bestimmungen zeigen eine besondere Form der Gewährleistung des Menschenrechts auf Leben und dienen der Vorkehr gegen eine verbrecherische Politik, wie sie neuestens noch in der sog. „ethnischen Säuberung" durch die Serben in Bosnien-Herzegowina betrieben wurde.

4. Übereinkommen der Vereinten Nationen gegen Diskriminierung

Der Kampf um die Gleichheit des Menschen ist auch der Kampf um die Gleichheit seiner Möglichkeiten. Unterscheidungen wegen Rasse oder Farbe, Geschlecht, Sprache oder Religion, wegen politischer oder sonstiger Überzeugung, wegen nationaler oder sozialer Herkunft, wirtschaftlicher Verhältnisse oder Geburtsvorrechten oder willkürliche Ausschließungen, Beschränkungen oder Bevorzugungen zerstören die Gleichheit der Chancen. Die Elemente solcher Unterscheidungen sind vielfach in Vorurteilen und in Willkür begründet; sie tragen wegen eben dieses willkürlichen Charakters den Makel eines Unrechts, welches man mit dem Wort Diskriminierung umschreibt. Die Beseitigung von Diskriminierungen aber rührt an den Kern aller Überlegungen zu den Menschenrechten. Deshalb hat die Generalkonferenz der Organisation der Vereinten Nationen für Erziehung, Wissenschaft und Kultur (UNESCO) ein Übereinkommen gegen Diskriminierung im Unterrichtswesen zustande gebracht (in Kraft seit 1963, für die Bundesrepublik Deutschland seit 17. 10. 1968), und deshalb hat die Generalversammlung der Vereinten Nationen ein Übereinkommen zur Beseitigung jeder Form von Rassendiskriminierung angenommen (in Kraft seit 1969, für die Bundesrepublik Deutschland seit 15. 6. 1969), insbesondere in der Erwägung, „daß alle Menschen vor dem Gesetz gleich sind und ein Recht auf gleichen Schutz des Gesetzes gegen jede Diskriminierung und jedes Aufreizen zur Diskriminierung haben". Das letztgenannte Übereinkommen bekämpft neben der rassischen Diskriminierung die Schlechterstellung von Ausländern wegen ihrer Zugehörigkeit zu einem bestimmten Staat, bekämpft die Rassentrennung in einigen Staaten (Segregation in den USA; Apartheid in Südafrika, welche aufgrund internationalen Übereinkommens der Vereinten Nationen – Entschließung 3068 (XXVIII) vom 30. 11. 1973 – als Verbrechen gegen die Menschlichkeit angesehen wurde) und die ideologische Propaganda zur Abwertung anderer Rassen (diesem Ziele dient auch die UNESCO-Erklärung – Res. 3/1.1/2 – vom 28. 11. 1978 über Rasse und Rassenvorurteile); ergänzend hierzu werden positive Verpflichtungen zur unterschiedslosen Gleichbehandlung, zur Gewährleistung des gleichen Genusses von politischen oder sonstigen Rechten der Bürger (insbesondere der klassischen Freiheiten) und der wirtschaftlichen, sozialen und kulturellen Rechte (demokratische Rechte im Arbeitsleben, das Recht auf Wohnung, auf Fürsorge, auf Bildung, auf Teilnahme am kulturellen Leben) niedergelegt. Zur Überwachung wird ein internationaler Ausschuß zur Beseitigung der Rassendiskriminierung gebildet, der Beschwerden von Staaten (in besonderen Fällen auch von Einzelpersonen) wegen einer Verletzung des Abkommens nachgehen und einen Ausgleich suchen soll. Dieses Abkommen zeigt Ansätze zu dem weltweiten Versuch, ein Verfahren zur tatsächlichen Sicherung der Rechte des einzelnen Menschen oder von Menschengruppen gegen staatliche oder gesellschaftliche Unterdrückung bereitzustellen und sich nicht auf Erklärungen zu beschränken, die in der Sache gerecht und wohlmeinend sind, aber in der Wirklichkeit oft nicht mehr Bedeutung haben als das Papier, auf das sie gedruckt sind.

Im Sinne einer solchen notwendigen Konkretisierung sind auch andere Bemühungen zu verstehen, Diskriminierungen aus Gründen des Geschlechts oder wegen anderer persönlicher Eigenschaften zu beseitigen. So haben die Vereinten Nationen bereits im Jahre 1953 ein Übereinkommen über die politischen Rechte der Frau geschaffen, welches seit 1954 (für die Bundesrepublik Deutschland seit 2. 2. 1971) in Kraft ist, haben sie sich ferner mit der Erklärung des Ehewillens, des Heiratsmindestalters und der Registrierung von Eheschließungen (Übereinkommen vom 10. 12. 1962, in Kraft seit 1964, für die Bundesrepublik Deutschland seit dem 7. 10. 1969) und mit der Staatsangehörigkeit verheirateter Frauen (Übereinkommen vom 20. 2. 1957, in Kraft seit 1958, Beitritt der Bundesrepublik Deutschland am 7. 2. 1974) befaßt und schließlich im Jahre 1967 (Entschließung der Generalversammlung 2263 [XXII] vom 7. 11. 1967) eine allgemeine Erklärung über die Beseitigung der Diskriminierung der Frau einstimmig verabschiedet; am 18. 12. 1979 wurde ein entsprechendes Übereinkommen beschlossen, das für die Bundesrepublik Deutschland seit dem 9. 8. 1985 in Kraft ist. Erklärung und Abkommen wollen die Gleichberechtigung überall in der Welt herbeiführen, Vorurteile und Praktiken abschaffen, die auf der Vorstellung der Minderwertigkeit der Frau beruhen, eine Fülle öffentlicher, sozialer und bürgerlicher Rechte sowie die Rechte der Frau in Ehe und Familie sichern; daß es in allen diesen Fragen noch mancher reinigender Fortschritte, auch im europäischen Raum, bedarf, unterliegt wohl keinerlei Zweifel. Und daß es zur Durchsetzung von Grundsätzen zum Schutze und im Interesse der Entwicklung behinderter Menschen auch in der Bundesrepublik Deutschland noch vieles zu tun gibt, ist für jedermann sichtbar. Die Vereinten Nationen haben dafür jedenfalls die Leitlinien aufgezeigt (Entschließung der Generalversammlung über die Rechte der Behinderten vom 9. Dezember 1975, 3447 [XXX]).

5. Internationales Übereinkommen gegen Geiselnahme

Von „der Erkenntnis ausgehend, daß jeder das Recht auf Leben sowie persönliche Freiheit und Sicherheit hat, wie es die Allgemeine Erklärung der Menschenrechte und der Internationale Pakt über bürgerliche und politische Rechte vorsehen, in Bekräftigung des Grundsatzes der Gleichberechtigung und Selbstbestimmung der Völker" haben die Vereinten Nationen auf Initiative der Bundesrepublik Deutschland aus dem Jahre 1976 am 18. 12. 1979 eine Konvention zur Zeichnung aufgelegt, nach der jeder, der eine Geiselnahme mit internationalem Bezug begeht, entweder zu bestrafen oder auszuliefern ist. Die Bundesrepublik Deutschland hat das Übereinkommen sofort unterzeichnet; es ist seit dem 3. Juni 1983 in Kraft.

Der Auslieferungspflicht wird allerdings nicht stets zu folgen sein, wenn zum Beispiel ein Antrag auf Auslieferung gestellt wird, um jemanden wegen seiner Rasse, Religion, Staatsangehörigkeit, ethnischen Herkunft oder seiner politischen Anschauungen wegen zu verfolgen oder zu bestrafen; die Pflicht zur Bestrafung des Geiselnehmers im Gewahrsamsland bleibt jedoch unberührt. Dies gilt auch in Fällen, in denen Asyl gewährt wird. Eine lückenlose Geltung der Konvention dürfte durch ihren Artikel 12 gewährleistet sein, der unter bestimmten Umständen die Pflicht zur Auslieferung oder Strafverfolgung in das humanitäre Kriegsvölkerrecht verlagert und damit auch den Fall des bewaffneten Konflikts einschließt.

Die Erfüllung der Pflicht zur Bestrafung nach der Konvention ist im deutschen Strafrecht bereits sichergestellt (z.B. in § 239 [b] des Strafgesetzbuchs).

6. Menschenrechte in Krieg und Bürgerkrieg: Die Genfer Rot-Kreuz-Konventionen nebst Zusatzprotokollen

Es ist eine Forderung der Humanität, daß die Rechte des Menschen nicht nur gegen die Gewalt der Gesellschaft, in der er lebt und deren Rechtsordnung er unterworfen ist, gesichert werden oder daß ihr Ausdruck in den wirklichen Lebensordnungen unter friedlichen Voraussetzungen sichtbar wird, sie sollten auch in jenen Ausnahmelagen Achtung finden, in denen das Recht zu enden scheint und die Gewalt ihre fürchterlichste Form annimmt: in Zeiten des Krieges. Solange der Krieg als Mittel der Politik in der Welt nicht ausgeschlossen ist, so lange wird auch die Minderung seiner Folgen zu den großen Aufgaben der Völkergemeinschaft gehören müssen. Diese Aufgabe ist in sich schier unlösbar, denn sie fordert die Vermenschlichung des Unmenschlichen und enthält so ihren eigenen Widerspruch.

Das erste internationale Übereinkommen, welches auf die Verbesserung der Lage des einzelnen Menschen im Krieg hinwirkte, war die Genfer Konvention von 1864; sie war auch das erste völkerrechtliche Abkommen, abgesehen vom Sklavereiverbot, das den Menschen in den Mittelpunkt stellte. Sie enthielt als wichtigsten Satz das Gebot, feindliche und eigene Verwundete gleich zu behandeln. Dieser Konvention folgte 1929 ein Abkommen über die Behandlung von Kriegsgefangenen. 1949 wurden die bestehenden Vereinbarungen durch vier neue Übereinkommen ersetzt (Genfer Konventionen 1949), die sich mit dem Los von Verwundeten und Kranken der Streitkräfte, der Kriegsgefangenen und der Zivilpersonen befassen. Über den Schutz der an den Kämpfen Beteiligten (Kombattanten) hinaus wollen diese Abkommen in Bürgerkriegen auch die beiden miteinander ringenden Parteien zur Beachtung gewisser Mindesterfordernisse gegenüber den sonstigen Betroffenen zwingen, während die übrigen Vertragsvorschriften in erster Linie (Ausnahmen gibt es in dem Übereinkommen zum Schutz der Zivilpersonen) die Rechte der Angehörigen anderer Mächte schützen.

Man kann die Bestimmungen der Genfer Konventionen durchaus als eine Verwirklichung von allgemeinen Menschenrechten unter den besonderen Bedingungen des Krieges betrachten. Mord, Verstümmelung, grausame Behandlung und Folter, Geiselnahme, Angriffe auf die persönliche Würde, die Vergewaltigung von Frauen sind zu jeder Zeit und an jedem Ort absolut verboten. In der Anwendung sind die Erfahrungen in Bürgerkriegen jedoch allgemein deprimierend. Dies mag unter anderem aus gewissen Schwierigkeiten bei der Anwendung der Konventionen und des Protokolls II und darüberhinaus aber auch aus Problemen bei der Bestimmung verschiedener Arten bewaffneter Konflikte herrühren. (Schlögel) Man braucht nur an die Fülle bestürzender Vorgänge bei den Auseinandersetzungen zwischen Serben, Kroaten und Muslimen im ehemaligen Jugoslawien zu denken, die zur Intervention der Vereinten Nationen und zur praktisch unabweisbaren Einsetzung eines internationalen Strafgerichtshofs in Den Haag geführt haben. Nunmehr gilt es, die Rolle der Vereinten Nationen bei der Durchsetzung vertragsvölkerrechtlichen Menschenrechtsschutzes und die vielfältigen internationalen und nationalen Aspekte bei der Durchsetzung von Sanktionen der Völkergemeinschaft zu menschenrechtlichen Zwecken zu untersuchen und eine praktikable Doktrin humanitärer Intervention der Vereinten Nationen zu formen sowie den Grundsatz universeller Jurisdiktion im Hinblick auf gröbliche Verletzungen von menschlichen Rechten zu instrumentalisieren.

An humanitätsrechtlichen alten und neuen Verboten, auf die gebaut werden kann, fehlt es jedenfalls nicht. Gleichheit und Nicht-Diskriminierung fanden bereits Ausdruck in der alten Konvention von 1864 (Verwundete); heute gilt dies auch für Kriegsgefangene, die nicht wegen ihrer politischen Auffassungen unterschiedlich behandelt werden dürfen. Feindliche Zivilpersonen sind ebenfalls durch das Gebot der Gleichbehandlung geschützt, sowohl im Gebiet einer kämpfenden Partei als auch im besetzten Gebiet. Gleichermaßen findet das Recht auf Leben seinen Niederschlag zugunsten von Personen, denen der Schutz der Abkommen gilt, insbesondere dürfen Menschen weder als Geiseln genommen noch gar als solche getötet werden. Das Recht auf Freiheit ist umschrieben innerhalb der im Kriege natürlichen Grenzen der Kriegsgefangenschaft und der Festsetzung (Internierung) von Zivilisten. Grausamkeit, Folterung, unmenschliche und entwürdigende Behandlung oder Bestrafung sind sowohl in internationalen Konflikten als auch in Bürgerkriegen verboten. Zivilpersonen dürfen nicht verschleppt werden oder willkürlicher Verhaftung ausgesetzt sein. Die Abkommen bemühen sich auch um den Schutz des Rechts auf Eigentum (z.B. Plünderungsverbot, Verbot der Zerstörung von Eigentum in besetzten Gebieten). Das Recht der freien Religionsausübung gilt zugunsten der Gefangenen und auch in besetzten Gebieten.

Kaum ein anderes völkerrechtliches Abkommen hat die Menschenrechte bisher so stark in verpflichtende Formen zu gießen gesucht wie die modernen Genfer Konventionen. Dabei darf man allerdings nicht übersehen, daß die praktischen Vorkehrungen dafür, die Abkommen auf ihre Einhaltung zu überwachen, aus der Natur der Sache nur sehr begrenzt wirksam sein können. Aber jedenfalls ist der Versuch unternommen, in zwei Zusatzprotokollen vom 12. 12. 1977 zu den Genfer Konventionen den Grundrechtsschutz von Opfern bewaffneter internationaler und nicht-internationaler Konflikte durch strenge Bindung an breite Kataloge von Garantien in Anlehnung an die Internationale Konvention über bürgerliche und politische Rechte, insbesondere deren notstandsfeste Bestimmungen, rechtsergänzend zu verbessern. Verboten werden auch hier, zum Teil in Wiederholung der Konventionen, Mord, Folter, Verstümmelung, Geiselnahme, entwürdigende Behandlung, Sklaverei, Terrorakte, Plünderung, Körper- und Kollektivstrafen; geboten ist die Einhaltung umfänglicher straf- und strafverfahrensrechtlicher Prinzipien; (bis zum Verbot der Todesstrafe für Jugendliche und Mütter); gesichert werden Rechte von Kindern (Bildung und Erziehung, Familienzusammenführung, Freiheit von Rekrutierung); geschützt werden schließlich Frauen vor sexuellem Mißbrauch, und sie sollen in besonderer Weise respektiert werden (Protokoll I, Artikel 75; Protokoll II, Artikel 4 bis 6). Damit ist ein weiterer Schritt getan, Vorkehr gegen Verletzungen der Menschenrechte auch in Ausnahmesituationen zwingend zu bieten.

IV. Menschenrechte und internationale Organisation

1. Politische Organisationen und Regionalpakte

Die regionalen Verteidigungsbündnisse und Organisationspakte der Nachkriegszeit haben vielfach Bestimmungen in sich aufgenommen, welche eine Förderung der Menschenrechte durch die Mitglieder vorsehen. Dies geschieht entweder durch eine Verpflichtung auf die Ziele und Grundsätze der Vereinten Nationen (so z.B. im Pakt von Rio 1947 oder im NATO-Vertrag von 1949) oder wird in besonderen Erklärungen ausgedrückt (wie etwa in den Formeln der Pazifik-Charta, Manila 1954). Das Abkommen über die Westeuropäische Union (Brüssel 1948) stellt sogar in direkter Weise die Absicht der Vertragsstaaten heraus, „ihren Glauben an die grundlegenden Menschenrechte, an die Würde und den Wert der menschlichen Persönlichkeit und an die anderen in der Satzung der Vereinten Nationen verkündeten Ideale erneut zu bekräftigen" (Präambel).

Das bis in die Jahre 1889/1890 zurückreichende Interamerikanische System hat mit der Gründung der Organisation Amerikanischer Staaten 1948 (OAS) und der Proklamation einer Amerikanischen Erklärung der Rechte und Pflichten des Menschen im gleichen Jahre den Weg zu einem Schutzsystem für die Menschenrechte eingeschlagen. In der revidierten Satzung der Organisation (Fassung 1967) heißt es: „Die amerikanischen Staaten proklamieren die Grundrechte des Individuums ohne Unterschied der Rasse, der Staatsangehörigkeit, des Glaubens oder des Geschlechts" (Art. 3). „Eine interamerikanische Menschenrechtskommission soll eingerichtet werden, deren Hauptaufgabe die Förderung der Beachtung und des Schutzes der Menschenrechte ist; die Kommission soll als beratendes Organ der Organisation in diesen Fragen wirken" (Art. 112). Eine solche Kommission hatte die OAS bereits 1959 durch Beschluß ihres Ministerrates eingerichtet; ihren Nutzen hat sie bereits in vielen Fällen unter Beweis stellen können. Die in der Praxis jener Kommission gewonnenen Erfahrungen scheinen anzudeuten, daß die dort angewandten Verfahrensweisen gerade in Entwicklungsländern, bei denen zunächst die Verbesserung der allgemeinen Lebensverhältnisse im Vordergrund steht, ein wertvolles Instrument zum Schutz der Menschenrechte und zur Förderung des Verständnisses ihrer Notwendigkeit sein können (Vasak).

Seit dem Jahre 1969 wurde der Ausbau des Schutzsystems mit der Unterzeichnung einer amerikanischen Menschenrechtskonvention im Sinne des europäischen Modells auf das Individuum bezogener Schutzformen konsequent fortgesetzt. Die Konvention trat am 18. Juli 1978 in Kraft. Sie umfaßt in 82 Artikeln zahlreiche Kategorien bürgerlicher und politischer Rechte, darunter – um nur einige Beispiele zu nennen – das Recht auf Leben, auf menschenwürdige Behandlung, auf fairen Prozeß und andere justizielle Grundrechte, auf Gedankenfreiheit, auf Eigentum und Vermögen, zur Teilhabe an der Regierung u.a.m. Die garantierten Rechte sind in erheblichem Umfang einer Einschränkung entzogen. (Buergenthal).

Auf der Grundlage der Konvention wurde 1979 ein Interamerikanischer Gerichtshof für Menschenrechte errichtet, der von den Vertragsstaaten oder der Kommission angerufen werden kann. Er ist also, anders als die Kommission, die vielfach mit Individualbeschwerden wegen Verletzung von Menschenrechten befaßt wurde (Farer), nur indirekt für Einzelpersonen zugänglich. Dies mag u.a. ein Grund dafür sein, daß sich eine streitige Gerichtsbarkeit vor dem Gerichtshof noch nicht entwickelt hat. Immerhin aber mag das Recht des Gerichtshofs zur Erstattung von Gutachten, das außerordentlich weit gefaßt ist, mit der Zeit zur Bildung eines geschlossenen Kodex interamerikanischer Menschenrechte beitragen. (Kokott)

Ebenso sind auch in Afrika Entwicklungen zum Schutz von Menschenrechten und Grundfreiheiten zu beobachten. Die Organisation für Afrikanische Einheit (OAU), die im Jahre 1963 von 32 afrikanischen Staatsoberhäuptern gegründet wurde und deren Charta am 13. September 1963 in Kraft trat, empfahl in ihrer Präambel den Mitgliedern bereits, der Allgemeinen Erklärung der Menschenrechte zu folgen, und auf ihrer 16. Ordentlichen Sitzung in Monrovia (1979) beschlossen die Staats- und Regierungschefs der Mitgliedstaaten, einen Entwurf für eine Afrikanische Charta über Rechte der Menschen und der Völker vorzubereiten. Der Entwurf wurde auf der 18. Ordentlichen Sitzung gebilligt (Bello). In der Präambel der Charta wird hervorgehoben, daß „bürgerliche und politische Rechte nicht von den wirtschaftlichen, sozialen und kulturellen Rechten getrennt werden können", und daß die Befriedigung der letztgenannten Rechte „eine Garantie für den Genuß bürgerlicher und politischer Rechte" sei.

Im Bereich der Individualrechte bietet die Charta zweierlei Gewährleistungen: unbeschränkte und beschränkte. Unbeschränkt erscheinen einige traditionelle Rechte, Würde und einige justizieller Art, wie z.B. das Recht auf Verteidigung und einen Verteidiger eigener Wahl, das Recht auf alsbaldigen Prozeß vor einem unparteiischen Gericht, sowie die Unschuldsvermutung. Beschränkt sind hingegen das Recht auf Leben, auf Gewissens- und Vereinigungsfreiheit, Versammlung und Freizügigkeit; diese Rechte können eingeschränkt und sogar aufgehoben werden. Eine zweite Kategorie betrifft kollektive Rechte, wie der Familie, den Schutz von Frauen und Kindern, die Fürsorge für Alte und Behinderte; die Massenaustreibung von Ausländern ist untersagt; das Eigentum ist gewährleistet, aber im öffentlichen Interesse beschränkbar, ohne Entschädigungsgarantie; schließlich findet man auch das Recht auf Arbeit und gleichen Lohn. Die Sorge für Arbeit und geeignete Arbeitsbedingungen obliegt den Regierungen, aber man darf nicht übersehen, daß es in diesem Feld deutliche Diskrepanzen gibt.

Für die Förderung und den Schutz der Menschenrechte, die Auslegung der Charta und andere ihr übertragene Aufgaben ist eine elfköpfige Kommission vorgesehen, deren bürokratische Verfahrensweisen aber wenig geeignet sein können, rasche Entwicklungen in Richtung auf ein dem Europäer geläufiges Bild wirksamen Menschenrechtsschutzes voranzubringen, zumal die Kommission vertraulich verhandelt. Doch immerhin bietet die Afrikanische Charta einen relativen Konsens zu den Zwängen des internationalen Rechts, wenn auch die Hinnahme von Rechtsnormen, denen die Vertragsparteien nicht zugestimmt haben und zu deren Ausarbeitung sie nichts beigetragen haben, in gewisser Weise verweigert wird, mag man es auch in der Charta anders lesen. Am 21. Oktober 1986 ist die Charta in Kraft getreten, und sie ist immerhin ein Meilenstein auf dem Wege zu einer vielleicht noch lange währenden Entwicklung hin zu – möglicherweise afrikanisch eigenständigen – Menschenrechtsgarantien auf dem schwarzen Kontinent. (Mbaya)

2. Die Europäische Konvention zum Schutze der Menschenrechte und Grundfreiheiten vom 4. November 1950 und die Europäische Sozialcharta vom 18. Oktober 1961

Ebenfalls im Schoße einer internationalen Organisation, des Europarates, ist die Menschenrechtskonvention der europäischen Staaten entstanden. Sie beruht auf einer Verpflichtung der Mitglieder durch die Satzung des Europarates zu „Schutz und Weiterentwicklung der Menschenrechte und Grundfreiheiten" (Art. 1 [b] der Satzung) und schafft ein ausgewogenes Schutzsystem für die klassischen Menschenrechte auf Leben, ordentlichen Rechtsschutz, Unverletzlichkeit der Wohnung und des Briefgeheimnisses, auf Gedanken-, Gewissens- und Religionsfreiheit und freie Meinungsäußerung und Information, Versammlung und Vereinigung, auf Heirat und Familiengründung, auf Eigentum, auf Freizügigkeit; sie hat das Sklavereiverbot und das jetzt auch in den weiteren Rahmen eines Abkommens vom 10. 12. 1984 (für die Bundesrepublik Deutschland in Kraft seit dem 9. 2. 1993) gestellte Verbot der Folter und menschenunwürdiger Bestrafung ebenso in sich aufgenommen wie das Recht auf Bildung und elterliche Erziehung oder politische Grundrechte wie freie und geheime Wahlen oder das Verbot der Ausweisung aus dem Heimatstaat oder der Massenausweisung von Ausländern.

Die Europäische Kommission für Menschenrechte, das Ministerkomitee des Europarates und der Europäische Gerichtshof für Menschenrechte sind die berufenen Organe, welche wirksam werden können, wenn der einzelne auf dem innerstaatlichen Rechtsweg eine Sicherstellung seiner durch die Konvention garantierten Rechte nicht erlangt hat. Aufgrund eines Berichtes der menschenrechtskommission vom 5. November 1969, der eine Fülle von Verletzungen der Konvention nachwies, wurde Griechenland zum Austritt aus dem Rat veranlaßt und kam damit einer Suspendierung seiner Mitgliedschaftsrechte zuvor (vgl. die Entschließung des Ministerkomitees in: Europa Archiv 1970, D 25/26). Der Gerichtshof hat eine Reihe von grundsätzlich bedeutsamen Entscheidungen gefällt (z.B. über die Voraussetzung einer Freiheitsentziehung, die Dauer einer Untersuchungshaft, zur Gewerkschaftsfreiheit, zum Diskriminierungsverbot, zur Einschränkung von Grundrechten im Notstand); die Feststellungen des Gerichts haben über den entschiedenen Einzelfall hinaus einen Orientierungswert für die staatlichen Instanzen aller Mitglieder der Konvention.

Dank der Konvention ist die Garantie der Menschenrechte in keinem Teil der Welt bislang auf der zwischenstaatlichen Ebene so stark ausgebildet wie innerhalb des Bereichs des Europarates. Dies gilt im Hinblick auf die sozialen Garantien auch für den ergänzenden Regelungsbereich der Sozialcharta von 1961. Ein solches Ergebnis konnte aber nur erreicht werden zwischen „Regierungen europäischer Staaten, die vom gleichen Geiste beseelt sind und ein gemeinsames Erbe an geistigen Gütern, politischen Überlieferungen, Achtung der Freiheit und Vorherrschaft des Gesetzes besitzen“ und so in der Lage waren, „die ersten Schritte auf dem Wege zu einer kollektiven Garantie gewisser in der Universellen Erklärung verkündeter Rechte zu unternehmen“ (Präambel der Europäischen Konvention). Doch selbst hier sind noch Lücken zu schließen: Der notwendige nächste Schritt dürfte die Einführung der Grundrechtsgarantien nach einem gemeinsamen Standard auch in den Rechtsraum der Europäischen Gemeinschaften sein (Beitritt der EG zur Europäischen Menschenrechtskonvention oder Schaffung einer besonderen Grundrechtscharta). Im weltweiten Rahmen hingegen erweitert sich das Problem in mehrfacher Hinsicht, bis hinein in den Bereich des Selbstbestimmungsrechts der Völker, das wiederum als grundlegendes modernes Menschenrecht auf die Lage im heutigen Europa zurückstrahlt.

V. Die Menschenrechtskonventionen der Vereinten Nationen

Am 16. Dezember 1966 unternahmen die Vereinten Nationen einen weiteren Schritt zur internationalen Fortbildung des Menschenrechtsgedankens: Sie beschlossen zwei Entwürfe internationaler Konventionen, und zwar eine über wirtschaftliche, soziale und kulturelle Rechte (die „modernen" Menschenrechte) und eine über staatsbürgerliche und politische Rechte (die „klassischen" Menschenrechte), welche die Bundesrepublik Deutschland Ende 1973 ratifiziert hat und die nach jeweils 35 Ratifikationen im Januar und März 1976 in Kraft getreten sind. Diese Konventionen begründen für die Staaten, welche sie annehmen, im Unterschied zu der Menschenrechtserklärung von 1948, bindende Pflichten. Unabhängig von der vertraglichen Verpflichtung kann man aber durchaus der Meinung sein, daß die „klassischen Rechte" bereits durch ihre Niederlegung in anderen Verträgen oder in Verfassungstexten und die dadurch zum Ausdruck gebrachte Anerkennung ihres zwingenden Charakters von seiten der Völkerrechtsgemeinschaft eine solche Kraft erlangt haben, daß kein Staat sich ihnen entziehen kann, selbst wenn er die Konvention über staatsbürgerliche und politische Rechte nicht unterschreibt. Anders verhält es sich jedoch mit den „modernen Rechten" der zweiten Konvention, die nicht auf die gleiche ehrwürdige Geschichte zurückblicken können. Bei diesen Rechten fehlt es noch an mehr, als bloß dem „Tüpfelchen auf dem i". Aber wie man die Wirkungen beider Konventionen auch immer einschätzen mag, ein Recht hat gewiß einen bedeutenden Sieg errungen: das Selbstbestimmungsrecht der Völker.

Dieses kollektive Recht der „Völker und Nationen" beruht gedanklich auf zwei Grundsätzen: der Zustimmung der Regierten zu ihrem Schicksal als Gemeinschaft innerhalb einer staatlichen Ordnung, zum andern auf dem sogenannten Nationalitätsprinzip.

Das erstgenannte Prinzip der Gemeinschaft von staatlicher Gewalt untergeordneten Menschen hat Kant unübertrefflich in seinem berühmten „Zweiten Präliminarartikel zum ewigen Frieden unter Staaten" (Königsberg 1796) formuliert: „Ein Staat ist nämlich nicht wie etwa der Boden, auf dem er seinen Sitz hat, eine Habe (patrimonium). Er ist eine Gesellschaft von Menschen, über die niemand anders als er selbst zu gebieten und zu disponieren hat. Ihn aber, der selbst als Stamm seine eigene Wurzel hatte, einem anderen Staate einzuverleiben, heißt seine Existenz als einer moralischen Person aufzuheben und aus der letzteren eine Sache machen, und widerspricht also der Idee des Ursprünglichen Vertrags, ohne die sich kein Recht über ein Volk denken läßt." Und französische Revolutionäre des 18. Jahrhunderts formulierten auf der Grundlage der Vorstellung von der Volkssouveränität: „Die Verfassunggebende Versammlung hat das große Prinzip geheiligt, daß jedes Volk das Recht hat, sich die Regierung zu geben, welche ihm beliebt" (Camille Desmoulins in der Diskussion im Nationalkonvent, 28. September 1792) und „daß Völker, Provinzen und Städte nicht ausgetauscht, abgetreten oder verkauft werden können ohne ihre Zustimmung" (Entwurf eines Dekrets vom 12. November 1789). Schließlich brachten die Bewegungen der Jahre 1848/49 in Europa die Auffassung mit sich, daß jede Nationalität einen eigenen Staat zu bilden berechtigt sei; so schloß sich endlich der Kreis im Nationalitätenprinzip (Mancini).

Alle diese Formeln haben in den verschiedenen geschichtlichen Epochen zu verschiedenen Zwecken Dienste geleistet (Bildung von Nationalstaaten, nationaler Ausbruch aus Mehrvölkerstaaten, Volksabstimmungen bei Gebietsveränderungen, Kampf gegen koloniale Herrschaftsformen). Als rechtliche Erscheinung hat das Selbstbestimmungsrecht dadurch nicht an Deutlichkeit gewonnen, aber als politisches Prinzip hat es dennoch mächtige Veränderungen bewirkt, wenn man nur die kraftvolle Bewegung gegen den Kolonialismus in den letzten Jahrzehnten bedenkt. Dieser Kampf gegen die koloniale Unterdrückung ist auch der Beweggrund für die Generalversammlung der Vereinten Nationen gewesen, mit einer Entschließung vom 4. Dezember 1950 den Weg für eine Ausgestaltung des nationalen Selbstbestimmungsrechts innerhalb der Entwürfe für die Menschenrechtskonventionen zu bahnen.

Am 5. Februar 1952 beschloß die Generalversammlung, daß „alle Völker das Recht auf Selbstbestimmung haben sollen“; zugleich wurde die Menschenrechtskommission der Vereinten Nationen ersucht, neben der Konvention über die klassischen Rechte eine zweite über die wirtschaftlichen, sozialen und kulturellen Rechte vorzubereiten. Damit wurde deutlich, daß die Weltorganisation einen Zusammenhang zwischen dem kollektiven Recht auf Selbstbestimmung und den zumeist als kollektive Rechte ausgestalteten „modernen Menschenrechten“ sah. Nach sehr schwierigen Debatten, in denen die Vielschichtigkeit des Selbstbestimmungsgedankens deutlichen Ausdruck fand, beschloß die Kommission, das Selbstbestimmungsrecht in beide Konventionsentwürfe aufzunehmen.

In den nunmehr beschlossenen Texten steht das Selbstbestimmungsrecht jeweils in dem gleichlautenden ersten Artikel der Konvention:

„1. Alle Völker haben das Recht auf Selbstbestimmung. Kraft dieses Rechtes entscheiden sie frei über ihren politischen Status und verfolgen in Freiheit ihre wirtschaftliche, soziale und kulturelle Entwicklung.“

Dieser Satz deutet auf zweierlei Inhalte von völkerrechtlicher Selbstbestimmung, nämlich die Autonomie in sich (heute oftmals als „innere“ Selbstbestimmung bezeichnet) und die „äußere“ Selbstbestimmung als Fundament der Staatlichkeit.

Das Prinzip „innerer“ Selbstbestimmung enthält darüberhinaus auch den Satz daß die Staatsgewalt des grundlegenden Konsenses bedarf, der Zustimmung der Regierten. Dies ist sicherlich nur ein politisches, aber kaum ein rechtlich bedeutsames Prinzip (Oeter).

Im Vorspruch (Präambel) der Konventionen, der ebenfalls in beiden Texten übereinstimmt, findet man einen Satz, der die Bedeutung der Selbstbestimmung im System der Menschenrechte aufhellt.

Dieser Satz spricht von der „Erkenntnis, daß nach der Universellen Erklärung der Menschenrechte das Ideal des freien Menschen, der von Furcht und Not befreit ist, nur dann zu verwirklichen ist, wenn Bedingungen geschaffen werden, unter denen jedermann seine wirtschaftlichen, sozialen und kulturellen Rechte sowie seine staatsbürgerlichen und politischen Rechte ausüben kann“.

Insoweit also ist die Selbstbestimmung in das Demokratieprinzip eingeordnet. Andererseits wird sichtbar, daß die Vereinten Nationen den kollektiven Rechten einen zumindest zeitlichen Vorrang vor den Rechten des einzelnen Menschen zu geben bereit sind. Das vermag niemanden zu verwundern in einer Welt, in der die überwiegende Zahl der Glieder der Völkergemeinschaft mit außerordentlichen sozialen Schwierigkeiten und Ungerechtigkeiten zu kämpfen hat. Damit ist aber auch klar geworden, daß im universellen Rahmen die individuellen Garantien in die Gefahr geraten, als Ordnungsprinzipien für eine gerechte Staatsordnung zeitweilig an innerem Wert zu verlieren, ohne daß dies eine Verweisung in den zweiten Rang bedeuten sollte. Wenn man die Konvention über staatsbürgerliche und politische Rechte näher betrachtet, kann man aber jedenfalls erkennen, daß die „unveräußerlichen Rechte" mit Fragezeichen behaftet sind.

Die Verpflichtung der Staaten, die Rechte zu gewährleisten, besteht für den einzelnen Staat nur „im Einklang mit seinem verfassungsrechtlichen Verfahren". „Im Falle eines öffentlichen Notstandes, der das Leben der Nation bedroht und der amtlich verkündet ist, können die Vertragsstaaten Maßnahmen ergreifen, die ihre Verpflichtungen aus diesem Pakt in dem Umfang, den die Lage unbedingt erfordert, außer Kraft setzen, vorausgesetzt, daß diese Maßnahmen ihren sonstigen völkerrechtlichen Verpflichtungen nicht zuwiderlaufen und keine Diskriminierung allein wegen der Rasse, der Hautfarbe, des Geschlechts, der Sprache, der Religion oder der sozialen Herkunft enthalten" (Art. 2 Abs. 2 und Art. 4 Abs. 1). Unentziehbar im Sinne des Notstandsrechts ist nur das Recht auf Leben, das nicht willkürlich beeinträchtigt werden darf; streng zu achten ist ferner das Verbot der Folter (näher definiert durch das oben bereits erwähnte Abkommen vom 10. 12. 1984 und konkretisiert in einem für die nationalen Rechtsordnungen empfohlenen Verhaltenskodex für Beamte mit Polizeibefugnissen – UN-Dok. A/Res/34/169), das Verbot der Sklaverei, der Schuldhaft, der Rückwirkung von Strafgesetzen; sicher geschützt bleibt auch die Weltanschauungsfreiheit. Alle anderen Rechte – auf Freiheit und Sicherheit der Person, auf humanen Strafvollzug, auf Freizügigkeit, auf rechtsstaatliche Behandlung von Ausländern, auf Gleichheit vor Gericht, auf Privatleben, Familie, Heim und Briefwechsel, auf Meinungsfreiheit, Freiheit der Vereinigung und der Versammlung, auf Ehe, auf Wahlen und Teilnahme am öffentlichen Leben, auf Gleichheit vor dem Gesetz und Pflege der nationalen Kultur durch Minderheiten – sind der Einschränkung in Notstandsfällen zugänglich, soweit sie nicht ohnehin bereits zu normalen Zeiten Beschränkungen unterworfen werden können. Wenn man es auf eine kurze Formel bringen will, so ist nur der Kernbereich der staatsbürgerlichen und politischen Rechte, nämlich das Leben und die Würde der menschlichen Person, in einem Sinne anerkannt, der wirklich von unveräußerlichen Rechten in einem universellen Sinne zu sprechen erlaubt. Das scheint wenig zu sein, ist unter dem Zwang der Verhältnisse schon recht viel. Andere gewichtige Rechte, wie etwa diejenigen der Minderheiten, bleiben indessen mit vielen Fragen beladen (Capatorti). Und es bedurfte eines 2. Zusatzprotokolls vom 15. 2. 1989, um die weitreichende Abschaffung der Todesstrafe für den Konventionsraum zu fordern (das Protokoll ist für die Bundesrepublik Deutschland seit dem 18. 11. 1992 in Kraft).

In der Konvention über die wirtschaftlichen, sozialen und kulturellen Rechte wird die Enge der Möglichkeiten für eine sichere Garantie noch deutlicher. Jeder Vertragsstaat verpflichtet sich zur Gewährleistung der Rechte unter „Ausschöpfung aller seiner Möglichkeiten" zwar zu Maßnahmen aber nur „nach und nach mit allen geeigneten Mitteln“ (Art. 2). Man kann hier bereits den Charakter einer mehr „fördernden“ Vereinbarung erkennen (Jonathan). Im übrigen darf ein Staat die Ausübung der gewährleisteten Rechte Einschränkungen unterwerfen, „die gesetzlich vorgesehen und mit der Natur dieser Rechte vereinbar sind und deren ausschließlicher Zweck es ist, das allgemeine Wohl in einer demokratischen Gesellschaft zu fördern“ (Art. 4). Besonders diese „Wohlfahrtsklausel“ dürfte ein brauchbares Argument für moderne Jakobiner abgeben! Betrachtet man die einzelnen Bestimmungen, so findet man, daß manche Rechte überhaupt nur „anerkannt“ werden, andere zwar Verpflichtungen der Staaten begründen, zugleich aber Einschränkungsmöglichkeiten festlegen: So wird zwar die Betätigungsfreiheit der Gewerkschaften gewährleistet, es sei denn, daß Einschränkungen „gesetzlich vorgesehen und in einer demokratischen Gesellschaft im Interesse der nationalen Sicherheit oder der öffentlichen Ordnung oder zum Schutz der Rechte und Freiheiten anderer erforderlich“ sind, und das Streikrecht besteht nur, „soweit es in Übereinstimmung mit der innerstaatlichen Rechtsordnung ausgeübt wird“ (Art. 8). Im übrigen liest sich die Konvention mit ihren „Anerkennungen“ mehr wie ein Programm allgemeinster Art. Das mindert nicht die Bedeutung der angestrebten Ziele, die eine weiträumige und gleichmäßige Sozialentwicklung vorsehen. Man wird dennoch fragen dürfen, wie diese Grundsätze einer Entwicklung der sozialen Gemeinschaften sich zu den überkommenen und gleichfalls festgelegten Garantien für die Freiheit des einzelnen Menschen verhalten.

Wenn man bedenkt, daß einige Grundrechte, wie etwa das Asylrecht, das Eigentumsrecht, das Recht auf eine Staatsangehörigkeit oder das Petitionsrecht in den Konventionen nicht mehr zu finden sind, so wird der schwankende Charakter der Vertragsentwürfe deutlich. Nimmt man hinzu, daß Formeln, wie Demokratie, Recht, Frieden und Fortschritt, die man in den Konventionen findet, keine allgemein verbindlichen Inhalte besitzen, so bleibt nur zu hoffen, daß sich innerhalb der öffentlichen Meinung unter den Völkern der Erde in einem langsamen Prozeß Gemeinsamkeiten bilden, die dazu ausreichen, die Ideale der Konventionen mit der Zeit zu erfüllen.

Gegenwärtig wird man allerdings noch zweifeln müssen, ob die globale Entwicklung schon in einer überschaubaren Zeitspanne auf ein so grundlegend einheitliches Weltbild im politischen und kulturellen Sinne deutet, wie man es vorauszusetzen hätte, wenn alle aus regionaler Tradition und Aktualität erklärlichen Widersprüche zwischen der Wirklichkeit und den Grundforderungen der Menschenrechte versöhnt werden sollen. Zwar sind die meisten Staaten der Erde heute durch eine oder die andere völkerrechtliche Konvention zum Schutz der Menschenrechte gebunden, aber einige Staaten, wie China, Kuba, Ghana, Indonesien, Kuwait, Liberia, Malaysia, Pakistan, Saudi Arabien, Singapur, Südafrika, Thailand und die Türkei waren bis zum März 1994 nicht den großen internationalen Menschenrechtspakten verpflichtet, ganz zu schweigen von der Frage, ob die staatlichen Bindungen bis zu den einzelnen Staatsbürgern durchdringen, weil es in erster Linie Aufgabe der Staaten selbst ist, den verbürgten Rechten im Innern Geltung zu verschaffen. Dies gelingt schon eher gewissen Bestimmungen, die dem Völkergewohnheitsrecht zuzurechnen sind. Der Schutz der Menschenrechte liegt vor allem in der Hand der staatlichen Exekutivorgane und die Durchsetzung von Landesrecht und administrative Politik können die Normen internationaler Menschenrechte entweder verstärken oder untergraben. Die Gegengewichte liegen stets bei der Gerichtsbarkeit, und auch insoweit gibt es mannigfaltige Unwägbarkeiten.

Immerhin aber kann es, wie das europäische Beispiel zeigt, in einer Region gemeinsamer kultureller Überzeugungen sowohl den Konsens über den Charakter wesentlicher Rechtsgarantien als auch institutionalisierte Schutzvorkehrungen dafür geben, mögen die Wirkungen im einzelnen auch recht begrenzt sein.

Auch die Schwierigkeiten, die sich einer vollen Verwirklichung der Grundsätze der Abschnitte VII und VIII der Schlußakte der Konferenz über Sicherheit und Zusammenarbeit in Europa vom 1. August 1975 (KSZE, Helsinki) entgegenstellen (die Abschnitte bekräftigen die Universellen Menschenrechte und Grundfreiheiten, insbesondere auch das Selbstbestimmungsrecht), stimmen nicht gerade hoffnungsfroh. Aber immerhin hat die Schlußakte, die ihren besonderen Wert im Politischen und Moralischen findet (Rudolf) eine besondere Schärfung des Bewußtseins für die Sache der Menschenrechte auch dort bewirkt, wo es dringend einer Aufhellung bedurfte.

Die Konferenz bemüht sich immerhin in ihren Folgetreffen ständig darum, die wirksame Ausübung der Menschenrechte und Grundfreiheiten zu garantieren, wie z.B. im Schlußdokument ihres Wiener Treffens vom 15. 1. 1989 für die Bereiche der Glaubensfreiheit, der Identitätssicherung nationaler Minderheiten, der Freizügigkeit und einiger justizieller Rechte. Die Verfestigung der KSZE als Organisation (OSZE) in jüngster Zeit und die weitere Einbindung Rußlands in diesen laufenden Prozeß mag zu einer positiven Weiterentwicklung auch dieses Instruments im Rahmen einer neuen europäischen Friedensordnung beitragen.

Eines kann man aber niemals übersehen:

Verträge und Erklärungen sind ohne bedeutenden Wert, sofern sie nicht auf politisch-moralischen Konventionen ruhen, die aus innerer Überzeugung wirkliche Beachtung fordern und finden. Um wieviel schwieriger werden die Fragen dort, wo es an einem solchen Fundament nicht nur aus gegenwärtigen politischen, sondern auch aus geschichtlichen Gründen fehlt, wie etwa in Afrika, in Asien und in Lateinamerika.

Das Selbstverständnis der jungen Nationen legt das Gewicht der Menschenreche auf völlig andere Aspekte als diejenigen, welche das innere Thema der abendländischen Tradition bilden. Der Kampf gegen Elend und Armut, der ja noch nicht einmal in den hochzivilisierten Industriestaaten völlig gewonnen ist, wirft seinen mächtigen Schatten auf die Szene, und so nehmen sich die wohlmeinendsten Erwägungen über eine ausreichende oder nicht ausreichende Garantie irgendwelcher Freiheiten in den Entwicklungsländern recht bescheiden, wenn nicht gar hochmütig aus. Das Gefühl einer allgemeinen Diskriminierung birgt mannigfache Vorurteile gegenüber den Anschauungen einer europäiden Zivilisation, die vielleicht hier und dort als geheime Instrumente und Vorboten eines neuen, verfeinerten Kolonialismus mißverstanden werden, und der kulturelle Hochmut, der so manchen die Verhältnisse anderswo mit der Elle „unserer“ Vorstellungen von Menschenrechten messen läßt, trägt nicht gerade zum Schwinden offener oder verborgener Vorbehalte bei. Der wirkliche gemeinsame Nenner – jenseits aller heilig beschworenen Deklarationen und Pakte – ist bisher außerordentlich klein. Man kann Gründe dafür nennen, daß es noch lange dabei bleiben wird.

Menschenrechtserklärungen können wohl niemals mehr sein als ein wechselnder historischer Ausdruck für die ewige Suche nach der Gerechtigkeit. In diesem Sinne sind die Menschenrechte wirklich und unwirklich zugleich, fassen sie Realität und Ideal in eines zusammen, entspricht ihre „Unveräußerlichkeit“ dem Urbild eines Rechts, das der Mensch auf Erden zu fordern gewillt ist und das er keineswegs immer wirklich erhält.

ZWEITER TEIL – DOKUMENTE

Historische und zeitgenössische Erklärungen, internationale Abkommen und Verfassungsartikel über die Gewährleistung individueller und kollektiver Menschen- und Bürgerrechte in Friedens- und Kriegszeiten

Vorbemerkung

Für die Auswahl wurde auf beispielhafte Charakteristik, Einprägsamkeit, Vergleichbarkeit und besondere Aussagekraft im allgemeinen Sinne (so z.B. bei der auszugsweisen Wiedergabe der Rot-Kreuz-Konventionen) Bedacht genommen, um dem Wesen eines Studienbuchs zu genügen, eine handliche Auswahl für den schnellen, ersten Zugriff zu bieten. Der Durchsichtigkeit halber unterblieb die Wiedergabe vertragstechnischer Details bei den internationalen Texten.

Erster Abschnitt:

Die klassischen Kataloge der Menschenrechte

1. Magna Charta Libertatum (1215)
(Auszug)

Johan, von Gottes Gnaden König von England ... Gruß den Erzbischöfen, Bischöfen, Äbten, Grafen, Baronen, Richtern, Forstaufsehern, Vizegrafen, Vorstehern, Dienern und allen seinen Amtmännern und Getreuen. Ihr möget wissen, daß Wir auf Eingebung Gottes und zu Unserem und auch zu all Unserer Vorgänger und Nachfolger Seelenheil, zur Ehre Gottes und zur Erhöhung der Heiligen Kirche und zur Mehrung Unseres Reiches, auf den Rat Unserer ehrwürdigen Väter und der edlen Herren ... sowie Unserer getreuen Laien:

1.

an erster Stelle Gott gelobt und durch diese Unsere hier vorliegende Urkunde für Uns und all Unsere Nachfolger auf ewig bestätigt haben, daß die englische Kirche frei und im Besitz ihrer vollen Rechte und unangetasteten Freiheiten sein soll ... Wir haben weiterhin allen freien Männern Unseres Königreiches für Uns und Unsere Erben auf ewig alle nachstehend aufgezeichneten Freiheiten zugestanden, die sie von Uns und Unseren Nachfolgern auf ewig haben und behalten sollen.

...

20.

Ein freier Mann soll für ein geringes Vergehen nicht mit Strafe belegt werden, es sei denn entsprechend dem Grade seines Vergehens; und für ein schweres Vergehen soll er mit einer der Schwere des Vergehens entsprechenden Strafe belegt werden, jedoch stets bei Wahrung seines Unterhaltes; desgleichen soll ein Kaufmann sein Warenlager und ein Bauer sein Inventar behalten dürfen, wenn sie Unserer Strafe verfallen sind: Und keine der erwähnten Strafen soll auferlegt werden wenn nicht auf Grund des Eides ehrlicher Männer der Nachbarschaft.

21.

Grafen und Barone sollen nur durch ihresgleichen und einzig gemäß dem Grade ihres Vergehens bestraft werden.

...

30.

Keiner Unserer Vizegrafen oder Amtmänner oder irgend jemand sonst sollen eines freien Mannes Pferde oder Wagen gegen den Willen des besagten freien Mannes zu Transportdiensten beschlagnahmen.

...

38.

Kein Amtmann soll fortan jemanden allein auf seine eigene Anklage hin und ohne glaubwürdige Zeugen vor Gericht stellen.

39.

Kein freier Mann soll ergriffen, gefangengelegt, aus seinem Besitz vertrieben, verbannt oder in irgendeiner Weise zugrunde gerichtet werden, noch wollen wir gegen ihn vorgehen oder ihm nachstellen lassen, es sei denn auf Grund rechtmäßigen Urteiles seiner Standesgenossen und nach dem Recht des Landes.

40.

Wir werden niemandem Recht oder Gerechtigkeit verkaufen, verweigern oder verzögern.

...

60.

Alle die genannten Bräuche und Freiheiten, die wir in Unserem Königreich, soweit es an uns liegt, gegenüber den Unseren zu halten zugestanden haben, sollen alle unter Unserer Herrschaft, sowohl Geistliche als auch Laien, den Ihrigen halten, soweit es bei Ihnen liegt. ...

Solches wollen wir und bleiben fest, daß die Anglikanische Kirche frei sei, und daß die Menschen in Unserem Reich alle vorbesagten Freiheiten, Rechte und Zugeständnisse haben und behalten sollen, wohl und in Frieden, frei und ruhig, voll und unversehrt, für sich und ihre Erben durch Uns und Unsere Erben, in allen Dingen und an allen Orten, in Ewigkeit, wie es vorgeschrieben wurde. Es ist auch von Unserer Seite und von Seiten der Barone beschworen, daß all das Besagte treuen Glaubens und ohne bösen Hintersinn eingehalten werden wird. In Zeugenschaft der oben Genannten und vieler Anderer. Gegeben von Unserer Hand auf der Wiese Runnymede genannt, zwischen Windsor und Staines, am 15. Tage des Juni, im 17. Jahre unserer Herrschaft.

2. Habeas Corpus Akte (1679)
(Auszug)

Ein Gesetz zur besseren Sicherung der Freiheit der Untertanen
und zur Vorkehr gegen Gefängnishaft in Übersee

Weil bei Sheriffs, Kerkeraufsehern und anderen Beamten, denen der Gewahrsam von Untertanen des Königs in Straf- oder vermuteten Strafsachen überantwortet wurde, große Verschleppung gebräuchlich war, um bei Habeas Corpus Ersuchen*, die an sie gerichtet worden sind, durch Rücksendung ... und anderes mehr sowie durch sonstige Ausflüchte dem angebrachten Gehorsam gegenüber solchen Ersuchen zu entgehen, und zwar entgegen ihren Pflichten und den wohlbekannten Gesetzen des Landes, wodurch viele Untertanen des Königs, obwohl kraft Gesetzes bürgschaftsfähig, zu ihrer großen Last und Plage in Gewahrsam blieben und weiterhin lange im Gefängnis festgesetzt sein können. Zur Vorbeugung hiergegen und zu rascherer Hilfe für alle Personen, die wegen Straftaten oder vermuteter Straftaten in Haft gehalten werden, möge durch des Königs höchst hervorragende Majestät, mit Rat und Zustimmung der Geistlichen und Weltlichen Lords sowie der Gemeinen, die im gegenwärtigen Parlament versammelt sind, und durch deren Autorität verordnet werden:

1.

Wann immer eine oder mehrere Personen ein Habeas Corpus einbringen, gerichtet an einen oder mehrere Sheriffs, Kerkeraufseher oder irgendeine andere

---

* Haftprüfungsersuchen

Person, in deren Gewahr sich jemand befindet, und das Ersuchen dem benannten Amtsträger übergeben oder im Kerker oder Gefängnis bei einem Unterbeamten, Unteraufseher oder Stellvertreter der besagten Beamten oder Aufseher hinterlassen worden ist, sollen die genannten Beamten oder Aufseher oder ihre Unterbeamten, Unteraufseher oder Stellvertreter innerhalb von drei Tagen nach der Zustellung (sofern die Inhaftierung nicht wegen Hochverrates oder Treubruchs geschehen ist, was klar und eindeutig in dem Haftbefehl ausgedrückt sein muß) gegen Erlegung oder Angebot der Kosten für die Überführung des besagten Gefangenen, die von dem Richter oder Gerichtshof, die ihn vorladen, festgesetzt werden, und die auf dem Ersuchen zu vermerken sind, ... und gegen Sicherheit in einem von dem Gefangenen selbst ausgestellten Schuldschein für die Kosten seiner Rücklieferung, falls er durch den Gerichtshof oder den Richter, dem er gemäß der wahren Absicht des vorliegenden Gesetzes zugeführt wird, in die Haft zurückbefohlen wird, sowie die Zusage, daß er unterwegs keinen Fluchtversuch unternehmen wird, das Ersuchen zurückreichen; und sie sollen den so Überwiesenen oder Festgehaltenen in Person zu oder vor den Lordkanzler oder Lord-Großsiegelbewahrer von England oder vor die Richter oder Gerichtsherren (Barone) desjenigen Gerichts, von dem das Ersuchen ausgegangen ist, oder vor solche anderen Personen, denen das Ersuchen überwiesen wurde, auf Anordnung bringen oder bringen lassen; sie sollen dabei auch die wahren Gründe für seine Festhaltung oder Gefängnishaft darlegen, sofern die Haft des Besagten nicht an einem Ort jenseits einer Entfernung von 20 Meilen von dem Platz oder den Plätzen befindet, an denen das Gericht oder die Person sich aufhält oder aufhalten soll; und wenn weiter als 20 Meilen, aber nicht über 100 Meilen entfernt, dann im Zeitraum von 10 Tagen, und, wenn über 100 Meilen entfernt, dann in einem Zeitraum von 20 Tagen nach der oben bezeichneten Zustellung und nicht später.

2. – 20.

(Die weiteren zahlreichen Vorschriften enthalten vor allem verfahrensrechtliche Einzelheiten und Bestimmungen über die Haftung von Amtsträgern bei Verstößen gegen Habeas-Corpus-Ersuchen; sie sind deshalb hier nicht von besonderem Interesse, so daß auf ihre Wiedergabe verzichtet werden konnte.)

3. Bill of Rights (1689)

(Auszug)

Gesetz zur Erklärung der Rechte und Freiheiten der Untertanen und zur Festlegung der Thronfolge.

So nun die Geistlichen und Weltlichen Lords, versammelt in Westminster in rechtmäßiger, voller und freier Vertretung aller Stände des Volkes dieses Reiches, am 13. Tage des Februar im Jahre unseres Herrn 1688 Ihren Majestäten, bekannt und benannt mit Namen und Titeln als Wilhelm und Maria, Prinz und Prinzessin von Oranien, anwesend in eigener Person, eine gewisse schriftliche Erklärung übergeben haben, niedergelegt von den besagten Lords und Gemeinen in den folgenden Worten:

Dieweil der frühere König Jakob II. mit Hilfe einiger, von ihm berufener übler Ratgeber, Richter und Beamten versucht hat, ... die Rechte und Freiheiten dieses Königreiches zu zerstören und auszulöschen: ...*

I. Und woraufhin die genannten Geistlichen und Weltlichen Lords und Gemeinen, die sich jetzt gemäß ihren Verbriefungen und Wahlen in voller und freier Vertretung dieser Nation versammelt haben, ... in erster Linie (so wie ihre Vorväter in dergleichen Fällen zu tun pflegten) zur Verteidigung und Bekräftigung ihrer alten Rechte und Freiheiten folgendes erklären:

1.

Die vorgebliche Befugnis, kraft königlicher Autorität Gesetze oder deren Ausführung ohne Zustimmung des Parlaments auszusetzen, ist unrechtmäßig.

2.

Die vorgebliche Befugnis, kraft königlicher Autorität von Gesetzen oder deren Ausführung zu entbinden, wie erst kürzlich angenommen und geübt, ist ungesetzlich.

3.

Die Kommission zur Errichtung des ehemaligen Hofs der Kommissare für kirchliche Angelegenheiten und alle ähnlichen Kommissionen und Höfe vergleichbarer Art sind unrechtmäßig und verderblich.

4. ...

5.

Es ist das Recht der Untertanen, Eingaben an den König zu richten, und alle Inhaftierungen und Verfolgungen wegen solcher Ansuchen sind ungesetzlich.

6.

Die Aushebung oder Unterhaltung eines stehenden Heeres innerhalb des Königreichs ist ungesetzlich, es sei denn mit Zustimmung des Parlaments.

7.

Die Untertanen, welche Protestanten sind, dürfen zu ihrer Verteidigung Waffen führen, wie es ihrem Stande gemäß und vom Gesetz erlaubt ist.

---

* Hier folgen 12 Klagen des Parlaments, die fast vollständig mit den nachstehenden Forderungen zur Abstellung der Übelstände im Einklang sind.

8.

Die Wahl von Mitgliedern des Parlaments soll frei sein.

9.

Die Freiheit der Rede und die Debatten und Verhandlungen im Parlament dürfen vor keinem Gericht oder an einem Ort außerhalb des Parlaments angefochten oder in Frage gestellt werden.

10.

Übermäßige Bürgschaften sollen nicht gefordert und überhöhte Geldstrafen nicht auferlegt werden, noch grausame und unübliche Strafen verhängt.

11.

Geschworene sollen ordnungsmäßig aufgelistet und ausgewählt werden, und Geschworene, die in Hochverratssachen über Menschen urteilen, sollen Freisassen sein.

12.

Alle Zusicherungen und Versprechen von Bestrafung in Geld oder Pfandverlust für bestimmte Personen vor ihrer Überführung sind ungesetzlich und nichtig.

13. ...

Und sie verlangen, fordern und bestehen auf allen und den einzelnen vorstehenden Prämissen als ihren unbezweifelbaren Rechten und Freiheiten, und keinerlei Erklärungen, Urteile, Handhabungen und Verfahren, die dem Volk in einer der genannten Prämissen zum Nachteil gereichen, sollen künftig zur Folgerung oder als Beispiel dienen,

...

XI. All dies ist Ihren Majestäten genehm und gefällig und wird durch die Autorität dieses gegenwärtigen Parlamentes erklärt, verordnet und festgesetzt und soll als Gesetz dieses Reiches für immer bestehen und verbleiben; und dasselbe wird durch Ihre Majestäten durch und mit dem Rat und der Zustimmung der im Parlament versammelten geistlichen und weltlichen Lords und Gemeinen und durch die Autorität derselben entsprechend erklärt, verordnet und festgesetzt.

...

4. Die (französische) Erklärung der Rechte des Menschen und Bürgers von 1789 (3. September 1791)

Die Repräsentanten des französischen Volkes, konstituiert als Nationalversammlung, in der Erwägung, daß die Unkenntnis, das Vergessen oder die

Mißachtung der Rechte des Menschen die alleinigen Ursachen des öffentlichen Unglücks und der Verderbtheit der Regierungen sind, haben beschlossen, in einer feierlichen Erklärung die natürlichen, unveräußerlichen und geheiligten Menschenrechte darzulegen, damit diese Erklärung allen Gliedern des gesellschaftlichen Körpers dauernd gegenwärtig sei und sie ohne Unterlaß an ihre Rechte und Pflichten erinnern möge; damit die Handlungen der gesetzgebenden und die der ausführenden Gewalt in jedem Augenblick mit dem Endzweck jeder politischen Einrichtung verglichen werden können und so mehr geachtet werden, damit die Ansprüche der Bürger des Staates, gegründet auf einfache und unbestreitbare Grundsätze, sich immer auf die Wahrung der Verfassung und das allgemeine Wohl richten mögen.

Daher erkennt und erklärt die Nationalversammlung in Gegenwart und unter dem Schutze des Höchsten Wesens die folgenden Rechte des Menschen und des Bürgers:

1.

Die Menschen werden frei und gleich an Rechten geboren und bleiben es. Gesellschaftliche Unterschiede können nur auf den gemeinsamen Nutzen gegründet sein.

2.

Ziel jeder politischen Vereinigung ist die Erhaltung der natürlichen und unabdingbaren Menschenrechte. Diese Rechte sind die Freiheit, das Eigentum, die Sicherheit und der Widerstand gegen die Unterdrückung.

3.

Der Ursprung aller Souveränität ruht seinem Wesen nach im Volke. Keine Körperschaft, kein einzelner kann Autorität ausüben, die nicht ausdrücklich daraus fließt.

4.

Die Freiheit besteht darin, alles tun zu können, was einem andern nicht schadet: also hat die Ausübung der natürlichen Rechte jedes Menschen keine Schranken als jene, die den übrigen Gliedern der Gesellschaft den Genuß dieser nämlichen Rechte sichern. Diese Schranken können nur durch das Gesetz bestimmt werden.

5.

Das Gesetz hat nur das Recht, Handlungen zu verbieten, die der Gesellschaft schädlich sind. Alles, was durch das Gesetz nicht verboten ist, kann nicht verhindert werden, und niemand kann genötigt werden, zu tun, was das Gesetz nicht verordnet.

6.

Das Gesetz ist der Ausdruck des allgemeinen Willens. Alle Bürger sind befugt, an seiner Bildung persönlich oder durch ihre Repräsentanten mitzuwirken.

Es soll für alle das gleiche sein, es mag schützen oder strafen. Da alle Bürger in seinen Augen gleich sind, können sie gleichermaßen zu allen Würden, Stellen und öffentlichen Ämtern zugelassen werden, nach ihrer Fähigkeit und ohne anderen Unterschied als den ihrer Tugenden und ihrer Talente.

7.

Kein Mensch kann angeklagt, in Haft genommen oder gefangengehalten werden als in den durch das Gesetz bestimmten Fällen und in den Formen, welche es vorgeschrieben hat. Diejenigen, welche willkürliche Anordnungen veranlassen, ausfertigen, vollziehen oder vollziehen lassen, sollen bestraft werden; aber jeder Bürger, vorgeladen oder festgenommen kraft Gesetzes, soll auf der Stelle gehorchen; er macht sich durch Widerstand schuldig.

8.

Das Gesetz soll nur solche Strafen festsetzen, welche unbedingt und offensichtlich notwendig sind, und niemand kann bestraft werden als kraft eines vor Begehung des Verbrechens aufgestellten, verkündeten und rechtmäßig angewandten Gesetzes.

9.

Jeder Mensch wird so lange als unschuldig angesehen, bis er für schuldig erklärt ist, und wenn seine Verhaftung für unumgänglich gehalten wird, soll jede Härte, die nicht notwendig wäre, um sich seiner Person zu versichern, durch das Gesetz streng unterbunden werden.

10.

Niemand soll wegen seiner Ansichten, auch der religösen, beunruhigt werden, sofern ihre Äußerung die durch das Gesetz errichtete öffentliche Ordnung nicht stört.

11.

Die freie Mitteilung von Gedanken und Meinungen ist eins der kostbarsten Rechte des Menschen; jeder Bürger kann mithin frei sprechen, schreiben, drucken, unter Vorbehalt der Verantwortlichkeit für den Mißbrauch dieser Freiheit in durch das Gesetz bestimmten Fällen.

12.

Die Verbürgung der Menschen- und Bürgerrechte erfordert eine Ordnungsmacht; diese Macht ist also eingesetzt für den Vorteil aller, und nicht für den besonderen Nutzen derer, denen sie anvertraut ist.

13.

Für die Unterhaltung der Ordnungsmacht und für die Kosten der Verwaltung ist ein gemeinschaftlicher Beitrag unerläßlich; dieser soll auf alle Bürger nach ihren Möglichkeiten in gleicher Weise verteilt werden.

14.

Alle Bürger des Staates sind berechtigt, selbst oder durch ihre Repräsentanten die Notwendigkeit des öffentlichen Beitrages festzustellen, ihn frei zu bewilligen, seine Verwendung zu überwachen sowie Höhe, Bemessungsgrundlagen, Beitreibung und Dauer zu bestimmen.

15.

Die Gesellschaft ist befugt, von jedem öffentlichen Beamten Rechenschaft über seine Amtsführung zu verlangen.

16.

Jede Gesellschaft, in der weder die Garantie der Rechte zugesichert noch die Trennung der Gewalten festgelegt ist, hat keine Verfassung.

17.

Das Eigentum als unverletzliches und geheiligtes Recht kann niemandem genommen werden, es sei denn, daß eine öffentliche, rechtmäßig festgestellte Notwendigkeit es klar erforderte, und unter der Bedingung einer gerechten und vorherigen Entschädigung.

5. Französische Verfassung (24. Juni 1793)

Erklärung der Rechte des Menschen und des Bürgers

Das französische Volk, überzeugt, daß Vergessen und Mißachtung der natürlichen Rechte des Menschen die alleinigen Ursachen des Unheils der Welt sind, hat beschlossen, diese heiligen und unveräußerlichen Rechte in einer feierlichen Erklärung darzulegen, damit alle Bürger, indem sie die Maßnahmen der Regierung mit dem Zweck der ganzen gesellschaftlichen Vereinigung stets vergleichen können, sich niemals durch die Tyrannei unterdrücken und entwürdigen lassen; damit das Volk die Grundpfeiler seiner Freiheit und seines Glücks, die Beamtenschaft den Maßstab ihrer Pflichten, der Gesetzgeber den Gegenstand seiner Aufgabe stets vor Augen habe.

Daher proklamiert es in Gegenwart des Höchsten Wesens folgende Erklärung der Rechte des Menschen und des Bürgers:

1.

Der Zweck der Gesellschaft ist das allgemeine Glück.

Die Regierung ist eingesetzt, um dem Menschen den Genuß seiner natürlichen und unablässigen Rechte zu verbürgen.

2.

Diese Rechte sind Gleichheit, Freiheit, Sicherheit, Eigentum.

3.

Alle Menschen sind von Natur und vor dem Gesetz gleich.

4.

Das Gesetz ist der freie und feierliche Ausdruck des allgemeinen Willens; es ist, sei es schützend oder strafend, gleich für alle; es kann nur das anordnen, was gerecht und der Gesellschaft nützlich, und nur das verbieten, was ihr schädlich ist.

5.

Alle Bürger haben in gleicher Weise Zugang zu öffentlichen Ämtern. Die freien Völker kennen bei ihren Wahlen keine anderen Maßstäbe als die der Tugenden und der Talente.

6.

Die Freiheit ist eine Ermächtigung, die jedem Menschen alles zugesteht, was den Rechten anderer nicht schadet; ihre Grundlage ist die Natur, ihre Regel die Gerechtigkeit, ihr Schutz ist das Gesetz, ihre moralische Schranke der Grundsatz: Tue keinem an, was du nicht willst, daß es dir selbst zugefügt werde.

7.

Das Recht, seine Gedanken und Meinungen mitzuteilen, sei es durch die Presse oder auf jede andere Weise, das Recht, sich friedlich zu versammeln, und die freie Ausübung des Gottesdienstes können nicht verwehrt werden.

Die Notwendigkeit, diese Rechte zu verkünden, geht von der Gegenwart des oder der frischen Erinnerung an den Despotismus aus.

8.

Die Sicherheit beruht auf dem von der Gesellschaft jedem ihrer Mitglieder zugesprochenen Schutz für die Erhaltung seiner Person, seiner Rechte und seines Eigentums.

9.

Das Gesetz soll die allgemeine und individuelle Freiheit gegen die Unterdrückung durch die in Schutz nehmen, welche regieren.

10.

Es darf keiner angeklagt, in Haft genommenoder gehalten werden, außer in den vom Gesetz bestimmten Fällen und nach den von ihm vorgeschriebenen Formen; jeder Bürger, der kraft Gesetzes vorgeladen oder festgenommen wird, hat sofort zu gehorchen; durch Widerstand macht er sich schuldig.

11.

Jede Maßnahme gegen einen Menschen in den vom Gesetz nicht vorgesehenen Fällen und Formen ist willkürlich und tyrannisch; demjenigen, gegen den man eine solche mit Gewalt vollstrecken will, steht das Recht zu, sie mit Gewalt zurückzuweisen.

12.

Diejenigen, welche willkürliche Handlungen veranlassen, fördern, unterzeichnen, ausführen oder ausführen lassen, sind schuldig und müssen bestraft werden.

13.

Da jeder für unschuldig erachtet werden muß, bis er für schuldig erklärt worden ist, so ist, wenn seine Verurteilung unumgänglich mit Verhaftung verbunden ist, jede Härte, die, um sich seiner Person zu versichern, nicht erforderlich sein würde, durch das Gesetz streng zu unterbinden.

14.

Niemand soll verurteilt und bestraft werden bevor er nicht vernommen oder rechtmäßig vorgeladen worden ist und nur nach einem vor dem Vergehen verkündeten Gesetz. Ein Gesetz, welches Vergehen, die schon vor seiner öffentlichen Bekanntmachung begangen wurden, bestrafen wollte, wäre Tyrannei; einem Gesetz rückwirkende Kraft zu geben, wäre Verbrechen.

15.

Das Gesetz soll nur die Strafen verfügen, welche durchaus und unumgänglich notwendig sind; die Strafen sollen dem Verbrechen angemessen und der Gesellschaft nützlich sein.

16.

Das Eigentumsrecht ist das, wonach jedem Bürger zusteht, seine Güter und seine Einkünfte, die Früchte seiner Arbeit und seines Fleißes zu genießen und nach eigenem Gutdünken darüber zu verfügen.

17.

Keine Art der Beschäftigung, des Erwerbes und Handels kann dem Fleiße der Bürger untersagt werden.

18.

Jeder Mensch kann über seine Dienste und seine Zeit frei verfügen; aber er kann weder sich verkaufen noch verkauft werden. Seine Person ist kein veräußerliches Eigentum. Das Gesetz erkennt keinen Stand der Dienstbarkeit an;

es gibt lediglich eine Vereinbarung über Dienstleistungen und Entschädigung zwischen dem, der arbeitet, und jenem, der ihn beschäftigt.

19.

Ohne seine Einwilligung darf keiner auch nur des geringsten Teiles seines Eigentums beraubt werden, wenn es nicht die allgemeine und gesetzlich bestimmte Notwendigkeit erfordert, und unter der Bedingung einer gerechten und vorherigen Entschädigung.

20.

Es darf keine Steuer auferlegt werden, außer für das gemeine Wohl. Alle Bürger haben das Recht, bei Festsetzung der Besteuerung zusammenzuwirken über die Verwendung derselben zu wachen und sich darüber Rechnung legen zu lassen.

21.

Die öffentliche Unterstützung der Bedürftigen ist eine heilige Verpflichtung. Die Gesellschaft übernimmt den Unterhalt der ins Unglück geratenen Bürger, sei es nun, daß sie ihnen Arbeit gibt oder denjenigen, welche arbeitsunfähig sind, die Mittel ihres Unterhalts zusichert.

22.

Unterricht ist Bedürfnis aller. Die Gesellschaft soll mit ganzer Kraft die Fortschritte der öffentlichen Bildung fördern und den Unterricht an dem Fassungsvermögen aller Bürger ausrichten.

23.

Die Sicherung der Gesellschaft besteht im Zusammenwirken aller, jedem den Genuß und die Wahrung seiner Rechte zuzusichern; diese Garantie beruht auf der Souveränität des Volkes.

24.

Sie kann nicht bestehen, wenn die Schranken der öffentlichen Ämter vom Gesetz nicht klar gezogen sind und die Verantwortlichkeit aller Beamten nicht gewährleistet ist.

25.

Die Souveränität ruht im Volke. Sie ist eines und unteilbar, unabdingbar und unveräußerlich.

26.

Kein Teil des Volkes kann die Macht des gesamten Volkes ausüben; aber jeder versammelte Teil des souveränen Volkes genießt das Recht, in voller Freiheit seinen Willen auszudrücken.

27.

Jeder einzelne, welcher sich die Souveränität anmaßen will, soll sogleich durch die freien Männer zu Tode gebracht werden.

28.

Ein Volk hat stets das Recht, seine Verfassung zu überprüfen, zu reformieren und zu ändern. Eine Generation kann künftige Generationen nicht an ihre Gesetze binden.

29.

Jeder Bürger hat das Recht auf Teilnahme an der Gesetzgebung sowie der Ernennung seiner Bevollmächtigten oder seiner Beamten.

30.

Die öffentlichen Ämter sind grundsätzlich zeitlich begrenzt; sie sind weder als Auszeichnung noch als Belohnung, sondern als Verpflichtung zu betrachten.

31.

Verfehlungen der Bevollmächtigten des Volkes und seiner Beamten sollen nie unbestraft bleiben. Keiner hat das Recht, sich für unverletzbarer zu halten als die übrigen Bürger.

32.

Das Recht, den Treuhändern der öffentlichen Gewalt Gesuche vorzulegen, kann in keinem Falle untersagt, aufgehoben oder eingeschränkt werden.

33.

Der Widerstand gegen Unterdrückung ist Folgerung aus den übrigen Menschenrechten.

34.

Unterdrückung der Gesamtheit der Gesellschaft ist es, wenn auch nur eines ihrer Glieder unterdrückt wird. Unterdrückung jedes einzelnen Gliedes ist es, wenn die ganze Gesellschaft unterdrückt wird.

35.

Wenn die Regierung die Rechte des Volkes verletzt, ist die Erhebung dem Volke und jedem Teil davon heiligstes Recht und unerläßliche Pflicht.

Zweiter Abschnitt

Historische Verfassungstexte

6. Verfassung vom 5. Fructidor des Jahres II (22. August 1795)

Erklärung der Rechte und Pflichten des Menschen und des Bürgers

Das französische Volk verkündet in Gegenwart des Höchsten Wesens folgende Erklärung der Rechte und Pflichten des Menschen und des Bürgers.

Rechte

1.

Die Rechte des Menschen in der Gesellschaft sind Freiheit, Gleichheit, Sicherheit, Eigentum.

2.

Die Freiheit besteht darin, tun zu können, was den Rechten der anderen nicht schadet.

3.

Die Gleichheit besteht darin, daß das Gesetz für alle das gleiche ist, sei es, daß es schütze oder strafe.

Die Gleichheit läßt keinen Unterschied der Geburt, keine Erblichkeit der Macht zu.

4.

Die Sicherheit erwächst aus dem Zusammenwirken aller, die Rechte eines jeden zu sichern.

5.

Das Eigentum ist das Recht, sein Vermögen, seine Einkünfte, die Früchte seiner Arbeit und seines Gewerbes zu genießen und darüber zu verfügen.

6.

Das Gesetz ist der allgemeine Wille, ausgedrückt durch die Mehrheit der Bürger oder ihrer Vertreter.

7.

Was nicht durch das Gesetz verboten ist, kann nicht verhindert werden. – Niemand kann gezwungen werden, zu tun, was es nicht befiehlt.

8.

Niemand kann vor Gericht geladen, angeklagt, in Haft genommen oder gehalten werden, als in den vom Gesetz bestimmten Fällen und in den von ihm vorgeschriebenen Formen.

9.

Diejenigen, welche willkürliche Akte veranlassen, ausfertigen, unterzeichnen, vollziehen oder vollziehen lassen, sind schuldig und sollen bestraft werden.

10.

Jede Härte, die nicht notwendig ist, um sich der Person eines Beschuldigten zu versichern, soll durch das Gesetz streng unterbunden werden.

11.

Niemand kann verurteilt werden, bevor er nicht vernommen oder rechtmäßig vorgeladen worden ist.

12.

Das Gesetz soll nur unbedingt notwendige und dem Vergehen angemessene Strafen festsetzen.

13.

Jede Behandlung, welche die durch das Gesetz bestimmte Strafe verschärft, ist ein Verbrechen.

14.

Weder ein Strafgesetz noch ein bürgerliches Gesetz kann rückwirkende Kraft haben.

15.

Jeder Mensch kann über seine Zeit und seine Dienste verfügen; aber er kann weder sich verkaufen noch verkauft werden; seine Person ist kein veräußerbarer Besitz.

16.

Jede Steuer ist für den allgemeinen Nutzen eingeführt; sie muß auf die Steuerpflichtigen nach Maßgabe ihres Vermögens verteilt sein.

17.

Die Souveränität ruht grundsätzlich bei der Gesamtheit der Bürger.

18.

Kein einzelner, keine Vereinigung von Bürgern kann sich die Souveränität beilegen.

19.

Niemand kann ohne gesetzlichen Auftrag Amtsgewalt ausüben noch irgendein öffentliches Amt versehen.

20.

Jeder Bürger hat ein gleiches Recht, unmittelbar oder mittelbar an der Gestaltung des Gesetzes und der Benennung der Volksvertreter und der Beamten mitzuwirken.

21.

Die öffentlichen Ämter können nicht Besitz derer werden, welche sie wahrnehmen.

22.

Die gesellschaftliche Gewähr kann nicht bestehen, wenn die Teilung der Gewalten nicht eingerichtet ist, wenn deren Grenzen nicht bestimmt sind und wenn die Verantwortlichkeit der öffentlichen Amtsträger nicht gewährleistet ist.

Pflichten

1.

Die Erklärung der Rechte umfaßt die Verpflichtungen der Gesetzgeber; die Erhaltung der Gesellschaft erfordert, daß die, welche sie bilden, ihre Pflichten gleichermaßen kennen und erfüllen.

2.

Alle Pflichten des Menschen und des Bürgers leiten sich her aus den beiden von der Natur in alle Herzen eingegrabenen Grundsätzen:

Tut anderen nicht, was ihr nicht wollt, daß man euch tue. Erweist anderen beständig das Gute, welches ihr selbst zu erhalten wünscht.

3.

Die Verpflichtungen eines jeden gegen die Gesellschaft bestehen darin, sie zu verteidigen, ihr zu dienen, den Gesetzen gehorsam zu leben und die zu achten, die ihre Organe sind.

4.

Keiner ist ein guter Bürger, wenn er nicht ein guter Sohn, guter Vater, guter Bruder, guter Freund, guter Gatte ist.

5.

Keiner ist ein Ehrenmann, wenn er nicht ein freimütiger und frommer Beobachter der Gesetze ist.

6.

Wer die Gesetze offen verletzt, erklärt sich im Kriegszustand mit der Gesellschaft.

7.

Wer die Gesetze, ohne sie offen zu verletzen, mit List oder Geschick umgeht, verletzt das Interesse aller; er macht sich ihres Wohlwollens und ihrer Achtung unwürdig.

8.

Auf der Erhaltung des Eigentums beruhen der Ackerbau, alle Erzeugnisse, alle Mittel der Arbeit und die gesamte gesellschaftliche Ordnung.

9.

Jeder Bürger schuldet dem Vaterland und der Erhaltung der Freiheit, der Gleichheit und des Eigentums seine Dienste, sooft ihn das Gesetz zu deren Verteidigung aufruft.

7. Französische Charta vom 4. Juni 1814*
(Auszug)

Nachdem uns die göttliche Vorsehung nach langer Abwesenheit in unseren Staat zurückgerufen hat, hat sie uns große Pflichten übertragen. ... Eine Verfassungscharta wurde durch den gegenwärtigen Zustand des Königreichs gefordert, wir haben sie versprochen und wir veröffentlichen sie. ... Wir haben freiwillig und in freier Ausübung unserer königlichen Autorität zugestimmt und sind einverstanden, als Zugeständnis und Gewährung für unsere Untertanen, für uns und unsere Nachfolger, und für immer, mit der Verfassungscharta, welche folgt:

1.

Die Franzosen sind vor dem Gesetz gleich, wie immer ihre Titel und ihr Rang sein mögen.

2.

Sie tragen unterschiedslos im Verhältnis ihres Vermögens zu den Lasten des Staates bei.

---

* In der Charte Constitutionelle vom 14. August 1830 fehlt Nr. 6, ist Nr. 7 geringfügig verändert und fehlt in Nr. 8 der letzte Halbsatz.

3.

Sie haben alle gleichermaßen Zugang zu den Zivil- und Militärämtern.

4.

Ihre individuelle Freiheit wird gleichermaßen garantiert; niemand kann verfolgt oder verhaftet werden als in den vom Gesetz vorgesehenen Fällen und in der von ihm vorgeschriebenen Form.

5.

Jeder bekennt seine Religion mit gleicher Freiheit und erhält für seinen Gottesdienst den gleichen Schutz.

6.

Indessen ist die katholisch-apostolisch-römische Religion die Religion des Staates.

7.

Die Diener der katholisch-apostolisch-römischen Religion und jene der anderen christlichen Kulte erhalten allein Besoldung aus dem königlichen Schatz.

8.

Die Franzosen haben das Recht; ihre Ansichten zu veröffentlichen und drucken zu lassen, wenn sie den Gesetzen folgen, welche die Mißbräuche dieser Freiheiten unterbinden sollen.

9.

Alles Eigentum ist unverletzlich, ohne Ausnahme dessen, was man Nationaleigentum nennt, da das Gesetz zwischen beiden keinen Unterschied macht.

10.

Der Staat kann die Aufopferung von Eigentum im gesetzlich festgestellten öffentlichen Interesse verlangen; jedoch nur mit vorheriger Entschädigung.

11.

Alle Nachforschungen über Meinungen und Abstimmungen bis zur Restauration sind untersagt. Gleiches Vergessen ist den Gerichten und den Bürgern anbefohlen.

12.

Die Conscription ist abgeschafft. Die Art der Rekrutierung für die Land- und Seestreitkräfte wird vom Gesetz bestimmt.

8. Verfassung der Französischen Republik vom 4. November 1848

(Auszug)

Kapitel II

Die durch die Verfassung garantierten Bürgerrechte

Artikel 2

Niemand kann in Haft genommen oder gehalten werden als nach den Vorschriften des Gesetzes.

Artikel 3

Die Wohnung einer jeden Person, die auf französischem Gebiet wohnt, ist unverletzlich; es ist nicht erlaubt, darin einzudringen, es sei denn in den vom Gesetz vorgesehenen Formen und Fällen.

Artikel 4

Niemand soll seinen natürlichen Richtern entzogen werden. – Es darf keine außerordentlichen Kommissionen und Gerichte geben, unter welcher Bestallung und Bezeichnung es auch sei.

Artikel 5

Die Todesstrafe ist in politischen Sachen abgeschafft.

Artikel 6

Sklaverei darf auf keinem französischen Gebiet bestehen.

Artikel 7

Jeder kann seine Religion frei bekennen und erhält vom Staate gleichen Schutz zur Ausübung seines Gottesdienstes.

Die Geistlichen, ob sie dem gegenwärtig durch das Gesetz anerkannten Religionsbekenntnis, oder ob sie einem solchen, das in Zukunft anerkannt werden wird, angehören, haben das Recht, vom Staat ein Gehalt zu beziehen.

Artikel 8

Die Bürger haben das Recht, sich zu vereinigen, sich friedlich und ohne Waffen zu versammeln, Bittschriften einzureichen und ihre Gedanken mittels der Presse oder in anderer Weise zu äußern.

Die Ausübung dieser Rechte hat nur die Rechte oder die Freiheit des anderen und die öffentliche Sicherheit als Schranke.

Die Presse darf keinesfalls der Zensur unterworfen werden.

Artikel 9

Die Lehre ist frei.

Die Freiheit der Lehre wird unter Voraussetzungen der Befähigung und Moral ausgeübt, die durch die Gesetze bestimmt werden und steht unter Aufsicht des Staates.

Diese Aufsicht erstreckt sich ausnahmslos auf alle Einrichtungen der Erziehung und des Unterrichts.

Artikel 10

Alle Bürger sind in gleicher Weise zu allen öffentlichen Ämtern zugelassen ohne einen anderen Grund der Bevorzugung als ihr Verdienst und unter den durch das Gesetz festgelegten Bedingungen.

Alle Adelstitel, Unterschiede der Geburt, der Klasse oder des Standes sind für immer aufgehoben.

Artikel 11

Alles Eigentum ist unverletzlich. Desungeachtet kann der Staat Vermögensopfer fordern zum rechtlich festgestellten öffentlichen Nutzen und gegen gerechte und vorherige Entschädigung.

Artikel 12

Die Einziehung von Vermögen darf niemals wieder eingeführt werden.

Artikel 13

Die Verfassung garantiert den Bürgern die Freiheit der Arbeit und des Gewerbes.

Die Gesellschaft begünstigt und ermutigt die Entwicklung der Arbeit durch freien Elementarunterricht, Berufserziehung, Gleichheit der Beziehungen zwischen Arbeitgeber und Arbeitnehmer, die Einrichtungen der Fürsorge und des Kredits, die landwirtschaftlichen Einrichtungen, freiwilligen Zusammenschlüsse und die Einrichtung durch Staat, Departements und Gemeinden von öffentlichen Arbeiten, die geeignet sind, Arbeitslose zu beschäftigen; sie gewährt verlassenen Kindern sowie Kranken und mittellosen Alten, die ihre Familien nicht unterhalten können, Unterstützung.

Artikel 14 – 17

…

9. Österreichische Verfassung vom 25. April 1848
(Auszug)

III. Staatsbürgerliche und politische Rechte der Staatseinwohner

§ 17

Allen Staatsbürgern ist die volle Glaubens- und Gewissens- sowie die persönliche Freiheit gewährleistet.

§ 18

Niemand kann anders als in Befolgung der gesetzlichen Form mit Ausnahme der Anhaltung auf der Tat verhaftet werden.

Binnen 24 Stunden nach der Gefangennehmung muß jeder Verhaftete über den Grund seiner Verhaftung gehört und seinem Richter zugewiesen werden. Hausdurchsuchungen können nur in den Fällen und in der Form, welche das Gesetz vorausbezeichnet, vorgenommen werden.

§ 19

Die Freiheit der Rede und Presse ist nach vollkommener Auflassung der Zensur durch die Verfassungsurkunde gesichert. Die Bestrafung der Mißbräuche wird durch ein von dem ersten Reichstage zu erlassendes Gesetz geregelt werden.

§ 20

Das Briefgeheimnis ist unverletzlich.

§ 21

Die im § 17 bis 20 bezeichneten Freiheiten genießen auch die Fremden, welche noch keine staatsbürgerlichen Rechte erworben haben.

§ 22

Das Petitionsrecht und das Recht zur Bildung von Vereinen steht allen Staatsbürgern zu. Besondere Gesetze werden die Ausübung dieser Rechte regeln.

§ 23

Der Freiheit der Auswanderung darf von den Behörden kein Hindernis in den Weg gelegt werden.

§ 24

Jeder Staatsbürger kann Grundbesitzer werden, jeden gesetzlich erlaubten Erwerbszweig ergreifen und zu allen Ämtern und Würden gelangen.

§ 25

Die Wirksamkeit des Gesetzes ist gleich für alle Staatsbürger, sie genießen einen gleichen persönlichen Gerichtsstand, unterliegen der gleichen Lehr- und Steuerverpflichtung, und keiner kann gegen seinen Willen seinem ordentlichen Richter entzogen werden.

§ 26

Der Gerichtsstand für das Militär bleibt bis zum Erscheinen eines besonderen Gesetzes unverändert.

§ 27

Die Beseitigung der in einigen Teilen der Monarchie noch gesetzlich bestehenden Verschiedenheiten der bürgerlichen und politischen Rechte einzelner Religionskonfessionen sowie die Aufhebung der der Erwerbung aller Arten von Grundbesitz noch entgegenstehenden Beschränkungen werden den Gegenstand dem ersten Reichstage vorzulegender Gesetzesvorschläge bilden.

§ 28

Die Richter können nur durch ein Erkenntnis der Gerichtsbehörden entlassen, im Dienst zurückgesetzt oder gegen ihren Wunsch an einen anderen Dienstort oder in Ruhestand versetzt werden.

§ 29

Die Rechtspflege wird durch öffentliches mündliches Verfahren ausgeübt.
Für die Strafgerichtspflege werden Schwurgerichte eingeführt, deren Errichtung ein besonderes Gesetz bestimmen wird.

§ 30

Änderungen in der Einrichtung der Gerichtshöfe können nur durch ein Gesetz eingeführt werden.

§ 31

Allen in der Monarchie durch die Gesetze anerkannten christlichen Glaubensbekenntnissen und dem israelitischen Kultus ist die freie Ausübung des Gottesdienstes gesichert.

10. Verfassung des Deutschen Reiches verkündet von der Verfassunggebenden Nationalversammlung in Frankfurt a. M. am 28. März 1849

(Auszug)

Abschnitt VI

Die Grundrechte des deutschen Volkes

§ 130

Dem deutschen Volke sollen die nachstehenden Grundrechte gewährleistet sein. Sie sollen den Verfassungen der deutschen Einzelstaaten zur Norm dienen, und keine Verfassung oder Gesetzgebung eines deutschen Einzelstaates soll dieselben je aufheben oder beschränken können.

Artikel I

§ 131

Das deutsche Volk besteht aus den Angehörigen der Staaten, welche das Deutsche Reich bilden.

§ 132

Jeder Deutsche hat das deutsche Reichsbürgerrecht. Die ihm kraft dessen zustehenden Rechte kann er in jedem deutschen Lande ausüben. Über das Recht, zur deutschen Reichsversammlung zu wählen, verfügt das Reichswahlgesetz.

§ 133

Jeder Deutsche hat das Recht, an jedem Orte des Reichsgebietes seinen Aufenthalt und Wohnsitz zu nehmen, Liegenschaften jeder Art zu erwerben und darüber zu verfügen, jeden Nahrungszweig zu betreiben, das Gemeindebürgerrecht zu gewinnen.

...

§ 134

Kein deutscher Staat darf zwischen seinen Angehörigen und andern Deutschen einen Unterschied im bürgerlichen, politischen und Prozeß-Rechte machen, welcher die letzteren als Ausländer zurücksetzt.

§ 135

Die Strafe des bürgerlichen Todes soll nicht stattfinden, und da, wo sie bereits ausgesprochen ist, in ihren Wirkungen aufhören, soweit nicht hierdurch erworbene Privatrechte verletzt werden.

Artikel II

§ 137

Vor dem Gesetz gilt kein Unterschied der Stände. Der Adel als Stand ist aufgehoben.

Alle Standesvorrechte sind abgeschafft.

Die Deutschen sind vor dem Gesetze gleich.

Alle Titel, insoweit sie nicht mit einem Amt verbunden sind, sind aufgehoben und dürfen nie wieder eingeführt werden.

Kein Staatsangehöriger darf von einem auswärtigen Staate einen Orden annehmen.

Die öffentlichen Ämter sind für alle Befähigten gleich zugänglich.

Die Wehrpflicht ist für alle gleich; Stellvertretung bei derselben findet nicht statt.

Aritkel III

§ 138

Die Freiheit der Person ist unverletzlich.

Die Verhaftung einer Person soll, außer im Falle der Ergreifung auf frischer Tat, nur geschehen in Kraft eines richterlichen, mit Gründen versehenen Befehls. Dieser Befehl muß im Augenblicke der Verhaftung oder innerhalb der nächsten vierundzwanzig Stunden dem Verhafteten zugestellt werden.

Die Polizeibehörde muß jeden, den sie in Verwahrung genommen hat, im Laufe des folgenden Tages entweder freilassen oder der richterlichen Behörde übergeben.

Jeder Angeschuldigte soll gegen Stellung einer vom Gerichte zu bestimmenden Kaution oder Bürgschaft aus der Haft entlassen werden, sofern nicht dringende Anzeichen eines schweren peinlichen Verbrechens gegen denselben vorliegen.

Im Falle einer widerrechtlich verfügten oder verlängerten Gefangenschaft ist der Schuldige und nötigenfalls der Staat dem Verletzten zur Genugtuung und Entschädigung verpflichtet.

...

§ 139

Die Todesstrafe, ausgenommen wo das Kriegsrecht sie vorschreibt oder das Seerecht im Fall von Meutereien sie zuläßt, sowie die Strafen des Prangers, der Brandmarkung und der körperlichen Züchtigung sind abgeschafft.

§ 140

Die Wohnung ist unverletzlich.

Eine Haussuchung ist nur zulässig:

1. in Kraft eines richterlichen, mit Gründen versehenen Befehls, welcher sofort oder innerhalb der nächsten vierundzwanzig Stunden dem Beteiligten zugestellt werden soll,

2. im Falle der Verfolgung auf frischer Tat, durch den gesetzlich berechtigten Beamten,

3. in den Fällen und Formen, in welchen das Gesetz ausnahmsweise bestimmten Beamten auch ohne richterlichen Befehl dieselbe gestattet.

Die Haussuchung muß, wenn tunlich, mit Zuziehung von Hausgenossen erfolgen.

Die Unverletzlichkeit der Wohnung ist kein Hindernis der Verhaftung eines gerichtlich Verfolgten.

§ 141

Die Beschlagnahme von Briefen und Papieren darf, außer bei einer Verhaftung oder Haussuchung, nur in Kraft eines richterlichen, mit Gründen versehenen Befehls vorgenommen werden, welcher sofort oder innerhalb der nächsten vierundzwanzig Stunden dem Beteiligten zugestellt werden soll.

§ 142

Das Briefgeheimnis ist gewährleistet.

Die bei strafgerichtlichen Untersuchungen und in Kriegsfällen notwendigen Beschränkungen sind durch die Gesetzgebung festzustellen.

Artikel IV
§ 143

Jeder Deutsche hat das Recht, durch Wort, Schrift, Druck und bildliche Darstellung seine Meinung frei zu äußern.

Die Preßfreiheit darf unter keinen Umständen und in keiner Weise durch vorbeugende Maßregeln, namentlich Zensur, Konzessionen, Sicherheitsbestellungen, Staatsauflagen, Beschränkungen der Druckereien oder des Buchhandels, Postverbote oder andere Hemmungen des freien Verkehrs beschränkt, suspendiert oder aufgehoben werden.

Über Preßvergehen, welche von Amts wegen verfolgt werden, wird durch Schwurgerichte geurteilt.

Ein Preßgesetz wird vom Reich erlassen werden.

Artikel V
§ 144

Jeder Deutsche hat volle Glaubens- und Gewissensfreiheit.

Niemand ist verpflichtet, seine religiöse Überzeugung zu offenbaren.

§ 145

Jeder Deutsche ist unbeschränkt in der gemeinsamen häuslichen und öffentlichen Übung seiner Religion.

Verbrechen und Vergehen, welche bei Ausübung dieser Freiheit begangen werden, sind nach dem Gesetze zu bestrafen.

§ 146

Durch das religiöse Bekenntnis wird der Genuß der bürgerlichen und staatsbürgerlichen Rechte weder bedingt noch beschränkt. Den staatsbürgerlichen Pflichten darf dasselbe keinen Abbruch tun.

§ 147

Jede Religionsgesellschaft ordnet und verwaltet ihre Angelegenheiten selbständig, bleibt aber den allgemeinen Staatsgesetzen unterworfen.

Keine Religionsgemeinschaft genießt vor anderen Vorrechte durch den Staat; es besteht fernerhin keine Staatskirche.

Neue Religionsgesellschaften dürfen sich bilden; einer Anerkennung ihres Bekenntnisses durch den Staat bedarf es nicht.

Niemand soll zu einer kirchlichen Handlung oder Feierlichkeit gezwungen werden.

...

Artikel VI
§ 152

Die Wissenschaft und ihre Lehre ist frei.

§ 153

Das Unterrichts- und Erziehungswesen steht unter der Oberaufsicht des Staates und ist, abgesehen vom Religionsunterricht, der Beaufsichtigung der Geistlichkeit als solcher enthoben.

...

§ 157

Für den Unterricht in Volksschulen und niederen Gewerbeschulen wird kein Schulgeld bezahlt.

Unbemittelten soll auf allen öffentlichen Unterrichtsanstalten freier Unterricht gewährt werden.

§ 158

Es steht einem jeden frei, seinen Beruf zu wählen und sich für denselben auszubilden, wie und wo er will.

Artikel VII
§ 159

Jeder Deutsche hat das Recht, sich mit Bitten und Beschwerden schriftlich an die Behörden, an die Volksvertretung und an den Reichstag zu wenden.

Dieses Recht kann sowohl von einzelnen als von Korporationen und von mehreren im Vereine ausgeübt werden; beim Heer und der Kriegsflotte jedoch nur in der Weise, wie es die Disziplinarvorschriften bestimmen.

§ 160

Eine vorgängige Genehmigung der Behörden ist nicht notwendig, um öffentliche Beamte wegen ihrer amtlichen Handlungen gerichtlich zu verfolgen.

Artikel VIII

§ 161

Die Deutschen haben das Recht, sich friedlich und ohne Waffen zu versammeln; einer besonderen Erlaubnis dazu bedarf es nicht.

Volksversammlungen unter freiem Himmel können bei dringender Gefahr für die öffentliche Ordnung und Sicherheit verboten werden.

§ 162

Die Deutschen haben das Recht, Vereine zu bilden. Dieses Recht soll durch keine vorbeugende Maßregel beschränkt werden.

...

Artikel IX

§ 164

Das Eigentum ist unverletzlich.

Eine Enteignung kann nur aus Rücksichten des gemeinen Besten, nur auf Grund eines Gesetztes und gegen gerechte Entschädigung vorgenommen werden.

Das geistige Eigentum soll durch die Reichsgesetzgebung geschützt werden.

...

§ 166

Jeder Untertänigkeits- und Hörigkeitsverband hört für immer auf.

§ 167

Ohne Entschädigung sind aufgehoben:

1. Die Patrimonialgerichtsbarkeit und die grundherrliche Polizei samt den aus diesen Rechten fließenden Befugnissen, Exemtionen und Abgaben.

2. Die aus dem guts- und schutzherrlichen Verbande fließenden persönlichen Abgaben und Leistungen.

Mit diesen Rechten fallen auch die Gegenleistungen und Lasten weg, welche dem bisher Berechtigten dafür oblagen.

§ 168

Alle auf Grund und Boden haftenden Abgaben und Leistungen, insbesondere die Zehnten, sind ablösbar: ob nur auf Antrag des Belasteten oder auf des Berechtigten und in welcher Weise, bleibt der Gesetzgebung der einzelnen Staaten überlassen.

Es soll fortan kein Grundstück mit einer unablösbaren Abgabe oder Leistung belastet werden.

...

§ 171

Aller Lehensverband ist aufzuheben. Das Nähere über die Art und Weise der Ausführung haben die Gesetzgebung der Einzelstaaten anzuordnen.

§ 172

Die Strafe der Vermögenseinziehung soll nicht stattfinden.

...

Artikel X

§ 174

Alle Gerichtsbarkeit geht vom Staate aus. Es sollen keine Patrimonialgerichte bestehen.

§ 175

Die richterliche Gewalt wird selbständig von den Gerichten geübt. Kabinetts- und Ministerialjustiz ist unstatthaft.

Niemand darf seinem gesetzlichen Richter entzogen werden. Ausnahmegerichte sollen nie stattfinden.

§ 176

Es soll keinen privilegierten Gerichtsstand der Personen oder Güter geben.

Die Militärgerichtsbarkeit ist auf die Aburteilung militärischer Verbrechen und Vergehen sowie der Militär-Disziplinarvergehen beschränkt, vorbehaltlich der Bestimmungen für den Kriegszustand.

§ 177

Kein Richter darf, außer durch Urteil und Recht, von seinem Amt entfernt oder an Rang und Gehalt beeinträchtigt werden.

Suspension darf nicht ohne gerichtlichen Beschluß erfolgen. Kein Richter darf wider seinen Willen, außer durch gerichtlichen Beschluß, in den durch das Gesetz bestimmten Fällen und Formen, zu einer anderen Stelle versetzt oder in Ruhestand gesetzt werden.

§ 178

Das Gerichtsverfahren soll öffentlich und mündlich sein.

Ausnahme von der Öffentlichkeit bestimmt im Interesse der Sittlichkeit das Gesetz.

§ 179

In Strafsachen gilt der Anklageprozeß.

Schwurgerichte sollen jedenfalls in schweren Strafsachen und bei allen politischen Vergehen urteilen.

§ 180

Die bürgerliche Rechtspflege soll in Sachen besonderer Berufserfahrung durch sachkundige, von den Berufsgenossen frei gewählte Richter geübt oder mitgeübt werden.

§ 181

Rechtspflege und Verwaltung sollen getrennt und voneinander unabhängig sein.

Über Kompetenzkonflikte zwischen den Verwaltungs- und Gerichtsbehörden in den Einzelstaaten entscheidet ein durch das Gesetz zu bestimmender Gerichtshof.

§ 182

Die Verwaltungsrechtspflege hört auf; über alle Rechtsverletzungen entscheiden die Gerichte.

Der Polizei steht keine Strafgerichtsbarkeit zu.

§ 183

Rechtskräftige Urteile deutscher Gerichte sind in allen deutschen Landen gleich wirksam und vollziehbar.

Ein Reichsgesetz wird das Nähere bestimmen.

Artikel XI

...

Artikel XII

§ 186

Jeder deutsche Staat soll eine Verfassung mit Volksvertretung haben.

Die Minister sind der Volksvertretung verantwortlich.

§ 187

Die Volksvertretung hat eine entscheidende Stimme bei der Gesetzgebung, bei der Besteuerung, bei der Ordnung des Staatshaushaltes; auch hat sie – wo zwei Kammern vorhanden sind, jede Kammer für sich – das Recht des Gesetzvorschlags, der Beschwerde, der Adresse sowie der Anklage der Minister.

Die Sitzungen der Landtage sind in der Regel öffentlich.

Artikel XIII

§ 188

Den nicht deutsch redenden Volksstämmen Deutschlands ist ihre volkstümliche Entwicklung gewährleistet, namentlich die Gleichberechtigung ihrer Sprachen, so weit deren Gebiete reichen, in dem Kirchenwesen, dem Unterrichte, der inneren Verwaltung und der Rechtspflege.

Artikel XIV

§ 189

Jeder deutsche Staatsbürger in der Fremde steht unter dem Schutze des Reiches.

Abschnitt VII

Artikel IV

§ 197

Im Falle des Krieges oder Aufruhrs können die Bestimmungen der Grundrechte über Verhaftung, Haussuchung und Versammlungsrecht von der Reichsregierung oder der Regierung eines Einzelstaats für einzelne Bezirke zeitweise außer Kraft gesetzt werden; jedoch nur unter folgenden Bedingungen:

1. die Verfügung muß in jedem einzelnen Falle von dem Gesamtministerium des Reiches oder Einzelstaates ausgehen;

2. das Ministerium des Reiches hat die Zustimmung des Reichstages, das Ministerium des Einzelstaates die des Landtages, wenn dieselben zur Zeit versammelt sind, sofort einzuholen. Wenn dieselben nicht versammelt sind, so darf die Verfügung nicht länger als 14 Tage dauern, ohne daß dieselben zusammenberufen und die getroffenen Maßregeln zu ihrer Genehmigung vorgelegt werden.

Weitere Bestimmungen bleiben einem Reichstag vorbehalten.

Für die Verkündigung des Belagerungszustandes in Festungen bleiben die bestehenden gesetzlichen Vorschriften in Kraft.

11. Preußische Verfassungsurkunde vom 31. Januar 1850
(Auszug)

Titel II

Von den Rechten der Preußen

Artikel 3

Die Verfassung und das Gesetz bestimmen, unter welchen Bedingungen die Eigenschaft eines Preußen und die staatsbürgerlichen Rechte erworben, ausgeübt und verloren werden.

Artikel 4

Alle Preußen sind vor dem Gesetz gleich. Standesvorrechte finden nicht statt. Die öffentlichen Ämter sind unter Einhaltung der von den Gesetzen festgestellten Bedingungen für alle dazu Befähigten gleich zugänglich.

Artikel 5

Die persönliche Freiheit ist gewährleistet. Die Bedingungen und Formen, unter welchen eine Beschränkung derselben, insbesondere eine Verhaftung zulässig ist, werden durch das Gesetz bestimmt.

Artikel 6

Die Wohnung ist unverletzlich. Das Eindringen in dieselbe und Haussuchungen sowie die Beschlagnahme von Briefen und Papieren sind nur in den gesetzlich bestimmten Fällen und Formen gestattet.

Artikel 7

Niemand darf seinem gesetzlichen Richter entzogen werden. Ausnahmegerichte und außerordentliche Kommissionen sind unstatthaft.

Artikel 8

Strafen können nur in Gemäßheit des Gesetzes angedroht oder verhängt werden.

Artikel 9

Das Eigentum ist unverletzlich. Es kann nur aus Gründen des öffentlichen Wohles gegen vorgängige, in dringenden Fällen wenigstens vorläufig festzustellende Entschädigung nach Maßgabe des Gesetzes entzogen oder beschränkt werden.

Artikel 10

Der bürgerliche Tod und die Strafe der Vermögenseinziehung finden nicht statt.

Artikel 11

Die Freiheit der Auswanderung kann von Staats wegen nur in bezug auf die Wehrpflicht beschränkt werden. Abzugsgelder dürfen nicht erhoben werden.

Artikel 12

Die Freiheit des religiösen Bekenntnisses, der Vereinigung zu Religionsgemeinschaften (Art. 30 und 31) und der gemeinsamen häuslichen und öffentlichen Religionsausübung wird gewährleistet. Der Genuß der bürgerlichen und staatsbürgerlichen Rechte ist unabhängig von dem religiösen Bekenntnisse. Den bürgerlichen und staatsbürgerlichen Pflichten darf durch die Ausübung der Religionsfreiheit kein Abbruch geschehen.

Artikel 13

Die Religionsgemeinschaften sowie die geistlichen Gesellschaften, welche keine Korporationsrechte haben, können diese Rechte nur durch besondere Gesetze erlangen.

Artikel 14

Die christliche Religion wird bei denjenigen Einrichtungen des Staates, welche mit der Religionsübung im Zusammenhange stehen, unbeschadet der im Art. 12 gewährleisteten Religionsfreiheit zugrunde gelegt.

Artikel 15

Die evangelische und die römisch-katholische Kirche sowie jede andere Religionsgesellschaft ordnet und verwaltet ihre Angelegenheiten selbständig und bleibt im Besitz und Genuß der für ihre Kultus-, Unterrichts- und Wohltätigkeitszwecke bestimmten Anstalten, Stiftungen und Fonds.

Artikel 16

Der Verkehr der Religionsgesellschaften mit ihren Oberen ist ungehindert. Die Bekanntmachung kirchlicher Anordnungen ist nur denjenigen Beschränkungen unterworfen, welchen alle übrigen Veröffentlichungen unterliegen.

Artikel 17

Über das Kirchenpatronat und die Bedingungen, unter welchen dasselbe aufgehoben werden kann, wird ein besonderes Gesetz ergehen.

Artikel 18

Das Ernennungs-, Vorschlags-, Wahl- und Bestätigungsrecht bei Besetzung kirchlicher Stellen ist, soweit es dem Staat zusteht und nicht auf dem Patronat oder besonderen Rechtstiteln beruht, aufgehoben. Auf die Anstellung von Geistlichen beim Militär und an öffentlichen Anstalten findet diese Bestimmung keine Anwendung.

Artikel 19

Die Einführung der Zivilehe erfolgt nach Maßgabe eines besonderen Gesetzes, was auch die Führung der Zivilstandsregister regelt.

Artikel 20

Die Wissenschaft und ihre Lehre ist frei.

Artikel 21

Für die Bildung der Jugend soll durch öffentliche Schulen genügend gesorgt werden. Eltern und deren Stellvertreter dürfen ihre Kinder oder Pflegebefohlenen nicht ohne den Unterricht lassen, welcher für die öffentlichen Volksschulen vorgeschrieben ist.

Artikel 22

Unterricht zu erteilen und Unterrichtsanstalten zu gründen und zu leiten, steht jedem frei, wenn er seine sittliche, wissenschaftliche und technische Befähigung den betreffenden Staatsbehörden nachgewiesen hat.

Artikel 23

Alle öffentlichen und Privat-Unterrichts- und Erziehungsanstalten stehen unter der Aufsicht vom Staate ernannter Behörden. Die öffentlichen Lehrer haben die Rechte und Pflichten der Staatsdiener.

Artikel 24

Bei der Einrichtung der öffentlichen Volksschulen sind die konfessionellen Verhältnisse möglichst zu berücksichtigen. Den religösen Unterricht in der

Volksschule leiten die betreffenden Religionsgesellschaften. Die Leitung der äußeren Angelegenheiten der Volksschule steht der Gemeinde zu. Der Staat stellt unter gesetzlich geordneter Beteiligung der Gemeinden aus der Zahl der Befähigten die Lehrer der öffentlichen Volksschulen an.

Artikel 25

Die Mittel zur Errichtung, Unterhaltung und Erweiterung der öffentlichen Volksschule werden von den Gemeinden und im Falle des nachgewiesenen Unvermögens ergänzungsweise vom Staate aufgebracht. Die auf besonderen Rechtstiteln beruhenden Verpflichtungen Dritter bleiben bestehen. Der Staat gewährleistet demnach den Volksschullehrern ein festes, den Lokalverhältnissen angemessenes Einkommen. In der öffentlichen Volksschule wird der Unterricht unentgeltlich erteilt.

Artikel 26

Ein besonderes Gesetz regelt das ganze Unterrichtswesen.

Artikel 27

Jeder Preuße hat das Recht, durch Wort, Schrift, Druck und bildliche Darstellung seine Meinung frei zu äußern. Die Zensur darf nicht eingeführt werden, jede andere Beschränkung der Pressefreiheit nur im Wege der Gesetzgebung.

Artikel 28

Vergehen, welche durch Wort, Schrift, Druck oder bildliche Darstellung begangen werden, sind nach den allgemeinen Strafgesetzen zu bestrafen.

Artikel 29

Alle Preußen sind berechtigt, sich ohne vorgängige obrigkeitliche Erlaubnis friedlich und ohne Waffen in geschlossenen Räumen zu versammeln. Diese Bestimmung bezieht sich nicht auf Versammlungen unter freiem Himmel, welche auch in bezug auf vorgängige obrigkeitliche Erlaubnis der Verfügung des Gesetzes unterworfen sind.

Artikel 30

Alle Preußen haben das Recht, sich zu solchen Zwecken, welche den Strafgesetzen nicht zuwiderlaufen, in Gesellschaften zu vereinigen. Das Gesetz regelt insbesondere zur Aufrechterhaltung der öffentlichen Sicherheit die Ausübung des in diesem und in dem vorstehenden Artikel gewährleisteten Rechts. Politische Vereine können Beschränkungen und vorübergehenden Verboten im Wege der Gesetzgebung unterworfen werden.

Artikel 31

Die Bedingungen, unter welchen Korporationsrechte erteilt oder verweigert werden, bestimmt das Gesetz.

Artikel 32

Das Petitionsrecht steht allen Preußen zu. Petitionen unter einem Gesamtnamen sind nur Behörden und Korporationen gestattet.

Artikel 33

Das Briefgeheimnis ist unverletzlich. Die bei strafgerichtlichen Untersuchungen und in Kriegsfällen notwendigen Beschränkungen sind durch die Gesetzgebung festzustellen.

Artikel 34

Alle Preußen sind wehrpflichtig. Den Umfang und die Art dieser Pflicht bestimmt das Gesetz.

Artikel 35

Das Heer begreift alle Abteilungen des stehenden Heeres und der Landwehr. Im Falle des Krieges kann der König nach Maßgabe des Gesetzes den Landsturm aufbieten.

Artikel 36

Die bewaffnete Macht kann zur Unterdrückung innerer Unruhen und zur Ausführung der Gesetze nur in den vom Gesetze bestimmten Fällen und Formen und auf Requisition der Zivilbehörde verwendet werden. In letzter Beziehung hat das Gesetz die Ausnahmen zu bestimmen.

Artikel 37

Der Militärgerichtsstand des Heeres beschränkt sich auf Strafsachen und wird durch das Gesetz geregelt. Die Bestimmungen über die Militärdisziplin im Heere bleiben Gegenstand besonderer Verordnungen.

Artikel 38

Die bewaffnete Macht darf weder in noch außer dem Dienste beratschlagen oder sich anders als auf Befehl versammeln. Versammlungen und Vereine der Landwehr zur Beratung militärischer Einrichtungen, Befehle und Anordnungen sind auch dann, wenn dieselbe nicht zusammenberufen ist, untersagt.

Artikel 39

Auf das Heer finden die in den Artikeln 5, 6, 29, 30 und 32 enthaltenen Bestimmungen nur insoweit Anwendungen, als die militärischen Gesetze und Disziplinarvorschriften nicht entgegenstehen.

Artikel 40

Die Errichtung von Lehen und die Stiftung von Familien-Fideikommissen ist untersagt. Die bestehenden Lehen und Familien-Fideikommisse sollen durch gesetzliche Anordnung in freies Eigentum umgestaltet werden. Auf Familienstiftungen finden diese Bestimmungen keine Anwendung.

Artikel 41

Vorstehende Bestimmungen finden auf die Thronlehen, das königliche Haus- und prinzliche Fideikommiß sowie auf die außerhalb des Staates gelegenen Lehen und die ehemals reichsunmittelbaren Besitzungen und Fideikommisse, insofern letztere durch das deutsche Bundesrecht gewährleistet sind, zur Zeit keine Anwendung. Die Rechtsverhältnisse derselben sollen durch besondere Gesetze geordnet werden.

Artikel 42

Das Recht der freien Verfügung über das Grundeigentum unterliegt keinen anderen Beschränkungen als denen der allgemeinen Gesetzgebung. Die Teilbarkeit des Grundeigentums und die Ablösbarkeit der Grundlasten wird gewährleistet. Für die tote Hand sind Beschränkungen des Rechts, Liegenschaften zu erwerben und über sie zu verfügen, zulässig. Aufgehoben ohne Entschädigung sind: 1. die Gerichtsherrlichkeit, die gutsherrliche Polizei und obrigkeitliche Gewalt sowie die gewissen Grundstücken zustehenden Hoheitsrechte und Privilegien; 2. die aus diesen Befugnissen, aus der Schutzherrlichkeit, der früheren Erbuntertänigkeit, der früheren Steuer- und Gewerbeverfassung herstammenden Verpflichtungen. Mit den aufgehobenen Rechten fallen auch die Gegenleistungen und Lasten weg, welche den bisherigen Berechtigten dafür oblagen. Bei erblicher Überlassung eines Grundstückes ist nur die Übertragung des vollen Eigentums zulässig; jedoch kann auch hier ein fester ablösbarer Zins vorbehalten werden. Die weitere Ausführung dieser Bestimmungen bleibt besonderen Gesetzen vorbehalten.

Dritter Abschnitt:

Moderne Staatsverfassungen

A. Europäische Verfassungen

12. Belgien
Die koordinierte Verfassung vom 17. Februar 1994

Titel I

Das föderale Belgien, seine Zusammensetzung und sein Staatsgebiet

Ar. 1

Belgien ist ein Föderalstaat, der sich aus den Gemeinschaften und den Regionen zusammensetzt.

Art. 2

Belgien umfaßt drei Gemeinschaften: die Deutschsprachige Gemeinschaft, die Flämische Gemeinschaft und die Französische Gemeinschaft.

Art. 3

Belgien umfaßt drei Regionen: die Wallonische Region, die Flämische Region und die Brüsseler Region.

Art. 4

Belgien umfaßt vier Sprachgebiete: das deutsche Sprachgebiet, das französische Sprachgebiet, das niederländische Sprachgebiet und das zweisprachige Gebiet Brüssel-Hauptstadt. Jede Gemeinde des Königreichs gehört einem dieser Sprachgebiete an.

Titel II

Die Belgier und ihre Rechte

Art. 8

Erwerb, Fortbestand und Verlust der belgischen Staatsangehörigkeit werden durch das Zivilgesetz geregelt. Die Verfassung und die sonstigen Gesetze über die politischen Rechte bestimmen, welche Voraussetzungen neben der belgischen Staatsangehörigkeit für die Ausübung dieser Rechte zu erfüllen sind.

Art. 9

Die Einbürgerung wird von der föderalen gesetzgebenden Gewalt verliehen.

Art. 10

Es gibt im Staat keine Unterscheidung nach Ständen. Die Belgier sind vor dem Gesetz gleich: nur sie können zur Bekleidung der zivilen und militärischen Ämter zugelassen werden, vorbehaltlich der Ausnahmen, die für Sonderfälle durch ein Gesetz festgelegt werden können.

Art. 11

Der Genuß der den Belgiern zuerkannten Rechte und Freiheiten muß ohne Diskriminierung gesichert werden. Zu diesem Zweck gewährleisten das Gesetz und das Dekret insbesondere die Rechte und Freiheiten der ideologischen und philosophischen Minderheiten.

Art. 12

Die Freiheit der Person ist gewährleistet.

Niemand darf verfolgt werden, es sei denn in den durch Gesetz bestimmten Fällen und in der dort vorgeschriebenen Form.

Außer bei Entdeckung auf frischer Tat darf jemand nur festgenommen werden aufgrund einer mit Gründen versehenen richterlichen Anordnung, die bei der Festnahme oder spätestens binnen vierundzwanzig Stunden zugestellt werden muß.

Art. 13

Niemand darf gegen seinen Willen seinem gesetzlichen Richter entzogen werden.

Art. 14

Eine Strafe darf nur aufgrund des Gesetzes eingeführt oder angewandt werden.

Art. 15

Die Wohnung ist unverletzlich; eine Haussuchung darf nur in den durch Gesetz bestimmten Fällen und in der dort vorgeschriebenen Form vorgenommen werden.

Art. 16

Niemandem darf sein Eigentum entzogen werden, es sei denn zum Nutzen der Allgemeinheit, in den Fällen und in der Weise, die das Gesetz bestimmt, und gegen gerechte und vorherige Entschädigung.

Art. 17

Die Strafe der Vermögenskonfiskation darf nicht eingeführt werden.

Art. 18

Der bürgerliche Tod ist abgeschafft; er darf nicht wieder eingeführt werden.

Art. 19

Die Freiheit der Kulte, diejenige ihrer öffentlichen Ausübung sowie die Freiheit, zu allem seine Ansichten kundzutun, werden gewährleistet, unbeschadet der Ahndung der bei der Ausübung dieser Freiheiten begangenen Delikte.

Art. 20

Niemand darf gezwungen werden, in irgendeiner Weise an Handlungen und Feierlichkeiten eines Kultes teilzunehmen oder dessen Ruhetage einzuhalten.

Art. 21

Der Staat hat nicht das Recht, in die Ernennung oder Einsetzung der Diener irgendeines Kultes einzugreifen oder ihnen zu verbieten, mit ihrer Obrigkeit zu korrespondieren und deren Akte zu veröffentlichen, unbeschadet, in letztgenanntem Fall, der gewöhnlichen Verantwortlichkeit im Bereich der Presse und der Veröffentlichungen.

Die zivile Eheschließung muß stets der Einsegnung der Ehe vorangehen, vorbehaltlich der erfoderlichenfalls durch Gesetz festzulegenden Ausnahmen.

Art. 22

Jeder hat ein Recht auf Achtung vor seinem Privat- und Familienleben, außer in den Fällen und unter den Bedingungen, die durch Gesetz festgelegt sind. Das Gesetz, das Dekret oder die in Artikel 134 erwähnte Regel gewährleistet den Schutz dieses Rechtes.

Art. 23

Jeder hat das Recht, ein menschenwürdiges Leben zu führen. Zu diesem Zweck gewährleistet das Gesetz, das Dekret oder die in Artikel 134 erwähnte Regel unter Berücksichtigung der entsprechenden Verpflichtungen die wirtschaftlichen, sozialen und kulturellen Rechte und bestimmt die Bedingungen für ihre Ausübung.

Diese Rechte umfassen insbesondere:

1. das Recht auf Arbeit und auf freie Wahl der Berufstätigkeit im Rahmen einer allgemeinen Beschäftigungspolitik, die unter anderem darauf ausgerichtet ist, einen Beschäftigungsstand zu gewährleisten, der so stabil und hoch wie möglich ist, das Recht auf gerechte Arbeitsbedingungen und gerechte Entlohnung sowie das Recht auf Information, Konsultation und kollektive Verhandlungen;
2. das Recht auf soziale Sicherheit, auf Gesundheitsschutz und auf sozialen, medizinischen und rechtlichen Beistand;
3. das Recht auf eine angemessene Wohnung;
4. das Recht auf den Schutz einer gesunden Umwelt;
5. das Recht auf kulturelle und soziale Entfaltung.

Art. 24

§ 1 – Das Unterrichtswesen ist frei: jede präventive Maßnahme ist verboten; die Ahndung der Delikte wird nur durch Gesetz oder Dekret geregelt.

Die Gemeinschaft gewährleistet die Wahlfreiheit der Eltern.

Die Gemeinschaft organisiert ein Unterrichtswesen, das neutral ist. Die Neutralität beinhaltet insbesondere die Achtung der philosophischen, ideologischen oder religiösen Auffassungen der Eltern und Schüler. Die von den öffentlichen Behörden organisierten Schulen bieten bis zum Ende der Schulpflicht die Wahl zwischen dem Unterricht in einer der anerkannten Religionen und demjenigen in nichtkonfessioneller Sittenlehre.

§ 2 – Wenn eine Gemeinschaft als Organisationsträger einem oder mehreren autonomen Organen Befugnisse übertragen will, kann dies nur durch ein mit Zweidrittelmehrheit der abgegebenen Stimmen angenommenes Dekret erfolgen.

§ 3 – Jeder hat ein Recht auf Unterricht unter Berücksichtigung der Grundfreiheiten und Grundrechte. Der Zugang zum Unterricht ist unentgeltlich bis zum Ende der Schulpflicht. Alle schulpflichtigen Schüler haben zu Lasten der Gemeinschaft ein Recht auf eine moralische oder religiöse Erziehung.

§ 4 – Alle Schüler oder Studenten, Eltern, Personalmitglieder und Unterrichtsanstalten sind vor dem Gesetz oder dem Dekret gleich. Das Gesetz und das Dekret berücksichtigen die objektiven Unterschiede, insbesondere die jedem Organisationsträger eigenen Merkmale, die eine angepaßte Behandlung rechtfertigen.

§ 5 – Die Organisation, die Anerkennung oder die Bezuschussung des Unterrichtswesens durch die Gemeinschaft wird durch Gesetz oder Dekret geregelt.

Art. 25

Die Presse ist frei; die Zensur darf nie eingeführt werden; von den Autoren, Verlegern oder Druckern darf keine Sicherheitsleistung verlangt werden.

Wenn der Autor bekannt ist und seinen Wohnsitz in Belgien hat, darf der Verleger, Drucker oder Verteiler nicht verfolgt werden.

Art. 26

Die Belgier haben das Recht, sich friedlich und ohne Waffen zu versammeln, unter Beachtung der Gesetze, die die Ausübung dieses Rechts regeln können, ohne diese indessen einer vorherigen Genehmigung zu unterwerfen.

Diese Bestimmung ist nicht auf Versammlungen unter freiem Himmel anwendbar, die gänzlich den Polizeigesetzen unterworfen bleiben.

Art. 27

Die Belgier haben das Recht, Vereinigungen zu bilden; dieses Recht darf keiner präventiven Maßnahme unterworfen werden.

Art. 28

Jeder hat das Recht, Petitionen; die von einer oder mehreren Personen unterzeichnet sind, an die öffentlichen Behörden zu richten.

Nur die konstituierten Behörden haben das Recht, Petitionen unter einem Gesamtnamen einzureichen.

Art. 29

Das Briefgeheimnis ist unverletzlich.

Das Gesetz bestimmt, welche Bediensteten für die Verletzung des Geheimnisses der der Post anvertrauten Briefe verantwortlich sind.

Art. 30

Der Gebrauch der in Belgien gesprochenen Sprachen ist frei; er darf nur durch Gesetz und allein für Handlungen der öffentlichen Gewalt und für Gerichtsangelegenheiten geregelt werden.

Art. 31

Es bedarf keiner vorherigen Genehmigung, um Beamte wegen ihrer Amtshandlungen zu verfolgen, vorbehaltlich der die Minister und die Mitglieder der Gemeinschafts- und Regionalregierungen betreffenden Bestimmungen.

Art. 32

Jeder hat das Recht, jegliches Verwaltungsdokument einzusehen und eine Abschrift davon zu bekommen, außer in den Fällen und unter den Bedingungen, die durch Gesetz, Dekret oder die in Artikel 134 erwähnte Regel festgelegt sind.

13. Verfassung der Republik Bulgarien vom 12./13. Juli 1991

(Auszug)

Wir, die nationalen Repräsentanten der Siebenten Großen Nationalversammlung, in unserem Wunsche, den Willen des Bulgarischen Volkes auszudrücken, unsere Ergebenheit gegenüber den universellen Idealen von Freiheit, Frieden, Menschlichkeit, Gleichheit, Gerechtigkeit und Toleranz zu erklären und die Rechte des Einzelnen und seiner Würde und Sicherheit in den Rang eines obersten Prinzips zu heben, eingedenk unserer unwiderruflichen Pflicht, die nationale und staatliche Einheit Bulgariens sicherzustellen, erklären unsere Entschlossenheit, einen demokratischen, vom Recht beherrschten und sozialen Staat zu schaffen, für den wir vorliegende Verfassung annehmen.

Verfassung

Kapitel 1

Grundlegende Prinzipien

Artikel 1. (1) Bulgarien ist eine Republik mit einem parlamentarischen Regierungssystems.

...

(3) Keine Gruppe der Bevölkerung, politische Partei oder andere Organisation, staatliche Einrichtung oder Einzelperson darf das Recht, die Souveränität des Volkes auszuüben, an sich bringen.

...

Artikel 4. (1) Die Republik Bulgarien ist ein auf die Herrschaft des Rechts gegründeter Staat. Sie wird gemäß der Verfassung und nach den Gesetzen des Landes regiert.

(2) Die Republik Bulgarien gewährleistet Leben, Würde und Rechte des Einzelnen und schafft die Voraussetzungen für die freie Entwicklung des Einzelnen und einer Bürgergesellschaft.

Artikel 5. (1) Die Verfassung ist das oberste Gesetz und kein anderes Gesetz darf ihr widersprechen.

(2) Die Bestimmungen der Verfassung haben unmittelbare Wirksamkeit.

(3) Niemand kann für eine Tat oder Unterlassung verurteilt werden, die zur Zeit ihrer Begehung nicht als Verbrechen anzusehen war.

...

Artikel 6. (1) Alle Menschen sind frei und gleich an Würde und Rechten geboren.

(2) Alle Bürger sind vor dem Gesetz gleich. Keine Einschränkungen ihrer Rechte oder Vorrechte auf der Grundlage von Rasse, Nationalität, ethnischer Zugehörigkeit, Geschlecht, Herkunft, Religion, Erziehung, Glauben, politischer Zugehörigkeit, persönlicher oder sozialer Stellung oder Vermögenslage sind erlaubt.

...

Artikel 11. (1) Das politische Leben in der Republik Bulgarien beruht auf dem Grundsatz des politischen Pluralismus.

(2) Keine einzelne politische Partei oder Weltanschauung darf als die des Staates ausgerufen oder bestätigt werden.

...

(4) Politische Parteien dürfen nicht auf ethnischer, rassistischer oder religöser Grundlage begründet werden, noch ist es erlaubt, eine Partei zu gründen, deren Ziel es ist, die Staatsmacht mit gewaltsamen Mitteln zu erlangen.

Artikel 12. (1) Vereinigungen von Bürgern werden gegründet, um die Interessen ihrer Mitglieder zu befriedigen und zu wahren.

(2) Vereine, einschließlich Gewerkschaften, dürfen sich keine politischen Ziele setzen oder sich mit politischen Anliegen befassen, die eigentlich politischen Parteien zugehören.

Artikel 13. (1) Es herrscht Religionsfreiheit.

(2) Religiöse Einrichtungen sind vom Staat getrennt.

...

Artikel 17. (1) Das Gesetz gewährleistet und schützt das Recht auf Eigentum und Vererblichkeit.

(2) Eigentum kann privat oder öffentlich sein.

(3) Das Privateigentum ist unverletzlich.

...

(5) Enteignungen zur Erfüllung staatlicher oder kommunaler Aufgaben müssen dem Gesetz genügen und setzen voraus, daß solche Bedürfnisse nicht in anderer Weise befriedigt werden können. Angebrachte Entschädigung muß im Voraus gewährt werden.

...

Artikel 19. (1) Die Wirtschaft der Republik Bulgarien ist auf freie wirtschaftliche Initiative gegründet.

(2) Das Gesetz begründet und gewährleistet für alle Bürger und juristische Personen gleiche Rechte zur Teilnahme am Wirtschaftsleben durch Verhinderung des Monopolmißbrauchs und unlauteren Wettbewerbs sowie durch den Schutz der Verbraucher.

...

Kapitel 2

Grundrechte und -pflichten der Bürger

Artikel 25. (1) Wer mindestens einen Elternteil hat, der bulgarischer Bürger ist, oder wer auf dem Gebiet der Republik Bulgarien geboren wurde, ist Bulgarischer Staatsbürger, es sei denn, er habe von Geburt eine andere Staatsangehörigkeit erworben. Bulgarische Bürgerschaft kann auch durch Einbürgerung erworben werden.

(2) Einzelpersonen bulgarischer Abstammung können die bulgarische Staatsbürgerschaft in einem vereinfachten Verfahren erwerben.

(3) Ein bulgarischer Bürger von Geburt darf seiner bulgarischen Staatsbürgerschaft nicht beraubt werden.

(4) Ein Bürger der Republik Bulgarien darf nicht des Landes verwiesen oder an ein anderes Land ausgeliefert werden.

(5) Im Ausland lebende bulgarische Bürger stehen unter dem Schutz der Republik Bulgarien.

...

Artikel 26. ...

(2) In der Republik Bulgarien niedergelassene Ausländer haben alle Rechte und Pflichten nach dieser Verfassung mit Ausnahme derjenigen Rechte und Pflichten, für welche die Verfassung und die Gesetze die bulgarische Bürgerschaft fordern.

Artikel 27. (1) Ausländer, die sich regelmäßig im Lande aufhalten, dürfen gegen ihren Willen nicht ausgewiesen oder an andere Länder ausgeliefert werden, es sei denn unter Bedingungen und Verfahren, die das Gesetz bestimmt.

(2) Die Republik Bulgarien gewährt Ausländern Asyl, die wegen ihrer Anschauungen oder wegen Handlungen in Verteidigung völkerrechtlich anerkannter Rechte und Freiheiten verfolgt werden.

(3) Voraussetzungen und Verfahren der Asylgewährung sind gesetzlich bestimmt.

Artikel 28. Jedermann hat das Recht auf Leben. Jeder Angriff auf das Leben einer Person wird als schweres Verbrechen verfolgt.

Artikel 29. (1) Niemand darf der Folter oder grausamer, unmenschlicher oder entwürdigender Behandlungen oder zwangsweiser Assimilierung unterworfen werden.

(2) Niemand darf medizinischen, wissenschaftlichen oder anderen Experimenten ohne freiwillige schriftliche Zustimmung von seiner Seite unterzogen werden.

Artikel 30. (1) Jeder hat das Recht auf Freiheit und Unverletzbarkeit seiner Person.

(2) Niemand darf festgehalten, ausgeforscht, durchsucht oder anderer Beeinträchtigung seiner persönlichen Unverletzbarkeit unterworfen werden, wenn nicht nach gesetzlich geregelten Voraussetzungen und Verfahrensweisen.

...

(4) Jedermann hat das Recht auf Rechtsbeistand vom Augenblick seiner Festnahme oder Anklage an.

(5) Jedermann hat das Recht zu einem vertraulichen Treffen mit seinem Verteidiger. Die Vertraulichkeit ihres Verkehrs ist unverletzlich.

Artikel 31. (1) Jeder eines Verbrechens Beschuldigte muß binnen gesetzlich bestimmter Frist der Gerichtsbarkeit zugeführt werden.

(2) Niemand kann gezwungen werden, sich für schuldig zu erklären, oder darf ausschließlich auf Grund einer Selbstbeschuldigung verurteilt werden.

(3) Eine beschuldigte Person ist als unschuldig anzusehen, bis das Gegenteil erwiesen und ein Richterspruch ergangen ist.

...

Artikel 32. (1) Das Privatleben eines Bürgers ist unverletzlich. Jeder hat das Recht auf Schutz gegen ungerechtfertigte Einmischung in sein persönliches und familiäres Leben und gegen Verletzungen seiner Ehre, seiner Würde und seines guten Namens.

...

Artikel 33. (1) Die Wohnung einer Person ist unverletzlich. Ohne Zustimmung des Bewohners darf niemand darin eindringen oder verweilen außer in gesetzlich ausdrücklich geregelten Fällen.

...

Artikel 34. (1) Die Freiheit und Vertraulichkeit des Schriftwechsels und anderer Mitteilungen ist unverletzlich.

(2) Ausnahmen von dieser Regel sind nur mit richterlichen Genehmigungen zulässig, sofern dies für notwendig erachtet wird, ernste Verbrechen aufzudecken oder zu verhüten.

Artikel 35. (1) Jeder hat das Recht, seinen Wohnsitz frei zu wählen, innerhalb des Gebietes des Landes umzuziehen oder das Land zu verlassen. Dieses Recht kann nur durch Gesetz eingeschränkt werden, um die nationale Sicherheit, die Volksgesundheit oder die Rechte und Freiheiten anderer Bürger zu schützen.

(2) Jeder Bürger Bulgariens hat das Recht, in sein Land zurückzukehren.

...

Artikel 37. (1) Freiheit des Gewissens, Freiheit des Gedankens und die Wahl einer Religion oder religiöser oder atheistischer Ansichten sind unverletzlich. ...

...

Artikel 38. Niemand darf wegen seiner Überzeugung verfolgt oder in seinen Rechten beschränkt oder festgehalten oder gezwungen werden, seine Überzeugungen oder die anderer Personen zu bekennen.

Artikel 39. (1) Jeder hat das Recht, seine Meinung zu bekunden und sie schriftlich oder mündlich durch Ton, Bild oder in anderer Weise zu verbreiten.

(2) Dieses Recht darf nicht zum Schaden der Rechte und des Ansehens Anderer oder zum Aufruf zur gewaltsamen Veränderung der verfassungsmäßigen Ordnung, zur Begehung eines Verbrechens, zur Erregung von Feindseligkeiten oder zu Gewalt gegen eine Einzelperson gebraucht werden.

Artikel 40. (1) Die Presse und andere Medien der Unterrichtung sind frei und keiner Zensur unterworfen.

...

Artikel 41. (1) Jeder hat das Recht, Informationen zu suchen, zu erhalten oder zu verbreiten. Die Ausübung dieses Rechtes darf nicht zum Nachteil der Rechte und des guten Namens anderer Bürger, der nationalen Sicherheit, öffentlichen Ordnung, Volksgesundheit oder der Moral gereichen.

(2) Die Bürger haben das Recht, Informationen von einer staatlichen Behörde oder Einrichtung über Angelegenheiten von berechtigtem Interesse für sie zu erhalten, vorausgesetzt, solche Information ist kein Staatsgeheimnis oder sonstiges gesetzlich geschütztes Geheimnis oder verletzt die Rechte Anderer.

Artikel 42. (1) Bürger, die 18 Jahre oder älter sind, mit Ausnahme derjenigen, die geschäftsunfähig sind oder eine Gefängnisstrafe verbüßen, haben das Recht, staatliche oder kommunale Hoheitsträger zu wählen und an allgemeinen Referenden teilzunehmen.

...

Artikel 43. (1) Die Bürger haben das Recht, friedlich und ohne Waffen zu Versammlungen und Demonstrationen zusammenzutreten.

...

(3) Für eine Versammlung in geschlossenen Räumen bedarf es keiner Genehmigung.

Artikel 44. (1) Die Bürger sind frei, Vereinigungen zu bilden.

(2) Organisationen, deren Tätigkeit gegen die Souveränität und territoriale Einheit oder die Einigkeit der Nation gerichtet sind, oder zu rassischem, natio-

nalem, ethnischem oder religiösem Haß ermutigen oder die Rechte und Freiheiten der Bürger verletzen, wie auch Organisationen, die geheime oder militärische Gefüge errichten oder versuchen, ihre Ziele mit gewaltsamen Mitteln zu erreichen, sind verboten.

...

Artikel 45. Die Bürger haben das Recht, Beschwerden, Vorschläge und Petitionen bei den staatlichen Behörden einzubringen.

...

Artikel 48. (1) Die Bürger haben das Recht auf Arbeit. Der Staat trägt Sorge für die Schaffung von Bedingungen zur Ausübung dieses Rechts.

...

(3) Ein Bürger ist frei, Beruf und Arbeitsstätte zu wählen.

(4) Niemand kann gezwungen werden, Zwangsarbeit zu verrichten.

...

Artikel 49. (1) Arbeiter und Angestellte haben das Recht, Gewerkschaften und Vereinigungen zum Schutz ihrer Interessen im Bereich von Arbeit und sozialer Sicherheit zu bilden.

(2) Arbeitgeber sind berechtigt, Verbände zur Sicherheit ihrer wirtschaftlichen Interessen zu bilden.

Artikel 50. Arbeiter und Angestellte haben das Recht, in Verteidigung ihrer kollektiven wirtschaftlichen und sozialen Interessen zu streiken. Dieses Recht kann unter gesetzlich geregelten Voraussetzungen und Verfahrensweisen ausgeübt werden.

...

Artikel 53. (1) Das Recht auf Erziehung ist umfassend.

...

Artikel 54. (1) Das Gesetz anerkennt und gewährleistet für jedermann das Recht auf die Wohltaten, die durch nationale und universelle menschliche Werte bereitet werden, sowie das Recht, seine eigene Kultur in Übereinstimmung mit seiner ethnischen Zugehörigkeit zu entwickeln.

(2) Freiheit des künstlerischen, wissenschaftlichen und technischen Schöpfertums ist anerkannt und wird vom Gesetz gewährleistet.

...

Artikel 55. Die Bürger haben das Recht auf eine gesunde und vorteilhafte Umwelt, die mit festgelegten Standards und Regeln vereinbar ist. ...

Artikel 57. (1) Die Grundrechte der Bürger sind unwiderrufbar.

(2) Diese Rechte dürfen nicht mißbraucht und nicht zum Nachteil von Rechten oder berechtigten Interessen Anderer ausgeübt werden.

(3) Im Falle einer Kriegserklärung oder Ausrufung des Standrechts oder eines anderen Ausnahmezustandes können die individuellen Rechte der Bürger zeitweilig eingeschränkt werden, mit Ausnahme der in den Artikeln 28, 29, 31 (1), (2) und (3), 32 (1) und 37 angeführten Rechte.

...

14. Grundgesetz für die Bundesrepublik Deutschland vom 23. Mai 1949 (Fassung 20.12.1993)

(Auszug)

Präambel

Im Bewußtsein seiner Verantwortung vor Gott und den Menschen, von dem Willen beseelt, als gleichberechtigtes Glied in einem vereinten Europa dem Frieden der Welt zu dienen, hat sich das Deutsche Volk kraft seiner verfassungsgebenden Gewalt dieses Grundgesetz gegeben.

Die Deutschen in den Ländern Baden-Württemberg, Bayern, Berlin, Brandenburg, Bremen, Hamburg, Hessen, Mecklenburg-Vorpommern, Niedersachsen, Nordrhein-Westfalen, Rheinland-Pfalz, Saarland, Sachsen, Sachsen-Anhalt, Schleswig-Holstein und Thüringen haben in freier Selbstbestimmung die Einheit und Freiheit Deutschlands vollendet. Damit gilt dieses Grundgesetz für das gesamte Deutsche Volk.

I. Die Grundrechte

Art. 1. (Schutz der Menschenwürde) (1) Die Würde des Menschen ist unantastbar. Sie zu achten und zu schützen ist Verpflichtung aller staatlichen Gewalt.

(2) Das Deutsche Volk bekennt sich darum zu unverletzlichen und unveräußerlichen Menschenrechten als Grundlage jeder menschlichen Gemeinschaft, des Friedens und der Gerechtigkeit in der Welt.

(3) Die nachfolgenden Grundrechte binden Gesetzgebung, vollziehende Gewalt und Rechtsprechung als unmittelbar geltendes Recht.

Art. 2. (Persönliche Freiheitsrechte) (1) Jeder hat das Recht auf die freie Entfaltung seiner Persönlichkeit, soweit er nicht die Rechte anderer verletzt und nicht gegen die verfassungsmäßige Ordnung oder das Sittengesetz verstößt.

(2) Jeder hat das Recht auf Leben und körperliche Unversehrtheit. Die Freiheit der Person ist unverletzlich. In diese Rechte darf nur auf Grund eines Gesetzes eingegriffen werden.

Art. 3. (Gleichheit vor dem Gesetz) (1) Alle Menschen sind vor dem Gesetz gleich.

(2) Männer und Frauen sind gleichberechtigt.

(3) Niemand darf wegen seines Geschlechtes, seiner Abstammung, seiner Rasse, seiner Sprache, seiner Heimat und Herkunft, seines Glaubens, seiner religiösen oder politischen Anschauungen benachteiligt oder bevorzugt werden.

Art. 4. (Glaubens-, Gewissens- und Bekenntnisfreiheit) (1) Die Freiheit des Glaubens, des Gewissens und die Freiheit des religiösen und weltanschaulichen Bekenntnisses sind unverletzlich.

(2) Die ungestörte Religionsausübung wird gewährleistet.

(3) Niemand darf gegen sein Gewissen zum Kriegsdienst mit der Waffe gezwungen werden. Das Nähere regelt ein Bundesgesetz.

Art. 5. (Recht der freien Meinungsäußerung) (1) Jeder hat das Recht, seine Meinung in Wort, Schrift und Bild frei zu äußern und zu verbreiten und sich aus allgemein zugänglichen Quellen ungehindert zu unterrichten. Die Pressefreiheit und die Freiheit der Berichterstattung durch Rundfunk und Film werden gewährleistet. Eine Zensur findet nicht statt.

(2) Diese Rechte finden ihre Schranken in den Vorschriften der allgemeinen Gesetze, den gesetzlichen Bestimmungen zum Schutze der Jugend und in dem Recht der persönlichen Ehre.

(3) Kunst und Wissenschaft, Forschung und Lehre sind frei. Die Freiheit der Lehre entbindet nicht von der Treue zur Verfassung.

Art. 6. (Ehe, Familie, nichteheliche Kinder) (1) Ehe und Familie stehen unter dem besonderen Schutze der staatlichen Ordnung.

(2) Pflege und Erziehung der Kinder sind das natürliche Recht der Eltern und die zuvörderst ihnen obliegende Pflicht. Über ihre Betätigung wacht die staatliche Gemeinschaft.

(3) Gegen den Willen der Erziehungsberechtigten dürfen Kinder nur auf Grund eines Gesetzes von der Familie getrennt werden, wenn die Erziehungsberechtigten versagen oder wenn die Kinder aus anderen Gründen zu verwahrlosen drohen.

(4) Jede Mutter hat Anspruch auf den Schutz und die Fürsorge der Gemeinschaft.

(5) Den unehelichen Kindern sind durch die Gesetzgebung die gleichen Bedingungen für ihre leibliche und seelische Entwicklung und ihre Stellung in der Gesellschaft zu schaffen wie den ehelichen Kindern.

Art. 7. (Schulwesen) (1) Das gesamte Schulwesen steht unter der Aufsicht des Staates.

(2) Die Erziehungsberechtigten haben das Recht, über die Teilnahme des Kindes am Religionsunterricht zu bestimmen.

(3) Der Religionsunterricht ist in den öffentlichen Schulen mit Ausnahme der bekenntnisfreien Schulen ordentliches Lehrfach. Unbeschadet des staatlichen Aufsichtsrechtes wird der Religionsunterricht in Übereinstimmung mit den Grundsätzen der Religionsgemeinschaften erteilt. Kein Lehrer darf gegen seinen Willen verpflichtet werden, Religionsunterricht zu erteilen.

(4) Das Recht zur Errichtung von privaten Schulen wird gewährleistet. Private Schulen als Ersatz für öffentliche Schulen bedürfen der Genehmigung des Staates und unterstehen den Landesgesetzen. Die Genehmigung ist zu erteilen, wenn die privaten Schulen in ihren Lehrzielen und Einrichtungen sowie in der wissenschaftlichen Ausbildung ihrer Lehrkräfte nicht hinter den öffentlichen Schulen zurückstehen und eine Sonderung der Schüler nach den Besitzverhältnissen der Eltern nicht gefördert wird. Die Genehmigung ist zu versagen, wenn die wirtschaftliche und rechtliche Stellung der Lehrkräfte nicht genügend gesichert ist.

(5) Eine private Volksschule ist nur zuzulassen, wenn die Unterrichtsverwaltung ein besonderes pädagogisches Interesse anerkennt oder, auf Antrag von Erziehungsberechtigten, wenn sie als Gemeinschaftsschule, als Bekenntnis- oder Weltanschauungsschule errichtet werden soll und eine öffentliche Volksschule dieser Art in der Gemeinde nicht besteht.

(6) Vorschulen bleiben aufgehoben.

Art. 8. (Versammlungsfreiheit) (1) Alle Deutschen haben das Recht, sich ohne Anmeldung oder Erlaubnis friedlich und ohne Waffen zu versammeln.

(2) Für Versammlungen unter freiem Himmel kann dieses Recht durch Gesetz oder auf Grund eines Gesetzes beschränkt werden.

Art. 9. (Vereinigungsfreiheit) (1) Alle Deutschen haben das Recht, Vereine und Gesellschaften zu bilden.

(2) Vereinigungen, deren Zwecke oder deren Tätigkeit den Strafgesetzen zuwiderlaufen oder die sich gegen die verfassungmäßige Ordnung oder gegen den Gedanken der Völkerverständigung richten, sind verboten.

(3) Das Recht, zur Wahrung und Förderung der Arbeits- und Wirtschaftsbedingungen Vereinigungen zu bilden, ist für jedermann und für alle Berufe gewährleistet. Abreden, die dieses Recht einschränken oder zu behindern suchen, sind nichtig, hierauf gerichtete Maßnahmen sind rechtswidrig. Maßnahmen nach den Artikeln 12a, 35 Abs. 2 und 3, Artikel 87a Abs. 4 und Artikel 91 dürfen sich nicht gegen Arbeitskämpfe richten, die zur Wahrung und Förderung der Arbeits- und Wirtschaftsbedingungen von Vereinigungen im Sinne des Satzes 1 geführt werden.

Art. 10. (Brief-, Post- und Fernmeldegeheimnis) (1) Das Briefgeheimnis sowie das Post- und Fernmeldegeheimnis sind unverletzlich.

(2) Beschränkungen dürfen nur auf Grund eines Gesetzes angeordnet werden. Dient die Beschränkung dem Schutz der freiheitlichen demokratischen Grundordnung oder des Bestandes oder der Sicherung des Bundes oder eines Landes, so kann das Gesetz bestimmen, daß sie dem Betroffenen nicht mitgeteilt wird und daß an die Stelle des Rechtsweges die Nachprüfung durch von der Volksvertretung bestellte Organe und Hilfsorgane tritt.

Art. 11. (Freizügigkeit) (1) Alle Deutschen genießen Freizügigkeit im ganzen Bundesgebiet.

(2) Dieses Recht darf nur durch Gesetz oder auf Grund eines Gesetzes und nur für die Fälle eingeschränkt werden, in denen eine ausreichende Lebensgrundlage nicht vorhanden ist und der Allgemeinheit daraus besondere Lasten entstehen würden oder die freiheitliche demokratische Grundordnung des Bundes oder eines Landes, zur Bekämpfung von Seuchengefahr, Naturkatastrophen oder besonders schweren Unglücksfällen, zum Schutze der Jugend vor Verwahrlosung oder um strafbaren Handlungen vorzubeugen, erforderlich ist.

Art. 12. (Berufsfreiheit) (1) Alle Deutschen haben das Recht, Beruf, Arbeitsplatz und Ausbildungsstätte frei zu wählen. Die Berufsausübung kann durch Gesetz oder auf Grund eines Gesetzes geregelt werden.

(2) Niemand darf zu einer bestimmten Arbeit gezwungen werden, außer im Rahmen einer herkömmlichen allgemeinen, für alle gleichen öffentlichen Dienstleistungspflicht.

(3) Zwangsarbeit ist nur bei einer gerichtlich angeordneten Freiheitsentziehung zulässig.

Art. 12 a. (Wehrdienst und andere Dienstverpflichtungen) (1) Männer können vom vollendeten achtzehnten Lebensjahr an zum Dienst in den Streitkräften, im Bundesgrenzschutz oder in einem Zivilschutzverband verpflichtet werden.

(2) Wer aus Gewissensgründen den Kriegsdienst mit der Waffe verweigert, kann zu einem Ersatzdienst verpflichtet werden. Die Dauer des Ersatzdienstes darf die Dauer des Wehrdienstes nicht übersteigen. Das Nähere regelt ein Gesetz, das die Freiheit der Gewissensentscheidung nicht beeinträchtigen darf und auch eine Möglichkeit des Ersatzdienstes vorsehen muß, die in keinem Zusammenhang mit den Verbänden der Streitkräfte und des Bundesgrenzschutzes steht.

(3) Wehrpflichtige, die nicht zu einem Dienst nach Absatz 1 oder 2 herangezogen sind, können im Verteidigungsfalle durch Gesetz oder auf Grund eines Gesetzes zu zivilen Dienstleistungen für Zwecke der Verteidigung einschließlich des Schutzes der Zivilbevölkerung in Arbeitsverhältnisse verpflichtet werden;

...

Art. 13. (Unverletzlichkeit der Wohnung) (1) Die Wohnung ist unverletzlich.

(2) Durchsuchungen dürfen nur durch den Richter, bei Gefahr im Verzuge auch durch die in den Gesetzen vorgesehenen anderen Organe angeordnet und nur in der dort vorgeschriebenen Form durchgeführt werden.

(3) Eingriffe und Beschränkungen dürfen im übrigen nur zur Abwehr einer gemeinen Gefahr oder einer Lebensgefahr für einzelne Personen, auf Grund eines Gesetzes auch zur Verhütung dringender Gefahren für die öffentliche Sicherheit und Ordnung, insbesondere zur Behebung der Raumnot, zur Bekämpfung von Seuchengefahr oder zum Schutz gefährdeter Jugendlicher vorgenommen werden.

Art. 14. (Eigentum, Erbrecht und Enteignung) (1) Das Eigentum und das Erbrecht werden gewährleistet. Inhalt und Schranken werden durch die Gesetze bestimmt.

(2) Eigentum verpflichtet. Sein Gebrauch soll zugleich dem Wohle der Allgemeinheit dienen.

(3) Eine Enteignung ist nur zum Wohle der Allgemeinheit zulässig. Sie darf nur durch Gesetz oder auf Grund eines Gesetzes erfolgen, das Art und Ausmaß der Entschädigung regelt. Die Entschädigung ist unter gerechter Abwägung der Interessen der Allgemeinheit und der Beteiligten zu bestimmen. Wegen der Höhe der Entschädigung steht im Streitfalle der Rechtsweg vor den ordentlichen Gerichten offen.

Art. 15. (Sozialisierung) Grund und Boden, Naturschätze und Produktionsmittel können zum Zwecke der Vergesellschaftung durch ein Gesetz, das Art und Ausmaß der Entschädigung regelt, in Gemeineigentum oder in andere Formen der Gemeinwirtschaft überführt werden. Für die Entschädigung gilt Artikel 14 Abs. 3 Satz 3 und 4 entsprechend.

Art.16. (Ausbürgerung, Auslieferung) (1) Die deutsche Staatsangehörigkeit darf nicht entzogen werden. Der Verlust der Staatsangehörigkeit darf nur auf Grund eines Gesetzes und gegen den Willen des Betroffenen nur dann eintreten, wenn der Betroffene dadurch nicht staatenlos wird.

(2) Kein Deutscher darf an das Ausland ausgeliefert werden.

Art. 16a. (Asylrecht) (1) Politisch Verfolgte genießen Asylrecht.

(2) Auf Absatz 1 kann sich nicht berufen, wer aus einem Mitgliedstaat der Europäischen Gemeinschaft oder aus einem anderen Drittstaat einreist, in dem die Anwendung des Abkommens über die Rechtsstellung der Flüchtlinge und der Konvention zum Schutze der Menschenrechte und Grundfreiheiten sichergestellt ist. Die Staaten außerhalb der Europäischen Gemeinschaften, auf die die Voraussetzungen des Satzes 1 zutreffen, werden durch Gesetz, das der Zustimmung des Bundesrates bedarf, bestimmt. In den Fällen des Satzes 1 können aufenthaltsbeendende Maßnahmen unabhängig von einem hiergegen eingelegten Rechtsbehelf vollzogen werden.

(3) Durch Gesetz, das der Zustimmung des Bundesrates bedarf, können Staaten bestimmt werden, bei denen auf Grund der Rechtslage, der Rechtsanwendung und der allgemeinen politischen Verhältnisse gewährleistet erscheint, daß dort weder politische Verfolgung noch unmenschliche oder erniedrigende Bestrafung oder Behandlung stattfindet. Es wird vermutet, daß ein Ausländer aus einem solchen Staat nicht verfolgt wird, solange er nicht Tatsachen vorträgt, die die Annahme begründen, daß er entgegen dieser Vermutung politisch verfolgt wird.

(4) Die Vollziehung aufenthaltsbeendender Maßnahmen wird in den Fällen des Absatzes 3 und in anderen Fällen, die offensichtlich unbegründet sind oder als offensichtlich unbegründet gelten, durch das Gericht nur ausgesetzt, wenn ernstliche Zweifel an der Rechtmäßigkeit der Maßnahme bestehen; der Prüfungsumfang kann eingeschränkt werden und verspätetes Vorbringen unberücksichtigt bleiben. Das Nähere ist durch Gesetz zu bestimmen.

(5) Die Absätze 1 bis 4 stehen völkerrechtlichen Verträgen von Mitgliedstaaten der Europäischen Gemeinschaften untereinander und mit dritten Staaten nicht entgegen, die unter Beachtung der Verpflichtungen aus dem Abkommen über die Rechtsstellung der Flüchtlinge und der Konvention zum Schutze der Menschenrechte und Grundfreiheiten, deren Anwendung in den Vertragsstaaten sichergestellt sein muß, Zuständigkeitsregelungen für die Prüfung von Asylbegehren einschließlich der gegenseitigen Anerkennung von Asylentscheidungen treffen.

Art. 17. (Petitionsrecht) Jedermann hat das Recht, sich einzeln oder in Gemeinschaft mit anderen schriftlich mit Bitten oder Beschwerden an die zuständigen Stellen und an die Volksvertretung zu wenden.

Art. 17a. (Grundrechtsbeschränkung bei Wehr- und Ersatzdienstleistenden)

(1) Gesetze über Wehrdienst und Ersatzdienst können bestimmen, daß für die Angehörigen der Streitkräfte und des Ersatzdienstes während der Zeit des Wehr- oder Ersatzdienstes das Grundrecht, seine Meinung in Wort, Schrift und Bild frei zu äußern und zu verbreiten (Artikel 5 Abs. 1 Satz 1 erster Halbsatz), das Grundrecht der Versammlungsfreiheit (Artikel 8) und das Petitionsrecht (Artikel 17), soweit es das Recht gewährt, Bitten oder Beschwerden in Gemeinschaft mit anderen vorzubringen, eingeschränkt werden.

(2) Gesetze, die der Verteidigung einschließlich des Schutzes der Zivilbevölkerung dienen, können bestimmen, daß die Grundrechte der Freizügigkeit (Artikel 11) und der Unverletzlichkeit der Wohnung (Artikel 13) eingeschränkt werden.

Art. 18. (Verwirkung von Grundrechten) Wer die Freiheit der Meinungsäußerung, insbesondere die Pressefreiheit (Artikel 5 Abs. 1), die Lehrfreiheit (Artikel 5 Abs. 3), die Versammlungsfreiheit (Artikel 8), die Vereinigungsfreiheit (Artikel 9), das Brief-, Post- und Fernmeldegeheimnis (Artikel 10), das Eigentum (Artikel 14) oder das Asylrecht (Artikel 16a) zum Kampfe gegen die freiheitliche demokratische Grundordnung mißbraucht, verwirkt diese Grundrechte. Die Verwirkung und ihr Ausmaß werden durch das Bundesverfassungsgericht ausgesprochen.

Art. 19. (Einschränkung von Grundrechten) (1) Soweit nach diesem Grundgesetz ein Grundrecht durch Gesetz oder auf Grund eines Gesetzes eingeschränkt werden kann, muß das Gesetz allgemein und nicht nur für den Einzelfall gelten. Außerdem muß das Gesetz das Grundrecht unter Angabe des Artikels nennen.

(2) In keinem Falle darf ein Grundrecht in seinem Wesensgehalt angetastet werden.

(3) Die Grundrechte gelten auch für inländische juristische Personen, soweit sie ihrem Wesen nach auf diese anwendbar sind.

(4) Wird jemand durch die öffentliche Gewalt in seinen Rechten verletzt, so steht ihm der Rechtsweg offen. Soweit eine andere Zuständigkeit nicht begründet ist, ist der ordentliche Rechtsweg gegeben. Artikel 10 Abs. 2 Satz 2 bleibt unberührt.

...

IX. Die Rechtsprechung

Art. 101. (Ausnahmegerichte) (1) Ausnahmegerichte sind unzulässig. Niemand darf seinem gesetzlichen Richter entzogen werden.

(2) Gerichte für besondere Sachgebiete können nur durch Gesetz errichtet werden.

Art. 102. (Abschaffung der Todesstrafe) Die Todesstrafe ist abgeschafft.

Art. 103. (Grundrechte vor Gericht) (1) Vor Gericht hat jedermann Anspruch auf rechtliches Gehör.

(2) Eine Tat kann nur bestraft werden, wenn die Strafbarkeit gesetzlich bestimmt war, bevor die Tat begangen wurde.

(3) Niemand darf wegen derselben Tat auf Grund der allgemeinen Strafgesetze mehrmals bestraft werden.

Art. 104. (Rechtsgarantien bei Freiheitsentziehung) (1) Die Freiheit der Person kann nur auf Grund eines förmlichen Gesetzes und nur unter Beachtung der darin vorgeschriebenen Formen beschränkt werden. Festgehaltene Personen dürfen weder seelisch noch körperlich mißhandelt werden.

(2) Über die Zulässigkeit und Fortdauer einer Freiheitsentziehung hat nur der Richter zu entscheiden. Bei jeder nicht auf richterlicher Anordnung beruhenden Freiheitsentziehung ist unverzüglich eine richterliche Entscheidung herbeizuführen. Die Polizei darf aus eigener Machtvollkommenheit niemanden länger als bis zum Ende des Tages nach Ergreifen in eigenem Gewahrsam halten. Das Nähere ist gesetzlich zu regeln.

(3) Jeder wegen des Verdachtes einer strafbaren Handlung vorläufig Festgenommene ist spätestens am Tage nach der Festnahme dem Richter vorzuführen, der ihm die Gründe der Festnahme mitzuteilen, ihn zu vernehmen und ihm Gelegenheit zu Einwendungen zu geben hat. Der Richter hat unverzüglich entweder einen mit Gründen versehenen schriftlichen Haftbefehl zu erlassen oder die Freilassung anzuordnen.

(4) Von jeder richterlichen Entscheidung über die Anordnung oder Fortdauer einer Freiheitsentziehung ist unverzüglich ein Angehöriger des Festgehaltenen oder eine Person seines Vertrauens zu benachrichtigen.

...

XI. Übergangs- und Schlußbestimmungen

...

Art. 140. (Weimarer Verfassung) Die Bestimmungen der Artikel 136, 137, 138, 139 und 141 der Deutschen Verfassung vom 11. August 1919 sind Bestandteil dieses Grundgesetzes.*

15. Frankreich

1. Präambel der Verfassung der Französischen Republik vom 27. Oktober 1946
(Auszug)

Am Tage des Sieges, den die freien Völker über die Regime davongetragen haben, die versucht haben, die menschliche Person zu unterdrücken und zu erniedrigen, verkündet das französische Volk aufs neue, daß jedes menschliche Wesen, ohne Unterschied in Rasse, Religion oder Glauben, unveräußerliche und geheiligte Rechte besitzt. Es bekräftigt feierlich die Rechte und Freiheiten des Menschen und des Bürgers, welche durch die Erklärung der Rechte von 1789 und die durch die Gesetze der Republik anerkannten fundamentalen Prinzipien geweiht sind. Es verkündet außerdem, als in unserer Zeit besonders notwendig, nachfolgende politische, wirtschaftliche und soziale Grundsätze.

---

* *Art. 136 Weimarer Verfassung* (1) Die bürgerlichen und staatsbürgerlichen Rechte und Pflichten werden durch die Ausübung der Religionsfreiheit weder bedingt noch beschränkt.

(2) Der Genuß bürgerlicher und staatsbürgerlicher Rechte sowie die Zulassung zu öffentlichen Ämtern sind unabhängig von dem religiösen Bekenntnis.

(3) Niemand ist verpflichtet, seine religiöse Überzeugung zu offenbaren. Die Behörden haben nur soweit das Recht, nach der Zugehörigkeit zu einer Religionsgesellschaft zu fragen, als davon Rechte und Pflichten abhängen oder eine gesetzlich angeordnete statistische Erhebung dies erfordert.

(4) Niemand darf zu einer kirchlichen Handlung oder Feierlichkeit oder zur Teilnahme an religiösen Übungen oder zur Benutzung einer religiösen Eidesform gezwungen werden.

...

Das Gesetz gewährleistet den Frauen in allen Bereichen gleiche Rechte wie den Männern.

Jeder Mensch, der wegen seines Eintretens für die Freiheit verfolgt wird, hat das Recht auf Asyl in den Gebieten der Republik.

Jeder hat die Pflicht zu arbeiten und das Recht, eine Beschäftigung zu erhalten. Niemand darf in seiner Arbeit oder Beschäftigung wegen seiner Herkunft, seiner Anschauung oder seines Glaubens beeinträchtigt werden.

Jedermann kann seine Rechte oder Interessen in gewerkschaftlicher Tätigkeit verteidigen und einer Gewerkschaft seiner Wahl angehören.

Das Streikrecht wird im Rahmen der Gesetze ausgeübt, die es regeln.

Jeder Arbeitnehmer nimmt durch Vermittlung seiner Delegierten an der kollektiven Mitbestimmung der Arbeitsbedingungen wie auch an der Geschäftsführung der Unternehmen teil.

...

Die Nation sichert dem Einzelnen und der Familie die notwendigen Voraussetzungen für ihre Entwicklung.

Sie gewährleistet allen, insbesondere dem Kinde, der Mutter und dem älteren Arbeitnehmer, Gesundheitsfürsorge, materielle Sicherheit, Ruhe und Muße. Jedes menschliche Wesen, das seines Alters, seines körperlichen oder geistigen Zustands oder seiner wirtschaftlichen Lage wegen nicht arbeitsfähig ist, hat das Recht, von der Gemeinschaft ausreichende Mittel zum Lebensunterhalt zu bekommen.

...

Die Nation gewährleistet dem Kinde wie dem Erwachsenen gleichen Zugang zu Erziehung, Berufsbildung und Kultur. Die Einrichtung öffentlichen, unentgeltlichen und laizistischen Unterrichts auf allen Stufen ist Verpflichtung des Staates.

...

Frankreich bildet mit den überseeischen Völkern eine Union, gegründet auf Gleichheit der Rechte und Pflichten, ohne Unterscheidung nach Rasse oder Religion.

...

Getreu seiner traditionellen Mission beabsichtigt Frankreich, die Völker unter seiner Obhut zur Freiheit der Selbstverwaltung und demokratischen Sachwaltung ihrer eigenen Angelegenheiten zu führen; indem es alle auf Willkür gegründeten Systeme des Kolonialismus verwirft, sichert es allen gleichen Zugang zu öffentlichen Ämtern und die individuelle oder kollektive Ausübung der vorstehend verkündeten oder bestätigten Rechte und Freiheiten zu.

2. Verfassung der Französischen Republik vom 4. Oktober 1958

Präambel

Das französische Volk verkündet feierlich seine Verbundenheit mit den Menschenrechten und den Grundsätzen der nationalen Souveränität, wie sie in der Erklärung von 1789 festgelegt worden sind, bestätigt und vervollständigt durch die Präambel der Verfassung 1946. Kraft ihrer Prinzipien und derjenigen der freien Selbstbestimmung der Völker bietet die Republik den überseeischen Gebieten, die den Willen bekunden, hierin einzutreten, neue Institutionen, gegründet auf das gemeinsame Ideal der Freiheit, der Gleichheit und der Brüderlichkeit und entworfen im Blick auf ihre demokratische Entwicklung.

16. Verfassung der Italienischen Republik vom 27. Dezember 1947

(Auszug)

Grundprinzipien

...

Artikel 2

Die Republik anerkennt und gewährleistet die unverletzlichen Rechte des Menschen, sei es als Einzelperson, sei es im Rahmen gesellschaftlicher Zusammenschlüsse, in denen sich eine Persönlichkeit entfaltet, und sie verlangt die Erfüllung der unabdingbaren Pflichten politischer, wirtschaftlicher und sozialer Solidarität.

Artikel 3

Alle Staatsbürger haben gleiche soziale Würde und sind vor dem Gesetze gleich, ohne Unterscheidung nach Geschlecht, Rasse, Sprache, Religion, politischer Anschauung, persönlichen und sozialen Verhältnissen.

...

Artikel 4

Die Republik erkennt allen Staatsbürgern das Recht auf Arbeit zu und fördert die Voraussetzungen für die Verwirklichung dieses Rechts.

...

Artikel 8

Alle religiösen Bekenntnisse sind vor dem Gesetz gleichermaßen frei.

Die von der katholischen Konfession abweichenden Bekenntnisse haben das Recht, sich nach eigenen Statuten zu organisieren, soweit diese nicht im Widerspruch zu der italienischen Rechtsordnung stehen.

Ihre Beziehungen zum Staat werden auf Grund von Vereinbarungen mit den entsprechenden Vertretungen durch Gesetz geregelt.

...

Artikel 10

Die italienische Rechtsordnung paßt sich den allgemein anerkannten Normen des Völkerrechts an.

Die Rechtsstellung der Ausländer wird in Übereinstimmung mit den völkerrechtlichen Normen und Verträgen durch Gesetz geregelt.

Ein Ausländer, dem im eigenen Lande die tatsächliche Ausübung der in der italienischen Verfassung gewährleisteten demokratischen Freiheit verwehrt ist, hat im Gebiet der Republik Recht auf Asyl nach Maßgabe gesetzlicher Bestimmungen.

Die Auslieferung eines Ausländers wegen politischer Vergehen ist unzulässig.

...

Teil I

Rechte und Pflichten der Staatsbürger

Titel I
Bürgerliche Beziehungen

Artikel 13

Die persönliche Freiheit ist unantastbar.

Jede Form der Inhaftierung, Untersuchung oder Durchsuchung der Person wie auch jede sonstige Beschränkung der persönlichen Freiheit ist unzulässig, es sei denn, mit einer begründeten richterlichen Verfügung und nur in den gesetzlich vorgesehenen Fällen und Formen. ...

Jegliche körperliche und seelische Gewaltanwendung gegen Personen, die in ihrer Freiheit beschränkt sind, wird bestraft.

Die Höchstdauer der Untersuchungshaft wird durch Gesetz geregelt.

Artikel 14

Die Wohnung ist unverletzlich.

Besichtigungen, Durchsuchungen oder Beschlagnahmen können nur in den gesetzlich festgelegten Fällen und Formen unter Beachtung der zum Schutze der persönlichen Freiheit vorgeschriebenen Garantien durchgeführt werden.

...

Artikel 15

Die Freiheit und das Geheimnis des Schriftverkehrs sowie jeder anderen Form der Kommunikation sind unverletzlich.

Ihre Einschränkung kann nur durch begründete richterliche Verfügung und mit den gesetzlich festgesetzten Garantien geschehen.

Artikel 16

Jeder Staatsbürger kann sich vorbehaltlich der durch Gesetz aus Gründen der öffentlichen Gesundheit oder Sicherheit allgemein festgesetzten Einschränkungen in jedem Teil des Staatsgebietes frei bewegen und aufhalten. Keinerlei Beschränkung darf aus politischen Gründen verhängt werden.

Jeder Staatsbürger ist frei, das Staatsgebiet der Republik zu verlassen und wieder zu betreten, sofern er das Gesetz beachtet.

Artikel 17

Die Staatsbürger haben das Recht, sich friedlich und ohne Waffen zu versammeln.

Für Versammlungen, auch an der Öffentlichkeit zugänglichen Orten, ist keine vorherige Anzeige erforderlich.

Von Versammlungen an öffentlichen Orten müssen die Behörden im voraus benachrichtigt werden, welche ein Verbot nur aus erweislichen Gründen der öffentlichen Sicherheit und Ordnung aussprechen können.

Artikel 18

Die Staatsbürger haben das Recht, sich zu Zwecken, die den einzelnen strafrechtlich nicht verboten sind, frei und ohne besondere Genehmigung zusammenzuschließen.

Geheimbünde und Vereinigungen, die, auch indirekt, politische Zwecke vermittels militärähnlicher Organisationen verfolgen, sind verboten.

Artikel 19

Jedermann, als einzelner oder in Gemeinschaft, hat das Recht, den eigenen religiösen Glauben in jedweder Form frei zu bekennen, für ihn zu werben und seinen Kult privat oder öffentlich auszuüben, wenn es sich nicht um Riten handelt, die gegen die guten Sitten verstoßen.

...

Artikel 21

Jedermann hat das Recht, die eigene Meinung in Wort und Schrift und jeder sonstigen Verbreitungsform frei zu bekunden.

Die Presse ist weder einer Genehmigung noch der Zensur unterworfen.

Beschlagnahmen können nur bei Vergehen, für welche das Pressegesetz dies ausdrücklich gestattet, oder bei der Verletzung von Vorschriften, die dieses Gesetz zur Ermittlung der Verantwortlichen vorsieht, und nur mit einer begründeten richterlichen Verfügung vorgenommen werden. ...

Druckstücke, öffentliche Vorführungen und alle sonstigen Kundgebungen, die gegen die guten Sitten verstoßen, sind verboten. Das Gesetz trifft angemessene Vorkehrungen zur Verhinderung und Unterbindung von Zuwiderhandlungen.

Artikel 22

Niemand kann aus politischen Gründen seiner Rechtsfähigkeit, seiner Staatsangehörigkeit oder seines Namens beraubt werden.

Artikel 23

Leistungen persönlicher oder patrimonialer Art können nur durch Gesetz auferlegt werden.

Artikel 24

Jedermann kann zur Wahrung seiner eigenen Rechte und berechtigten Interessen das Gericht in Anspruch nehmen.

Die Verteidigung ist ein unverletzliches Recht, in jedem Stadium und auf jeder Stufe des Verfahrens.

Bedürftigen werden durch entsprechende Einrichtungen die Mittel zur Klage und Verteidigung vor allen Gerichten zugesichert.

Voraussetzungen und Art und Weise der Wiedergutmachung von Justizirrtümern werden durch Gesetz bestimmt.

Artikel 25

Niemand darf seinem gesetzlichen Richter entzogen werden.

Niemand kann bestraft werden, als auf Grund eines Gesetzes, das vor der Begehung der Tat in Kraft getreten ist.

Niemand kann Sicherheitsmaßnahmen unterworfen werden außer in den durch Gesetz vorgesehenen Fällen.

Artikel 26

Die Auslieferung eines Staatsbürgers kann nur bewilligt werden, soweit sie in zwischenstaatlichen Abkommen ausdrücklich vorgesehen ist.

Sie ist in keinem Falle wegen politischer Taten zulässig.

Artikel 27

Für Straftaten ist jedermann persönlich verantwortlich. Bis zur endgültigen Verurteilung gilt der Angeklagte nicht als schuldig.

Die Strafen dürfen nicht in einer gegen das Gefühl für Humanität verstoßenden Behandlung bestehen und sollen die Umerziehung des Verurteilten anstreben.

Die Todesstrafe ist unzulässig außer in den von den Militärgesetzen im Kriege vorgesehenen Fällen.

Artikel 28

Die Beamten und Angestellten des Staates und der öffentlichen Körperschaften sind für rechtswidrige Handlungen nach den Straf-, Zivil- und Verwaltungsgesetzen unmittelbar verantwortlich. In solchen Fällen erstreckt sich die zivilrechtliche Verantwortlichkeit auf den Staat und die öffentlichen Körperschaften.

Titel II

Ethisch-soziale Beziehungen

Artikel 29

Die Republik anerkennt die Rechte der Familie als einer auf die Ehe gegründeten natürlichen Gemeinschaft.

Die Ehe beruht auf der moralischen und rechtlichen Gleichheit der Ehegatten mit den vom Gesetz zur Gewährleistung der Einheit der Familie gezogenen Schranken.

Artikel 30

Es ist die Pflicht und das Recht der Eltern, die Kinder zu unterhalten, zu unterrichten und zu erziehen, auch wenn sie außerehelich geboren wurden.

...

Das Gesetz sichert nichtehelichen Kindern jede rechtliche und soziale Obhut zu, die den Rechten der Mitglieder der legitimen Familie vergleichbar ist.

Das Gesetz bestimmt die Normen und Grenzen für Nachforschungen über die Vaterschaft.

...

Artikel 32

Die Republik hütet die Gesundheit als grundlegendes Recht des Einzelnen und Interesse der Gemeinschaft und gewährleistet Bedürftigen kostenlose Heilbehandlung.

...

Artikel 33

Kunst und Wissenschaft sind frei, und frei ist ihre Lehre.

Die Republik setzt die allgemeinen Regeln für den Unterricht und errichtet staatliche Schulen aller Art und Stufen.

...

Die Kulturinstitute, Universitäten und Akademien haben das Recht, sich im Rahmen der vom Staat gesetzlich festgelegten Grenzen autonome Ordnungen zu geben.

Artikel 34

Die Schule ist für alle offen.

Die mindestens achtjährige Erziehung in der Grundschule ist obligatorisch und kostenlos.

...

Titel III

Wirtschaftliche Beziehungen

Artikel 35

Die Republik schützt die Arbeit in allen ihren Formen und Anwendungen.

Sie sorgt für die Ausbildung und das berufliche Fortkommen der Arbeitenden.

Sie fördert und begünstigt internationale Abkommen und Organisationen, die der Sicherung und Ordnung des Rechtes des Arbeitslebens dienen.

Sie anerkennt, vorbehaltlich der im allgemeinen Interesse gesetzlich festgelegten Pflichten, das Recht auf Auswanderung und schützt die italienische Arbeit im Ausland.

Artikel 36

Der Arbeitende hat das Recht auf eine Entlohnung, die dem Umfang und der Güte seiner Arbeit entspricht, und die jedenfalls ausreichen muß, ihm und seiner Familie ein freies und würdiges Dasein zu sichern.

Die Höchstdauer des Arbeitstages wird durch Gesetz festgelegt.

Der Arbeitende hat ein unverzichtbares Recht auf wöchentliche Ruhe und auf bezahlten Jahresurlaub.

Artikel 37

Die arbeitende Frau hat dieselben Rechte und erhält bei gleicher Arbeit dieselbe Vergütung wie der arbeitende Mann. Die Arbeitsbedingungen müssen die Erfüllung ihrer wesentlichen Obliegenheiten in der Familie erlauben und Mutter und Kind einen besonderen, angemessenen Schutz gewährleisten.

...

Artikel 38

Jeder arbeitsunfähige Staatsbürger, der nicht über die lebensnotwendigen Mittel verfügt, hat ein Recht auf Unterhalt und Sozialfürsorge.

Jeder Arbeitende hat ein Recht darauf, daß für seinen Lebensunterhalt ausreichende Mittel im Fall von Unfällen, Erkrankungen, Invalidität, Alter und Arbeitslosigkeit vorgesehen und sichergestellt werden.

Behinderte und in der Arbeitsfähigkeit eingeschränkte Personen haben ein Recht auf Erziehung und Berufsausbildung.

...

Artikel 39

Die Bildung von Gewerkschaften ist frei.

Den Gewerkschaften darf keine andere Verpflichtung auferlegt werden als die Registrierung bei den örtlichen oder zentralen Behörden nach Maßgabe der gesetzlichen Bestimmungen.

...

Artikel 40

Das Streikrecht wird ausgeübt im Rahmen der Gesetze, die es regeln.

...

Artikel 42

...

Das Privateigentum ist anerkannt und durch das Gesetz garantiert, welches die Art und Weise seines Erwerbs, seines Gebrauchs und die Schranken für die Sicherung der sozialen Funktion und die Zugänglichkeit für alle bestimmt.

Privateigentum kann in gesetzlich vorgesehenen Fällen und vorbehaltlich einer Entschädigung im allgemeinen Interesse enteignet werden.

Das Gesetz bestimmt die Normen und die Grenzen der gesetzlichen und der testamentarischen Erbfolge und das Erbrecht des Staates.

...

Titel IV

Politische Beziehungen

Artikel 48

Wahlberechtigte sind alle volljährigen männlichen und weiblichen Staatsbürger.

Das Stimmrecht ist persönlich und gleich, frei und geheim. Seine Ausübung ist Bürgerpflicht.

Das Stimmrecht kann nicht beschränkt werden, es sei denn wegen Geschäftsunfähigkeit, kraft rechtskräftigen Strafurteils oder in den im Gesetz aufgeführten Fällen moralischer Unwürdigkeit.

Artikel 49

Alle Bürger haben das Recht, sich frei zu Parteien zusammenzuschließen, um in demokratischer Weise bei der Bestimmung der nationalen Politik zusammenzuwirken.

Artikel 50

Alle Staatsbürger können Petitionen an die Kammern richten, um gesetzliche Maßnahmen zu fordern oder allgemeine Bedürfnisse darzulegen.

Artikel 51

Alle Staatsbürger des einen oder anderen Geschlechts haben unter gleichen Bedingungen Zugang zu öffentlichen Ämtern und Wahlämtern, nach Maßgabe der gesetzlich festgelegten Erfordernisse.

...

17. Verfassung des Königreiches der Niederlande vom 17. Februar 1983

(Auszug)

Kapitel 1 – Grundrechte

Art. 1. Alle, die sich in den Niederlanden aufhalten, werden in gleichen Fällen gleich behandelt. Niemand darf wegen seiner religiösen, weltanschaulichen oder politischen Anschauung, seiner Rasse, seines Geschlechtes oder aus anderen Gründen diskriminiert werden.

Art. 2. (1) Die niederländische Staatsangehörigkeit ist durch Gesetz geregelt.

(2) Die Zulassung und Ausweisung von Ausländern ist durch Gesetz geregelt.

(3) Eine Auslieferung kann nur aufgrund eines Vertrags erfolgen. Weitere Vorschriften über die Auslieferung werden durch Gesetz erlassen.

(4) Jeder hat das Recht, das Land zu verlassen, außer in den durch Gesetz bezeichneten Fällen.

Art. 3. Alle Niederländer haben gleichermaßen Zugang zu öffentlichen Ämtern.

Art. 4. Alle Niederländer haben gleichermaßen das Recht, die Mitglieder allgemeiner Vertretungsorgane zu wählen und sich zum Mitglied dieser Organe wählen zu lassen, unbeschadet der im Gesetz vorgesehenen Einschränkungen und Ausnahmen.

Art. 5. Jeder hat das Recht, schriftlich Gesuche an die zuständigen Stellen zu richten.

Art. 6. (1) Jeder hat das Recht, seine Religion oder Weltanschauung einzeln oder in Gemeinschaft mit anderen frei zu bekennen, unbeschadet der Verantwortung jedes einzelnen vor dem Gesetz.

(2) Hinsichtlich der Ausübung dieses Rechts außerhalb von Gebäuden und geschlossenen Räumen können zum Schutz der Gesundheit, im Interesse des Verkehrs und zur Beseitigung oder Abwehr von Störungen gesetzliche Vorschriften erlassen werden.

Art. 7. (1) Niemand bedarf der vorherigen Erlaubnis, seine Gedanken oder Meinungen in Druckerzeugnissen zu äußern, unbeschadet der Verantwortung jedes einzelnen vor dem Gesetz.

(2) Für den Hörfunk und das Fernsehen gelten gesetzliche Vorschriften. Es gibt keine Vorzensur für Hörfunk- und Fernsehsendungen.

(3) Was den Inhalt seiner Gedanken oder Meinungen angeht, bedarf niemand der vorherigen Erlaubnis, sie mit anderen als den in Absatz 1 und 2 genannten Mitteln zu äußern, unbeschadet der Verantwortung jedes einzelnen vor dem Gesetz. Für Veranstaltungen, die Personen unter sechzehn Jahren zugänglich sind, können zum Schutz der guten Sitten gesetzliche Vorschriften erlassen werden.

(4) Die vorhergehenden Absätze gelten nicht für Wirtschaftswerbung.

Art. 8. Das Recht auf Bildung von Vereinen wird anerkannt. Dieses Recht kann im Interesse der öffentlichen Ordnung durch Gesetz eingeschränkt werden.

Art. 9. (1) Das Recht zur Versammlung und Demonstration wird anerkannt, unbeschadet der Verantwortung jedes einzelnen vor dem Gesetz.

(2) Zum Schutze der Gesundheit, im Interesse des Verkehrs und zur Beseitigung oder Abwehr von Störungen können gesetzliche Vorschriften erlassen werden.

Art. 10. (1) Jeder hat, unbeschadet der Einschränkungen durch Gesetz oder kraft eines Gesetzes, das Recht auf Wahrung seiner Privatsphäre.

(2) Der Schutz der Privatsphäre wird im Zusammenhang mit der Speicherung und Weitergabe persönlicher Daten durch Gesetz geregelt.

(3) Der Anspruch von Personen auf Einblick in die über die gesammelten Daten und deren Verwendung sowie auf Berichtigung solcher Daten wird durch Gesetz geregelt.

Art. 11. Jeder hat, unbeschadet der Einschränkungen durch Gesetz oder kraft eines Gesetzes, das Recht auf körperliche Unversehrtheit.

Art. 12. (1) Das Betreten einer Wohnung gegen den Willen des Bewohners ist den durch Gesetz oder kraft eines Gesetzes bezeichneten Personen in den durch Gesetz oder kraft Gesetzes bezeichneten Fällen erlaubt.

(2) Für das Betreten einer Wohnung gemäß Absatz 1 ist die vorherige Legitimation und die Mitteilung des Zwecks des Betretens der Wohnung erfoderlich. Der Bewohner erhält einen schriftlichen Bericht über das Betreten der Wohnung.

Art. 13. (1) Das Briefgeheimnis ist unverletzlich; Ausnahmen sind nur auf richterliche Anordnung in den durch Gesetz bezeichneten Fällen möglich.

(2) Das Fernmeldegeheimnis ist unverletzlich; Ausnahmen sind nur in den durch Gesetz bezeichneten Fällen für hierzu gesetzlich Beauftragte oder für Personen möglich, die von ihnen bevollmächtigt worden sind.

Art. 14. (1) Eine Enteignung ist nur im Interesse der Allgemeinheit und gegen eine im voraus garantierte Entschädigung zulässig, und zwar gemäß durch Gesetz oder kraft eines Gesetzes zu erlassende Vorschriften.

(2) Die Entschädigung braucht nicht im voraus garantiert zu sein, wenn im Notfall eine unverzügliche Enteignung erforderlich ist.

(3) In den durch Gesetz oder kraft eines Gesetzes bezeichneten Fällen besteht ein Anspruch auf vollständige oder teilweise Entschädigung, wenn das Eigentum von den zuständigen Stellen im Interesse der Allgemeinheit vernichtet oder unbrauchbar gemacht wird oder wenn die Ausübung des Eigentumsrecht eingeschränkt wird.

Art. 15. (1) Außer in den durch Gesetz oder Kraft eines Gesetzes bezeichneten Fällen darf niemandem die Freiheit entzogen werden.

(2) Jemand, dem die Freiheit ohne richterliche Anordnung entzogen wird, kann seine Freilassung beim Richter beantragen. Er wird in diesem Falle inner-

halb einer durch Gesetz festzusetzenden Frist vom Richter gehört. Der Richter ordnet die sofortige Freilassung an, wenn er die Freiheitsentziehung für unrechtmäßig hält.

(3) Die Sache, wegen der jemanden die Freiheit entzogen wurde, wird innerhalb einer angemessenen Frist verhandelt.

(4) Derjenige, dem die Freiheit rechtsmäßig entzogen worden ist, kann in der Ausübung von Grundrechten eingeschränkt werden, soweit diese mit der Freiheitsentziehung nicht vereinbar ist.

Art. 16. Eine Tat kann nur bestraft werden, wenn die Strafbarkeit gesetzlich festgelegt war, bevor die Tat begangen wurde.

Art. 17. Niemand darf gegen seinen Willen dem gesetzlichen Richter entzogen werden.

Art. 18. (1) Jeder kann sich in Rechts- und Verwaltungssachen beistehen lassen.

(2) Für die Beiordnung eines Rechtsbeistands an Unbemittelte gelten gesetzliche Vorschriften.

Art. 20. (1)–(2) ...

(3) Niederländer, die ihren Lebensunterhalt nicht selbst bestreiten können, haben hierzulande einen durch Gesetz zu regelnden Anspruch auf öffentliche Sozialhilfe.

...

Kapitel 6 – Rechtsprechung

...

Art. 114. Die Todesstrafe darf nicht verhängt werden.

...

18. Verfassung von Rumänien vom 21. November 1991

(Auszug)

Titel I. Allgemeine Grundsätze

Artikel 1. Der Rumänische Staat

1. ...

2. Die Regierungsform des Rumänischen Staates ist die Republik.

3. Rumänien ist ein sozialer und demokratischer Rechtsstaat, in dem Menschenwürde, die Rechte und Freiheiten der Bürger, die freie Entwicklung der menschlichen Persönlichkeit, Gerechtigkeit und politischer Pluralismus die obersten Werte darstellen und gewährleistet sind.

...

Artikel 5. Staatsbürgerschaft

1. Die Rumänische Staatsbürgerschaft wird erworben, erhalten und geht verloren unter den Voraussetzungen, die ein Organisationsgesetz bestimmt.

2. Die Rumänische Staatsbürgerschaft kann niemandem entzogen werden, der sie durch Geburt erworben hat.

Artikel 6. Das Recht auf Identität

1. Der Staat anerkennt und gewährleistet Mitgliedern nationaler Minderheiten das Recht, ihre ethnische, kulturelle, sprachliche und religiöse Identität zu wahren, zu entwickeln und auszudrücken.

2. ...

Artikel 8. Pluralismus und politische Parteien

1. Pluralismus ist Bedingung und Garantie der verfassungsmäßigen Demokratie in der rumänischen Gesellschaft.

2. Politische Parteien werden gegründet und führen ihre Tätigkeit unter den Bedingungen des Gesetzes aus. Sie tragen zu Bestimmung und Ausdruck des politischen Willens der Bürger in Achtung der nationalen Souveränität, der territorialen Integrität, der Herrschaft des Rechts und der Grundsätze der Demokratie bei.

Artikel 9. Gewerkschaften

Gewerkschaften werden gebildet und üben ihre Tätigkeit gemäß ihren Satzungen unter den Bedingungen des Gesetzes aus. Sie tragen zum Schutz der Rechte und zur Förderung der beruflichen, wirtschaftlichen und sozialen Interessen der Beschäftigten bei.

...

Titel II. **Grundrechte, Freiheiten und Pflichten**

Kapitel 1. Allgemeine Bestimmungen

Artikel 15. Allgemeines

1. ...

2. Ein Gesetz gilt nur für die Zukunft, mit Ausnahme eines milderen Strafgesetzes.

Artikel 16. Gleichberechtigung

1. Die Bürger sind vor dem Gesetz und öffentlichen Behörden gleich, ohne Bevorzugung und ohne Benachteiligung.

2. Niemand steht über dem Gesetz.

3. Öffentliche, zivile oder militärische Ämter und Posten können nur von Personen mit rumänischer Staatsbürgerschaft und Niederlassung im Inland eingenommen werden.

Artikel 17. Rumänische Bürger im Ausland

Rumänische Bürger im Ausland genießen den Schutz des Rumänischen Staates und haben ihre Pflichten zu erfüllen, mit Ausnahme derjenigen, die mit ihrer Abwesenheit vom Lande unvereinbar sind.

Artikel 18. Ausländer und Staatenlose

1. Ausländer und Staatenlose, die sich in Rumänien aufhalten, genießen den allgemeinen Schutz der Person und ihres Eigentums, wie ihn die Verfassung und andere Gesetze gewährleisten.
2. Das Asylrecht wird gewährt und entzogen unter gesetzlichen Voraussetzungen, unter Beachtung völkerrechtlicher Pakte und Verträge, in denen Rumänien Partei ist.

Artikel 19. Auslieferung und Ausweisung

1. Ein rumänischer Bürger darf nicht aus Rumänien ausgeliefert oder ausgewiesen werden.
2. Ausländer und Staatenlose dürfen nur aufgrund einer völkerrechtlichen Übereinkunft ausgeliefert werden.
3. Über Ausweisung und Auslieferung entscheiden die Organe der Justiz.

Artikel 20. Internationale Verträge über Menschenrechte

1. Die Verfassungsbestimmungen über Rechte und Freiheiten der Bürger sollen in Übereinstimmung mit der Universellen Erklärung der Menschenrechte und anderen Verträgen und Pakten, bei denen Rumänien Partei ist, ausgelegt und angewendet werden.
2. Sofern es keine Übereinstimmung zwischen den Pakten und Verträgen über die Menschenrechte, bei denen Rumänien Partei ist, und dem innerstaatlichen Recht gibt, haben die völkerrechtlichen Regelungen Vorrang.

Artikel 21. Freier Zugang zur Gerichtsbarkeit

1. Jedermann kann die Rechtsprechungsorgane anrufen zum Schutz seiner gesetzlichen Rechte, Freiheiten und berechtigten Interessen.
2. Kein Gesetz kann die Ausübung dieses Rechtes hindern.

Kapitel II. Grundrechte und -freiheiten

Artikel 22. Das Recht auf Leben und körperliches und geistiges Wohlbefinden

1. Jedermanns Recht auf Leben und körperliches und geistiges Wohlbefinden ist gewährleistet.
2. Niemand darf der Folter oder irgendeiner Art unmenschlicher oder entwürdigender Bestrafung oder Behandlung unterzogen werden.
3. Die Todesstrafe ist abgeschafft.

Artikel 23. Freiheit des Einzelnen

1. Die Freiheit des Einzelnen und die Sicherheit der Person sind unverletzlich.

2. Die Durchsuchung, Festhaltung oder Festnahme einer Person ist nur in gesetzlich festgelegten Fällen und nach gesetzlich geregeltem Verfahren zulässig.

3. Der Zeitraum einer Festhaltung darf 24 Stunden nicht überschreiten.

4. Eine Person darf nur auf der Grundlage eines richterlichen Haftbefehls für höchstens 30 Tage festgenommen werden. Die festgenommene Person kann wegen der Rechtmäßigkeit des Haftbefehls den Richter anrufen, der zu einem Spruch verpflichtet ist, der die Gründe seiner Entscheidung nennt. Eine Ausdehnung der Haftdauer bedarf gerichtlicher Entscheidung.

5. Eine festgehaltene oder festgenommene Person muß über die Gründe ihrer Festhaltung oder Festnahme und die gegen sie erhobenen Beschuldigungen in einer Sprache, die sie versteht, so bald als möglich unterrichtet werden; über die Beschuldigungen ist sie nur in Anwesenheit eines Verteidigers ihrer Wahl oder eines vom Gericht bestellten Verteidigers zu unterrichten.

6. Eine festgehaltene oder verhaftete Person ist zu entlassen, sobald die Gründe für diese Maßnahme entfallen sind.

7. Eine Person in vorbeugender Haft hat das Recht, ihre vorläufige Entlassung unter richterlicher Auflage oder auf Kaution zu beantragen.

8. Eine Person wird bis zum endgültigen Ausspruch einer Verurteilung als unschuldig angesehen.

...

Artikel 24. Das Recht auf Verteidigung

1. Das Recht auf einen Verteidiger ist gewährleistet.

2. Während eines Strafverfahrens haben die Betroffenen das Recht auf Beistand eines gewählten oder Pflichtverteidigers.

Artikel 25. Bewegungsfreiheit

1. Das Recht auf freie Bewegung im Inland und ins Ausland ist gewährleistet. Ein Gesetz bestimmt die Voraussetzung für die Ausübung dieses Rechts.

2. Jedem Bürger wird das Recht zugesichert, seinen Wohnsitz oder Aufenthalt irgendwo im Inland zu nehmen, auszuwandern und auch ins Inland zurückzukehren.

...

Artikel 27. Unverletzlichkeit der Wohnung

1. Wohnung und Aufenthaltsort sind unverletzlich. Niemand darf die Wohnung oder den Aufenthaltsort einer Person ohne deren Zustimmung betreten oder darin verweilen.

2. Ausnahmen von den Bestimmungen des Absatzes 1 sind entsprechend dem Gesetz in den nachstehenden Fällen zulässig:

a) um einen Haftbefehl oder eine Gerichtsentscheidung zuzustellen;

b) um eine Bedrohung für Leben, körperliches Wohlbefinden oder das Eigentum einer Person zu beseitigen;
c) um die nationale Sicherheit oder die öffentliche Ordnung zu verteidigen;
d) um der Ausbreitung einer Epidemie vorzubeugen.
...
4. Durchsuchungen zur Nachtzeit sind unzulässig, es sei denn auf frischer Tat.

Artikel 28. Vertraulichkeit des Schriftwechsels

Die Vertraulichkeit von Briefen, Telegrammen und anderen Postsendungen, von Telefongesprächen und anderen Kommunikationsweisen ist unverletzlich.

Artikel 29. Freiheit des Gewissens

1. Die Freiheit des Gedankens und der Meinung sowie des religiösen Glaubens darf in keiner Weise eingeschränkt werden. Niemand kann gezwungen werden, eine Meinung zu übernehmen oder einen religiösen Glauben anzunehmen, wenn dies seinen Überzeugungen widerspricht.
2. Die Freiheit des Gewissens ist gewährleistet; sie muß im Geist der Toleranz und der gegenseitigen Achtung ihren Ausdruck finden.
...

Artikel 30. Freiheit der Äußerung

1. Die Freiheit, Vorstellungen, Meinungen und Glauben auszudrücken und die Freiheit des Schöpferischen jeder Art – mündlich, geschrieben, durch Bilder, Töne oder in anderer Form öffentlicher Darstellung, ist unverletzlich.
2. Jede Form der Zensur ist verboten.
...
4. Keine Publikation darf unterdrückt werden.
...
6. Die Freiheit der Äußerung darf nicht benutzt werden, um Würde, Ehre oder das Privatleben einer Einzelperson oder deren Recht auf ihr eigenes Bild zu beschädigen.
7. Das Gesetz verbietet die Herabwürdigung des Landes und der Nation, das Aufreizen zu Krieg oder Aggression und zu ethnischem, rassischem, Klassen- oder religiösem Haß, die Anstachelung zu Diskriminierung, territorialem Separatismus oder öffentlichem Aufruhr, sowie unzüchtige Handlungen entgegen den guten Sitten.
...

Artikel 31. Das Recht auf Information

1. Das Recht einer Person, Zugang zu jedweder Information allgemeinen Interesses zu haben, kann nicht verkürzt werden.
...
3. Das Recht auf Information darf die Maßnahmen zum Schutz der Jugend oder der nationalen Sicherheit nicht aufs Spiel setzen.

4. Die öffentlichen oder privaten Massenmedien müssen dafür Sorge tragen, daß die öffentliche Meinung sorgfältige Information erhält.

...

Artikel 32. Das Recht auf Erziehung

1. Das Recht auf Erziehung wird durch allgemeine Schulpflicht, höhere und berufliche Schulung, Hochschulbildung und andere Arten des Unterrichts und von Förderseminaren sichergestellt.

...

6. Die Autonomie der Universitäten ist gewährleistet.

Artikel 33. Das Recht auf Gesundheitsschutz

1. Das Recht auf Gesundheitsschutz ist gewährleistet.

2. Der Staat ist verpflichtet, Maßnahmen zu treffen, welche die Hygiene und Volksgesundheit sichern.

...

Artikel 34. Das aktive Wahlrecht

1. Bürger, die am Wahltage 18 Jahre oder älter sind, haben das Recht zu wählen.

2. Zurückgebliebene oder geistig gestörte Personen, die kein Wahlrecht besitzen, haben ebenso wie Personen, die durch endgültige richterliche Entscheidung ihres Wahlrechts verlustig sind, nicht das Recht zur Abstimmung.

Artikel 35. Das passive Wahlrecht

1. Wahlberechtigte Bürger, die den Voraussetzungen in Artikel 16 Absatz (3) genügen, haben das Recht, gewählt zu werden, sofern ihnen nicht die Zugehörigkeit zu politischen Parteien aufgrund von Artikel 37 Absatz (3) untersagt ist.

...

Artikel 36. Versammlungsfreiheit

Versammlungen, Demonstrationen, Aufzüge und andere Arten von Ansammlungen sind frei und dürfen nur in friedlicher Weise, ohne irgendeine Art von Waffen, organisiert und abgehalten werden.

Artikel 37. Das Recht auf Vereinigung

1. Die Bürger dürfen sich frei zu politischen Parteien, Gewerkschaften und in anderen Formen von Vereinen zusammenschließen.

2. Parteien oder Organisationen, die nach ihren Zielen oder Tätigkeiten aktiv den politischen Pluralismus, die Grundsätze des Rechtsstaates oder die Souveränität, Integrität oder Unabhängigkeit Rumäniens bekämpfen, sind verfassungswidrig.

3. Richter des Verfassungsgerichts, Volksanwälte, Berufsrichter, aktive Mitglieder der Streitkräfte, Polizeibeamte und andere gesetzlich bestimmte Gruppen von öffentlich Bediensteten dürfen politischen Parteien nicht angehören.
4. Geheimbünde sind verboten.

Artikel 38. Arbeit und sozialer Arbeitsschutz

1. Das Recht auf Arbeit kann nicht beschränkt werden. Beruf und Arbeitsstelle dürfen frei gewählt werden.
...
4. Frauen erhalten für gleiche Arbeit gleichen Lohn wie Männer.
5. Das Recht auf Kollektivverhandlungen und die bindende Natur von Kollektivverträgen sind gewährleistet.

Artikel 39. Verbot von Zwangsarbeit

1. Zwangsarbeit ist verboten.
2. Das Folgende stellt keine Zwangsarbeit dar:
a) Militärdienst oder gleichgestellte Tätigkeiten, die von jenen ausgeübt werden, die aufgrund Gesetzes aus religiösen Gründen keinen militärischen Pflichtdienst leisten;
b) Arbeit einer unter üblichen Voraussetzungen verurteilten Person während der Haft oder in Bewährung;
c) Arbeit, die in einer aus den Folgen einer Naturkatastrophe oder sonstigen Gefahr erwachsenen Lage erfordert wird, wie auch Arbeit, die den üblichen, vom Gesetz genannten Bürgerpflichten innewohnt.

Artikel 40. Das Streikrecht

1. Arbeitnehmer haben das Recht, zum Schutz ihrer beruflichen, wirtschaftlichen und sozialen Interessen zu streiken.
2. Das Gesetz bestimmt die Voraussetzungen und Grenzen dieses Rechts wie auch die Garantien, die zur Aufrechterhaltung der wesentlichen öffentlichen Dienstleistungen erforderlich sind.

Artikel 41. Schutz des Privateigentums

1. Das Recht, Eigentum zu besitzen und Ansprüche gegenüber dem Staat zu haben, ist gewährleistet. Inhalt und Grenzen dieser Rechte werden durch Gesetz bestimmt.
...
3. Niemand darf enteignet werden, es sei denn im öffentlichen Interesse, gegen gerechte und vorherige Entschädigung.
...
6. Das Recht auf Eigentum schließt die Verpflichtung ein, Aufgaben im Zusammenhang mit dem Umweltschutz und der Verbürgung guter Nachbarschaft nachzukommen und Pflichten zu erfüllen, die nach Gesetz oder Überlieferung dem Eigentümer obliegen.

7. Rechtmäßig erworbenes Eigentum kann nicht entzogen werden. Eigentum wird als rechtmäßig erworben vermutet.

...

Artikel 42. Das Erbrecht

Das Erbrecht wird gewährleistet.

...

Artikel 44.

1. Die Familie beruht auf der von den Ehegatten freiwillig eingegangenen Ehe, auf deren Gleichberechtigung, und auf dem Recht und der Pflicht der Eltern, ihre Kinder aufzuziehen, zu erziehen und zu unterrichten.

...

3. Unehelich geborene Kinder sind vor dem Gesetz den ehelich geborenen gleichgestellt.

...

Artikel 47. Das Petitionsrecht

1. Die Bürger haben das Recht, Eingaben an öffentliche Behörden nur im Namen der Unterzeichner der Petitionen zu richten.

2. Rechtmäßig gebildete Organisationen haben das Recht zu Eingaben ausschließlich im Namen der Gemeinschaften, die sie vertreten.

...

4. Behörden haben die Pflicht, Petitionen innerhalb der Fristen und unter den Voraussetzungen zu beantworten, die gesetzlich bestimmt sind.

Artikel 48. Die Rechte von Personen, die aus Handlungen öffentlicher Behörden Schaden nehmen

1. Eine Person, die im Ergebnis einer Verletzung eines ihrer Rechte durch eine öffentliche Behörde einen Schaden erlitten hat, durch einen Verwaltungsakt oder infolge mangelnder Erledigung eines Antrages in der gesetzlichen Frist, ist berechtigt, ihr Recht anerkannt und den Akt aufgehoben zu bekommen und Ersatz für ihre Schäden zu erhalten.

...

3. Der Staat ist nach dem Gesetz materiell verantwortlich für durch Justizirrtümer in Strafverfahren verursachte Schäden.

Artikel 49. Beschränkungen der Ausübung bestimmter Rechte und Freiheiten

1. Die Ausübung bestimmter Rechte und Freiheiten darf nur auf Grund Gesetzes und nur soweit notwendig eingeschränkt werden, um – entsprechend dem Fall – die nationale Sicherheit, die öffentliche Ordnung, die Gesundheit oder die öffentliche Moral oder die Rechte und Freiheiten der Bürger zu verteidigen, um ein Verbrechen zu untersuchen, oder um die Folgen eines Naturunglücks oder einer besonders schweren Katastrophe abzuwehren.

2. Die Einschränkung muß im Verhältnis zu der Lage stehen, die sie hervorgerufen hat, und sie darf nicht gegen das Bestehen von Gerechtigkeit und Freiheit verstoßen.

Kapitel II. Grundpflichten

...

Artikel 51. Beachtung der Verfassung und der Gesetze

Die Beachtung der Verfassung, ihres obersten Ranges und ihrer Gesetze ist zwingend.

Artikel 52. Landesverteidigung

1. Die Bürger haben das Recht und die Pflicht, Rumänien zu verteidigen.
2. Der Militärdienst ist für männliche rumänische Bürger, die das zwanzigste Lebensjahr erreicht haben, Verpflichtung, mit Ausnahme gesetzlich bestimmter Fälle.

...

Artikel 54. Die Ausübung von Rechten und Freiheiten

Rumänische Bürger, Ausländer und staatenlose Personen müssen ihre verfassungsmäßigen Rechte und Freiheiten nach Treu und Glauben ausüben, ohne die Rechte und Freiheiten Anderer zu verletzen.

Kapitel IV. Der Volksanwalt

Artikel 55. Bestellung und Rolle

1. Der Volksanwalt wird vom Senat für eine Amtszeit von vier Jahren zum Zwecke der Verteidigung der Rechte und Freiheiten der Bürger gewählt. Die Organisation und Verfahrensweise der Institution des Volksanwalts werden durch ein Statutengesetz eingerichtet.
2. Der Volksanwalt kann keine andere öffentliche oder private Aufgabe ausüben.

Artikel 57. Amtsausübung

1. Der Volksanwalt übt seine Pflichten von Amts wegen oder auf Antrag von Personen, deren Rechte und Freiheiten verletzt worden sind, innerhalb vom Gesetz gezogener Schranken aus.
2. Die öffentlichen Behörden haben die Pflicht, dem Volksanwalt zur Erfüllung seiner Aufgaben die notwendige Unterstützung zu gewähren.

Artikel 57. Berichterstattung an das Parlament

Der Volksanwalt berichtet beiden Kammern des Parlaments jährlich oder auf deren Ersuchen. Die Berichte können Empfehlungen zur Gesetzgebung oder zu

Maßnahmen anderer Art enthalten, die bestimmt sind, die Rechte und Freiheiten der Bürger zu schützen.

19. Verfassung der russischen Föderation vom 12. Dezember 1993

(Auszug)

Wir, das multinationale Volk der russischen Föderation, vereint durch die gemeinsame Zukunft unseres Landes, Menschenrechte und Freiheiten bekräftigend, zur Erhaltung der historischen Einheit des Staates, ausgehend von den allgemein anerkannten Grundsätzen der Gleichheit und Selbstbestimmung der Völker,

...

und in der Erkenntnis, daß wir Teil der Weltgemeinschaft sind, billigen hiermit die Verfassung der russischen Föderation.

Abschnitt I

Kapitel 1. Grundlagen der Verfassungsordnung

Artikel 1

1. Die Russische Föderation – Rußland ist ein demokratischer föderaler Rechtsstaat mit republikanischer Regierungsform.
2. Die Bezeichnung „Russische Förderation" und „Rußland" sind gleichbedeutend.

Artikel 2

Der Mensch, seine Rechte und Freiheiten, sind der oberste Wert. Es ist Pflicht des Staates, die Rechte und Freiheiten des Menschen und des Bürgers anzuerkennen, zu achten und zu schützen.

Artikel 3

...

4. Niemand darf sich selbst die Macht in der russischen Föderation aneignen. Machtübernahme oder die Anmaßung von Machtbefugnissen werden nach Bundesrecht verfolgt.

...

Artikel 5

...

3. Das föderative Gefüge der Russischen Föderation gründet sich auf die Integrität des Staates, das einheitliche System der Staatsgewalt, die Abgrenzung der Hoheitsbereiche der Organe der Staatsmacht zwischen den Hoheitsträgern der Russischen Föderation und den Trägern der Staatsmacht der Subjekte der

Russischen Föderation und auf Gleichheit und Selbstbestimmung der Völker in der Russischen Föderation.

4. Alle Subjekte der Russischen Föderation sind in den Beziehungen zu den föderalen Organen der Staatsgewalt einander gleich.

Artikel 6

1. Die Bürgerschaft (Staatsangehörigkeit) der Russischen Föderation wird erworben und beendet gemäß Bundesgesetz, und sie soll ein und dieselbe sein, ungeachtet der Gründe, dank deren sie erworben wurde.

2. Jeder Bürger der Russischen Föderation besitzt auf deren Gebiet die gleichen Rechte und trägt gleiche Pflichten, wie es die Verfassung vorschreibt.

3. Einem Bürger der Russischen Föderation darf seine Staatsangehörigkeit oder das Recht zu deren Wechsel nicht aberkannt werden.

...

Artikel 10

Die Staatsgewalt in der Russischen Föderation wird auf der Grundlage der Trennung der gesetzgebenden, exekutiven und richterlichen Gewalt ausgeübt. Die Träger der Legislative, Exekutive und der richterlichen Gewalt sind unabhängig.

...

Artikel 13

1. Der ideologische Pluralismus ist in der Russischen Föderation anerkannt.

2. Keine Ideologie darf als staatlich gefördert oder zwingend eingesetzt werden.

3. Politischer Pluralismus und das Mehrparteiensystem werden in der Russischen Föderation anerkannt.

4. Öffentliche Vereinigungen sind vor dem Gesetz gleich.

5. Die Aufstellung und die Tätigkeit politischer Vereinigungen, deren Ziele und Handlungen auf gewaltsame Änderung der Grundlagen der verfassungsmäßigen Herrschaft und die Verletzung der Integrität der Russischen Föderation und Untergrabung der Sicherheit des Staates gerichtet sind, die Bildung bewaffneter Haufen, die Erregung sozialer, rassischer, nationaler und religiöser Unruhe, sind untersagt.

Artikel 14

1. Die Russische Föderation ist ein säkularer Staat. Keine Religion darf zu einer staatlich geförderten oder zwingenden Religion erhoben werden.

2. Religiöse Vereinigungen sind vom Staat getrennt und vor dem Gesetz gleich.

...

Kapitel 2. Rechte und Freiheiten des Menschen und des Bürgers

Artikel 17

1. Die Grundrechte und Freiheiten, die mit den allgemein anerkannten Grundsätzen und Normen des Internationalen Rechts übereinstimmen, werden in der Russischen Föderation und ihrer Verfassung anerkannt und garantiert.
2. Die grundlegenden Rechte und Freiheiten eines menschlichen Wesens sind unveräußerlich und stehen jedem von Geburt an zu.
3. Die Ausübung der Rechte und Freiheiten des Menschen darf die Rechte und Freiheiten anderer nicht verletzen.

Artikel 18

Die Rechte und Freiheiten des Menschen und Bürgers sind unmittelbar wirksam. Sie bestimmen Bedeutung, Inhalt und Anwendung der Gesetze und die Tätigkeit von Legislative, Exekutive und örtlicher Selbstverwaltung, und sie sollen von der Rechtsprechung gesichert werden.

Artikel 19

1. Alle Personen sind vor dem Gesetz und vor Gericht gleich.
2. Der Staat garantiert die Gleichheit der Rechte und Freiheiten, unabhängig von Geschlecht, Rasse, Nationalität, Sprache, Herkunft, Vermögen oder Stellung, Wohnsitz, Haltung gegenüber der Religion, Überzeugung, Mitgliedschaft in öffentlichen Vereinigungen oder anderen Umständen. Jede Einschränkung der Rechte der Bürger aus sozialen, rassischen, sprachlichen oder religiösen Gründen ist untersagt.
3. Männer und Frauen haben die gleichen Rechte und Freiheiten und gleiche Möglichkeiten zu ihrer Ausübung.

Artikel 20

1. Jedermann hat das Recht auf Leben.
2. Die Todesstrafe kann, bis zu ihrer Abschaffung, durch Bundesgesetz als außerordentliche Bestrafung für besonders schwere Verbrechen gegen das Leben angedroht werden, wobei der Beschuldigte das Recht hat, daß sein Fall vor einem Schwurgericht verhandelt wird.

Artikel 21

1. Die Würde der Person wird durch den Staat geschützt. Keinerlei Umstand darf als Vorwand benutzt werden, sie gering zu schätzen.
2. Niemand darf der Folter, gewaltsamer Behandlung oder einer anderen scharfen oder demütigenden Behandlung oder Bestrafung unterworfen werden. Niemand darf ohne seine oder ihre freie Zustimmung medizinischen, wissenschaftlichen oder anderen Versuchen unterzogen werden.

Artikel 22

1. Jedermann hat das Recht auf Freiheit und persönliche Unverletzlichkeit.

2. Festnahme, Haft und Verwahrung sind nur auf Anordnung eines Gerichtes zulässig. Niemand darf für mehr als 48 Stunden ohne richterliche Anordnung festgehalten werden.

Artikel 23

1. Jeder hat das Recht auf Privatsphäre, auf persönliche und familiäre Geheimnisse und auf den Schutz seiner Ehre und seines guten Rufs.

2. Jeder hat das Recht auf das Geheimnis der Korrespondenz, der telefonischen Verbindungen, der Post, der Telegramme und sonstiger Mitteilungen. Jede Einschränkung dieses Rechtes ist nur auf Anordnung eines Gerichtes erlaubt.

Artikel 24

1. Es ist untersagt, Informationen über das Privatleben einer Person ohne deren Zustimmung zu sammeln, zu speichern, zu benutzen oder zu verbreiten.

2. Die Körperschaften der Staatsmacht und der örtlichen Selbstverwaltung sowie deren Amtsträger müssen jedem Bürger den Zugang zu Dokumenten und Materialien eröffnen, die unmittelbar seine Rechte und Freiheiten berühren, soweit das Gesetz nichts anderes vorsieht.

Artikel 25

Die Wohnung ist unverletzlich. Niemand hat das Recht, eine Wohnung gegen den Willen der sich darin aufhaltenden Personen zu betreten, es sei denn in Fällen, die durch Bundesgesetz oder eine gerichtliche Anordnung bestimmt werden.

Artikel 26

1. ...

2. Jeder hat das Recht, seine Muttersprache zu benutzen und frei die Sprache für Mitteilungen, Erziehung, Übung und schöpferische Arbeit zu wählen.

Artikel 27

1. Wer sich rechtmäßig auf dem Gebiet der Russischen Föderation aufhält, genießt Bewegungsfreiheit und hat das Recht, seinen Aufenthalt- und Wohnort frei zu wählen.

2. Jedermann ist freigestellt, die Russische Föderation über deren Grenzen zu verlassen. Die Bürger der Russischen Föderation haben die Freiheit, auf das Gebiet der Russischen Föderation zurückzukehren.

Artikel 28

Jedermann ist das Recht der Gewissensfreiheit, der Freiheit der religiösen Überzeugung, einschließlich des Rechtes auf ein persönliches oder gemein-

3. In Übereinstimmung mit völkerrechtlichen Verträgen der Russischen Föderation hat jeder das Recht, sich an zwischenstaatliche Organe zu wenden, die mit dem Schutz menschlicher Rechte und Freiheiten betraut sind, sobald alle Mittel des innerstaatlichen Rechtsschutzes erschöpft sind.

Artikel 47

1. Niemandem darf das Recht verweigert werden, seinen oder ihren Fall vor Gericht und demjenigen Richter verhandelt zu bekommen, dessen gesetzlicher Zuständigkeit der Fall unterliegt.
2. Wer eines Verbrechens beschuldigt wird, hat das Recht auf Verhandlungen seiner Sache vor einem Schwurgericht in Fällen, die im Bundesrecht geregelt werden.

Artikel 48

1. Das Recht auf tauglichen Rechtsrat ist für jedermann gewährleistet. In vom Gesetz vorgesehenen Fällen wird Rechtsberatung gebührenfrei gewährt.
2. Jede festgehaltene, in Gewahrsam genommene oder eines Verbrechens beschuldigte Person hat vom Augenblick der Festnahme oder Anklage an das Recht auf einen Verteidiger.

Artikel 49

1. Wer eines Verbrechens beschuldigt wird, gilt so lange als unschuldig, bis seine Schuld im bundesrechtlich geordneten Verfahren und durch richterlichen Spruch erwiesen ist.
2. Ein Angeklagter ist nicht gezwungen, seine Unschuld zu beweisen.
3. Zweifel sollen zugunsten des Angeklagten ausgelegt werden.

Artikel 50

1. Niemand darf wegen der gleichen Straftat erneut verurteilt werden.
2. In der Gerichtsbarkeit ist kein unter Verletzung von Bundesrecht erhobener Beweis zulässig.
3. Wer wegen eines Verbrechens verurteilt wird, hat das Recht auf Verhandlungen des Urteilsspruch vor einem höheren Gericht entsprechend bundesrechtlichem Verfahren, und ebenso das Recht, auf Gnade oder mildere Bestrafung anzutragen.

Artikel 51

1. Niemand ist gezwungen, gegen sich selbst, seinen Ehegatten oder nahe Verwandte, die vom Bundesgesetz bezeichnet werden, auszusagen.
2. Das Bundesrecht kann weitere Ausnahmen von der Aussagepflicht festsetzen.

Artikel 52

Die Rechte von Personen, die durch Verbrechen oder Amtsmißbrauch Schaden erlitten haben, werden vom Gesetz geschützt. Der Staat gewährleistet den Opfern Zugang zu Gericht und Schadensersatz.

Artikel 53

Jedermann besitzt das Recht auf Entschädigung durch den Staat für Schäden, die durch ungesetzliche Handlungen (oder Unterlassungen) von Staatsorganen oder deren Amtsträgern verursacht worden sind.

Artikel 54

1. Ein Gesetz, das die Strafbarkeit einer Person einführt oder verschärft, besitzt keine rückwirkende Kraft.
2. Niemand kann für eine Handlung verantwortlich gemacht werden, die zur Zeit ihrer Begehung nicht als strafbar angesehen wurde. Wenn die Verantwortlichkeit für eine strafbare Handlung nach deren Begehung aufgehoben oder verringert wurde, ist das neue Gesetz anzuwenden.

Artikel 55

1. Die Aufführung von Grundrechten und -freiheiten in der Verfassung der Russischen Föderation soll nicht als Verweigerung oder Verringerung von anderen allgemein anerkannten Rechten und Freiheiten des Menschen und des Bürgers ausgelegt werden.
2. In der Russischen Föderation dürfen keine Gesetze erlassen werden, die menschliche und bürgerliche Rechte und Freiheiten verweigern oder verringern.
3. Menschliche und bürgerliche Rechte und Freiheiten dürfen durch Bundesrecht nur in dem Maße eingeschränkt werden, das zum Schutz der Grundlagen der Verfassungsordnung, der Moral, der Gesundheit, der Rechte und berechtigten Interessen anderer Personen, zur Sicherung der Landesverteidigung und der Sicherheit des Staates erforderlich ist.

Artikel 56

1. Individuelle Einschränkungen von Rechten und Freiheiten unter Klarstellung von Umfang und Dauer können in Übereinstimmung mit dem Recht der Bundesverfassung im Notstandsfall verhängt werden, um den Schutz der Bürger und der Verfassungsordnung zu sichern.
2. Der Ausnahmezustand kann für das Gebiet der Russischen Föderation oder einzelne Teile davon unter den im Bundesverfassungsrecht bestimmten Voraussetzungen und Verfahrensweisen ausgerufen werden.
3. Die in den Artikeln 20, 21, 23 (1), 24, 28, ... 40 (1), 46-54 der Verfassung der Russischen Föderation genannten Rechte und Freiheiten werden nicht Gegenstand von Einschränkungen sein.

...

Artikel 59

1. ...
2. Die Bürger der Russischen Föderation leisten Militärdienst gemäß dem Bundesrecht.
3. Bürger der Russischen Föderation, deren Überzeugung und Glauben dem Militärdienst widersprechen, und auch in anderen vom Bundesrecht festgelegten Fällen, haben das Recht auf einen zivilen Ersatzdienst anstelle des Militärdienstes.

...

Artikel 61

1. Ein Bürger der Russischen Föderation darf nicht aus Rußland abgeschoben oder an einen anderen Staat ausgeliefert werden.
2. Die Russische Föderation soll ihren Bürgern jenseits der Grenzen Beistand und Schutz gewährleisten.

Artikel 62

1. Bürger der Russischen Föderation dürfen die Staatsangehörigkeit eines fremden Staates (doppelte Staatsangehörigkeit) in Übereinstimmung mit dem Bundesrecht oder einem völkerrechtlichen Vertrage der Russischen Föderation besitzen.

...

Artikel 63

1. Die Russische Föderation gewährt Ausländern und Staatenlosen Asyl gemäß den allgemein anerkannten Grundsätzen des Völkerrechts.
2. Die Auslieferung von Personen, die wegen ihrer politischen Anschauung oder wegen irgendwelcher Handlungen (oder Unterlassungen), welche nicht als verbrecherisch nach dem Recht der Russischen Föderation gelten, an andere Staaten ist in der Russischen Föderation untersagt. Die Auslieferung eines Verbrechens beschuldigter Personen und ebenso die Überlieferung Verurteilter zur Strafvollstreckung an andere Staaten wird auf der Grundlage des Bundesrechts oder eines völkerrechtlichen Vertrages der Russischen Föderation bewirkt.

Artikel 64

Die Bestimmungen dieser Artikel bilden die Grundlage der persönlichen Rechte in der Russischen Föderation und dürfen allein in den Verfahrensweisen nach dieser Verfassung geändert werden.

20. Spanische Verfassung vom 27. Dezember 1978

(Auszug)

Präambel

Die spanische Nation, in dem Wunsche, Gerechtigkeit, Freiheit und Sicherheit herzustellen und das Wohl aller ihr Angehörigen zu fördern, verkündet in Ausübung ihrer Souveränität ihren Willen:

Das demokratische Zusammenleben unter der Verfassung und den Gesetzen entsprechend einer gerechten Wirtschafts- und Sozialordnung zu gewährleisten. Einen Staat des Rechts zu festigen, der die Herrschaft des Gesetzes als Ausdruck des Volkswillens sichert. Alle Spanier und Stämme Spaniens in der Ausübung ihrer Menschenrechte, ihrer Kultur und Traditionen, Sprachen und Einrichtungen zu schützen. Den Fortschritt der Kultur und der Wirtschaft zu fördern, um Allen eine würdige Qualität des Lebens zu sichern. Eine fortgeschrittene demokratische Gesellschaft zu errichten, und mit allen Völkern der Erde zusammenzuarbeiten bei der Festigung ihrer friedlichen Beziehungen und ihrem erfolgreichen Zusammenwirken. In diesem Sinne billigen die Cortes und stellt das spanische Volk folgendes fest:

Vortitel

Artikel 6

Die politischen Parteien drücken die politische Vielfalt aus, wetteifern bei der Bildung und Äußerung des Volkswillens und sind Grundinstrument der politischenTeilhabe. Ihre Bildung und Betätigung sind unter Beachtung der Verfassung und des Gesetzes frei. Ihre innere Verfassung und Arbeitsweise müssen demokratisch sein.

Artikel 7

Die Gewerkschaften der Arbeitnehmer und die Unternehmerverbände tragen zur Verteidigung und Förderung der ihnen eigenen wirtschaftlichen und sozialen Interessen bei. Ihre Bildung und Betätigung sind unter Beachtung der Verfassung und des Gesetzes frei. Ihre innere Verfassung und Arbeitsweise müssen demokratisch sein.

...

Artikel 9

1. Die Bürger und die öffentliche Gewalt sind der Verfassung und der sonstigen Rechtsordnung unterworfen.
2. Es obliegt der öffentlichen Gewalt, Bedingungen zu schaffen, durch welche die Freiheit und Gleichheit des Einzelnen und der Gruppen, welchen er sich einfügt, verwirklicht werden; Hindernisse zu beseitigen, welche ihrer Entfaltung entgegenstehen oder sie erschweren, und die Teilhabe aller Bürger am politischen, wirtschaftlichen und sozialen Leben zu besorgen.

3. Die Verfassung garantiert das Prinzip der Gesetzmäßigkeit, die normative Rangfolge, die Publizität der Normen, die Nichtrückwirkung von Sanktionsbestimmungen, welche den individuellen Rechten ungünstig sind oder sie einschränken, die Rechtssicherheit, die Verantwortlichkeit und das Verbot der Willkür öffentlicher Gewalt.

Titel I

Über die Grundrechte und Grundfreiheiten

Artikel 10

1. Die Würde der Person, die ihr innewohnenden unverletzlichen Rechte, die freie Entfaltung der Persönlichkeit, die Achtung des Gesetzes und der Rechte anderer, sind Grundlage der politischen Ordnung und des sozialen Friedens.

2. Die auf die von der Verfassung anerkannten Grundrechte und Freiheiten bezogenen Normen werden in Übereinstimmung mit der Allgemeinen Erklärung der Menschenrechte und den von Spanien ratifizierten internationalen Verträgen und Übereinkommen zu gleichartigen Gegenständen ausgelegt.

1. Kapitel

Über Spanier und Ausländer

Artikel 11

1. Die spanische Staatsangehörigkeit wird gemäß den Bestimmungen des Gesetzes erworben, beibehalten und verloren.

2. Keinem gebürtigen Spanier darf die Staatsangehörigkeit entzogen werden.

3. ...

Artikel 12

Die Spanier sind im Alter von 18 Jahren volljährig.

Artikel 13

1. Ausländer genießen in Spanien die in diesem Titel garantierten öffentlichen Freiheiten gemäß den in Verträgen und dem Gesetz niedergelegten Bestimmungen.

2. Allein die Spanier sind Inhaber der in Artikel 23 anerkannten Rechte, vorbehaltlich dessen, was durch Vertrag oder Gesetz über das aktive Wahlrecht bei Gemeindewahlen nach Maßstäben der Gegenseitigkeit eingeräumt werden kann.

3. Eine Auslieferung wird nur in Durchführung eines Vertrages oder eines den Grundsatz der Gegenseitigkeit währenden Gesetzes bewilligt. Von der Aus-

lieferung ausgenommen sind politische Straftaten, wobei Terrorakte nicht als solche gelten.

4. Das Gesetz bestimmt die Bedingungen, unter welchen Angehörige anderer Länder und Staatenlose das Asylrecht in Spanien genießen können.

2. Kapitel
Rechte und Freiheiten

Artikel 14

Die Spanier sind gleich vor dem Gesetz, ohne jegliche Benachteiligung auf Grund von Abstammung, Rasse, Geschlecht, Religion, Anschauung oder jedweder persönlichen oder sozialen Umstände.

1. Abschnitt
Über die Grundrechte und die öffentlichen Freiheiten

Artikel 15

Jeder hat das Recht auf Leben und die körperliche und seelische Unversehrtheit, wobei in keinem Falle jemand der Folter oder unmenschlicher oder entwürdigender Strafe oder Behandlung unterworfen werden darf. Die Todesstrafe ist abgeschafft, vorbehaltlich dessen, was die Militärstrafgesetze für Kriegszeiten bestimmen können.

Artikel 16

1. Die Freiheit des Bekenntnisses, der Religion und des Kultus für den Einzelnen und für Zusammenschlüsse ist gewährleistet, ohne weitere Beschränkung ihrer Kundgabe als für die vom Gesetz geschützte Aufrechterhaltung der öffentlichen Ordnung notwendig ist.

2. Niemand ist verpflichtet, sich über sein Bekenntnis, seine Religion oder Glaubenszugehörigkeit zu erklären.

3. Keine Konfession besitzt staatlichen Charakter. Die öffentliche Gewalt berücksichtigt die religiösen Bekenntnisse der spanischen Gesellschaft und unterhält Beziehungen entsprechender Zusammenarbeit zur katholischen Kirche und den anderen Konfessionen.

Artikel 17

1. Jeder hat das Recht auf Freiheit und Sicherheit. Niemand darf seiner Freiheit beraubt werden, es sei denn in Beobachtung dessen, was in diesem Artikel und vom Gesetz in bestimmten Fällen und Formen vorgesehen ist.

2. Eine vorläufige Festnahme darf nicht länger als für die Ermittlungen zur Aufklärung einer Straftat unbedingt erforderlich andauern, und in jedem Falle muß der Festgenommene nach einer Höchstdauer von zweiundsiebzig Stunden freigelassen oder den Gerichtsbehörden übergeben werden.

3. Jede festgenommene Person muß unverzüglich und in ihr verständlicher Form über ihre Rechte und die Gründe ihrer Festnahme unterrichtet werden, ohne daß sie zur Aussage verpflichtet ist. Der Beistand eines Verteidigers bei polizeilichen oder richterlichen Untersuchungen wird dem Festgenommenen im Rahmen der gesetzlichen Bestimmungen gewährleistet.

4. Durch Gesetz wird ein Verfahren „habeas corpus" geregelt, um die unverzügliche Vorführung einer unrechtmäßig festgehaltenen Person vor den Richter herbeizuführen. Desgleichen wird die Höchstdauer einer Untersuchungshaft gesetzlich bestimmt.

Artikel 18

1. Das Recht auf Ehre, auf die persönliche und familiäre Intimsphäre und auf die eigene Darstellung werden gewährleistet.

2. Die Wohnung ist unverletzlich. Keinerlei Eindringen oder Durchsuchung ist ohne Zustimmung des Wohnungsinhabers oder Gerichtsbeschluß zugelassen, außer im Falle frischer Tat.

3. Vorbehaltlich richterlichen Beschlusses wird das Geheimnis der Kommunikation, insbesondere der postalischen, telegrafischen und telefonischen, gewährleistet.

4. Die Anwendung der Informatik wird vom Gesetz beschränkt, um die Ehre und den persönlichen und familiären Intimbereich der Bürger und die volle Ausübung ihrer Rechte zu gewährleisten.

Artikel 19

Die Spanier haben das Recht, ihren Wohnsitz frei zu wählen, und genießen Freizügigkeit im Staatsgebiet. Desgleichen haben sie das Recht, Spanien im Rahmen der gesetzlichen Bestimmungen ungehindert zu betreten und zu verlassen. Dieses Recht darf weder aus politischen noch aus ideologischen Beweggründen eingeschränkt werden.

Artikel 20

1. Anerkennt und geschützt werden das Recht auf

a) Ausdruck und ungehinderte Verbreitung von Gedanken, Ideen und Meinungen in Wort, Schrift oder einer anderen Weise der Wiedergabe;

b) literarische, künstlerische, wissenschaftliche und technische Hervorbringung;

c) Freiheit der Lehre;
d) ungehinderte Mitteilung oder Empfang von wahrhaftiger Information durch jegliches Mittel der Verbreitung.

2. Die Ausübung dieser Rechte darf durch keine Art vorheriger Zensur eingeschränkt werden.

3. Das Gesetz regelt die Organisation und parlamentarische Kontrolle der vom Staat oder einer anderen öffentlichen Körperschaft abhängigen allgemeinen Kommunikationsmedien und gewährleistet den Zugang der gesellschaftlich und politisch bedeutenden Gruppen zu solchen Medien, unter Beachtung der Vielfalt der Gesellschaft und der verschiedenen Sprachen Spaniens.

4. Diese Freiheiten werden begrenzt durch die in diesem Titel anerkannten Rechte, die Vorschriften der sie entwickelnden Gesetze und insbesondere durch das Recht auf Ehre, auf Intimsphäre, auf eigene Darstellung und den Schutz von Jugend und Kindheit.

5. Eine Beschlagnahme von Veröffentlichungen, Aufzeichnungen und anderen Mitteln der Unterrichtung darf nur auf Grund richterlichen Beschlusses vorgenommen werden.

Artikel 21

1. Das Recht auf friedliche Versammlung ohne Waffen wird anerkannt. Die Ausübung dieses Rechts bedarf keiner vorherigen Genehmigung.

2. Für Versammlungen und Kundgebungen auf öffentlichen Verkehrsflächen ist eine vorherige Mitteilung an die Behörden zu geben, welche nur dann verbieten können, wenn die begründete Annahme einer Störung der öffentlichen Ordnung mit Gefahr für Personen oder Sachen besteht.

Artikel 22

1. Das Recht auf Vereinigung wird anerkannt.

2. Vereinigungen, welche Ziele verfolgen oder Mittel anwenden, die als Straftaten angesehen werden, sind unerlaubt.

3. Im Schutze dieses Artikels gegründete Vereinigungen müssen sich lediglich der Publizitätswirkung wegen in ein Register eintragen lassen.

4. Vereinigungen können nur infolge eines begründeten Gerichtsbeschlusses aufgelöst oder in ihrer Tätigkeit beschränkt werden.

5. Geheimbünde und Vereinigungen paramilitärischen Charakters sind verboten.

Artikel 23

1. Die Bürger haben das Recht, unmittelbar oder durch Vertreter, die unter allgemeinem Wahlrecht in regelmäßigen Wahlen frei gewählt sind, an den öffentlichen Angelegenheiten teilzunehmen.

2. Ebenso haben sie das Recht auf gleichen Zugang zu öffentlichen Tätigkeiten und Ämtern entsprechend den gesetzlichen Anforderungen.

Artikel 24

1. Alle Personen haben in Wahrnehmung ihrer Rechte und rechtmäßigen Interessen das Recht auf wirksamen Schutz durch Richter und Gerichte; in keinem Falle darf Schutzlosigkeit eintreten.

2. Desgleichen haben alle das Recht auf den gesetzlichen Richter, auf Verteidigung und den Beistand eines Rechtskundigen, auf Unterrichtung über die gegen sie erhobene Anklage, auf ein öffentliches Verfahren ohne ungebührliche Verzögerung und mit allen Garantien, zur Verteidigung erforderliche Beweismittel zu gebrauchen, nicht gegen sich selbst auszusagen, sich nicht schuldig zu bekennen, und auf die Vermutung der Unschuld.

Das Gesetz bestimmt die Fälle, in denen wegen Verwandtschaft oder eines Berufsgeheimnisses keine Verpflichtung besteht, über vermutete Straftaten auszusagen.

Artikel 25

1. Niemand darf für Handlungen oder Unterlassungen verurteilt oder bestraft werden, welche im Zeitpunkt ihrer Begehung nach geltendem Gesetz keine Straftat oder Ordnungswidrigkeit darstellten.

2. Die Strafe der Freiheitsentziehung und die Sicherungsmaßnahmen sind auf Umerziehung und soziale Wiedereingliederung gerichtet und dürfen nicht in Zwangsarbeit bestehen. Ein zu Freiheitsstrafe Verurteilter genießt während ihrer Verbüßung die Grundrechte dieses Kapitels, ausgenommen diejenigen, welche ausdrücklich durch Urteilsspruch, durch die Bedeutung der Strafe und durch das Strafvollzugsgesetz eingeschränkt sind. In jedem Fall besteht Anspruch auf entlohnte Arbeit und die entsprechenden Leistungen der Sozialen Sicherheit, ebenso wie Zugang zur Kultur und die allseitige Entwicklung der Persönlichkeit.

3. Die Zivilverwaltung darf keine Bußen auferlegen, die unmittelbar oder ersatzweise auf eine Freiheitsentziehung hinauslaufen.

Artikel 26

Ehrengerichte im Bereich der Zivilverwaltung und der berufsständischen Organisationen sind verboten.

Artikel 27

1. Alle haben das Recht auf Erziehung. Die Freiheit der Lehre wird anerkannt.

2. Die Erziehung hat die volle Entwicklung der menschlichen Persönlichkeit in Achtung der demokratischen Grundsätze des Zusammenlebens und der Grundrechte und Grundfreiheiten zum Gegenstand.

3. – 10. ...

Artikel 28

1. Alle haben das Recht auf freie Bildung von Gewerkschaften. Das Gesetz kann die Streitkräfte oder bewaffneten Einrichtungen oder sonstige einer mi-

litärischen Disziplin unterliegenden Verbände in der Ausübung dieses Rechts einschränken oder sie davon ausnehmen und die Besonderheiten seiner Ausübung durch öffentliche Amtsträger regeln.

... Niemand darf verpflichtet werden, einer Gewerkschaft beizutreten.

2. Das Recht der Arbeitenden auf Streik zur Wahrung ihrer Interessen wird anerkannt. Ein Gesetz, das die Ausübung dieses Rechtes regelt, stellt bestimmte Gewährleistungen fest, um die Aufrechterhaltung der wesentlichen Gemeinschaftsdienste zu sichern.

Artikel 29

1. Alle Spanier haben das Recht zur individuellen und kollektiven schriftlichen Petition, in derjenigen Form und mit den Wirkungen, welche das Gesetz bestimmt.

2. ...

2. Abschnitt

Über die Rechte und Pflichten der Bürger

Artikel 30

1. Die Spanier haben das Recht und die Pflicht, Spanien zu verteidigen.

2. Das Gesetz legt die Wehrdienstpflichten der Spanier fest und regelt, mit den gebotenen Garantien, die Wehrdienstverweigerung aus Gewissensgründen sowie sonstige Gründe für Ausnahmen von der Wehrdienstpflicht, wobei gegebenenfalls eine soziale Ersatzdienstleistung auferlegt werden kann.

3. Zur Erfüllung von Gemeinschaftszwecken kann ein Zivildienst eingerichtet werden.

4. Durch Gesetz können Verpflichtungen der Bürger für Fälle ernster Gefahr, von Katastrophen oder öffentlicher Unglücke bestimmt werden.

Artikel 31

1. Alle tragen nach ihrem wirtschaftlichen Vermögen zur Aufbringung der öffentlichen Lasten bei, durch ein gerechtes Besteuerungssystem, welches an den Grundsätzen der Gleichheit und Progression ausgerichtet ist und in keinem Fall konfiskatorische Tragweite haben darf.

2. ...

3. ...

Artikel 32

1. Mann und Frau sind berechtigt, in voller rechtlicher Gleichheit eine Ehe miteinander einzugehen.

2. ...

Artikel 33

1. Das Recht auf privates Eigentum und das Erbrecht werden anerkannt.
2. Die soziale Wirkung dieser Rechte begrenzt deren Inhalt, in Übereinstimmung mit den Gesetzen.
3. Niemand darf seines Eigentums und seiner Rechte beraubt werden, es sei denn aus gerechtfertigten Gründen öffentlichen Nutzens oder sozialen Interesses, bei angemessener Entschädigung und im Einklang mit den Bestimmungen der Gesetze.

...

Artikel 35

1. Alle Spanier haben die Pflicht zu arbeiten und das Recht auf Arbeit, bei freier Wahl des Berufs oder des Gewerbes, zum beruflichen Aufstieg und auf eine ausreichende, die eigenen Bedürfnisse und die der Familie befriedigende Entlohnung, wobei in keinem Falle eine Benachteiligung wegen des Geschlechts eintreten darf.
2. ...

...

Artikel 37

1. Das Gesetz wird das Recht auf Kollektivverhandlungen zwischen Arbeitnehmern und Arbeitgebern und die bindende Kraft ihrer Übereinkommen gewährleisten.
2. Das Recht der Arbeitnehmer und Arbeitgeber, kollektive Konfliktmaßnahmen zu ergreifen, wird anerkannt.

...

Artikel 38

Die Unternehmensfreiheit im Rahmen der Marktwirtschaft wird anerkannt. Die öffentliche Gewalt schützt deren Ausübung und die Wahrung des Ertrages nach Maßgabe der Erfordernisse der Wirtschaft im allgemeinen und gegebenenfalls der Planung.

3. Kapitel

Über die Leitgrundsätze der Sozial- und Wirtschaftspolitik

Artikel 39

1. Die öffentliche Gewalt sichert den sozialen, wirtschaftlichen und rechtlichen Schutz der Familie.
2. Die öffentliche Gewalt sichert gleichermaßen den umfassenden Schutz der Kinder, die unabhängig von ihrer Abstammung vor dem Gesetz gleich sind, sowie den der Mütter, unabhängig von ihrem Familienstand.
3. ...

4. Kinder genießen den Schutz, der in internationalen Abkommen über ihre Rechte vorgesehen ist.

...

Artikel 41

1. Die öffentliche Gewalt unterhält ein allgemeines System der Sozialen Sicherheit für alle Bürger, das Hilfe und ausreichende soziale Leistungen in Notlagen gewährleistet, insbesondere im Fall der Arbeitslosigkeit. Hilfe und ergänzende Leistungen sind frei.

Artikel 42

Der Staat wacht besonders über den Schutz der wirtschaftlichen und sozialen Rechte der spanischen Arbeitnehmer im Ausland und richtet seine Politik auf deren Rückkehr aus.

Artikel 43

1. Das Recht auf Schutz der Gesundheit wird anerkannt.

2. ...

3. Die öffentliche Gewalt fördert Gesundheits- und Körpererziehung und den Sport. Desgleichen erleichtert sie eine angemessene Nutzung der Freizeit.

Artikel 44

1. Die öffentliche Gewalt fördert und schützt den Zugang zur Kultur, auf den alle Anspruch haben.

2. ...

Artikel 45

1. Alle haben ein Recht auf den Genuß einer der Entfaltung der Persönlichkeit gemäßen Umwelt sowie die Pflicht, diese zu erhalten.

2. Die öffentliche Gewalt wacht über die vernünftige Nutzung aller Naturschätze mit dem Ziel, den Wertgehalt des Lebens schützend zu verbessern und die Umwelt zu erhalten und wiederherzustellen, wobei sie sich auf den unerläßlichen Gemeinsinn stützt.

3. Für Verstöße gegen das im vorangehenden Absatz Bestimmte werden nach Maßgabe des Gesetzes Strafdrohungen oder gegebenenfalls Verwaltungsmaßnahmen vorgesehen sowie die Verpflichtung, den verursachten Schaden zu beheben.

...

Artikel 47

Alle Spanier haben das Recht auf den Genuß einer würdigen und angemessenen Wohnung. Die öffentliche Gewalt fördert die notwendigen Bedingungen und trifft geeignete Anordnungen, um dieses Recht wirksam zu machen, indem sie die Nutzung des Bodens in Übereinstimmung mit dem Gemeinwohl regelt, um die Spekulation zu verhindern. Das Gemeinwesen wird am Wertzuwachs beteiligt, der sich aus der Erschließungstätigkeit öffentlicher Körperschaften ergibt.

...

Artikel 49

Die öffentliche Gewalt verwirklicht eine Politik der Vorsorge, Behandlung, Rehabilitation und Eingliederung der körperlich, sensorisch und physisch Behinderten, denen sie alle Aufmerksamkeit widmet, derer sie bedürfen, insbesondere zur Wahrnehmung der Rechte, welche dieser Titel allen Bürgern einräumt.

...

Artikel 51

1. Die öffentliche Gewalt gewährleistet den Schutz der Verbraucher, indem sie durch wirksame Maßnahmen deren Sicherheit, Gesundheit und rechtmäßige wirtschaftliche Interessen beschirmt.

2. ...

3. ...

...

4. Kapitel

Über die Garantie der Grundfreiheiten und Grundrechte

Artikel 53

1. Die im zweiten Kapitel dieses Titels anerkannten Rechte und Freiheiten binden die gesamte öffentliche Gewalt. Nur durch Gesetz, welches in jedem Fall den Wesensgehalt zu achten hat, darf die Ausübung dieser Rechte und Freiheiten, die gemäß den Bestimmungen in Artikel 161 Absatz 1 Buchstabe a) gehütet werden, einer Regelung unterworfen werden.

2. Jeder Bürger kann den Schutz der in Artikel 14 und im ersten Abschnitt des zweiten Kapitels anerkannten Freiheiten und Rechte vor den ordentlichen Gerichten in einem beschleunigten summarischen Verfahren und gegebenenfalls durch Verfassungsbeschwerde vor dem Verfassungsgericht begehren. Der letztgenannte Rechtsweg ist für die in Artikel 30 anerkannte Wehrdienstverweigerung aus Gewissensgründen eröffnet.

3. Anerkennung, Achtung und Schutz der im dritten Kapitel aufgeführten Leitgrundsätze sind der Gesetzgebung, der Rechtsprechung und der Handhabung der öffentlichen Gewalt unterrichtend zugewiesen. Sie können vor den ordentlichen Gerichten nur nach Maßgabe der sie entwickelnden Gesetze geltend gemacht werden.

Artikel 54

Ein Ordnungsgesetz* regelt die Einrichtung eines Volksanwaltes als Hoher Kommissar der Cortes Generales**, der von diesen zur Verteidigung der im vorliegenden Titel enthaltenen Rechte bestellt wird und zu dem genannten Zwecke die Tätigkeit der Verwaltung überwachen kann, worüber er den Cortes Generales Bericht erstattet.

5. Kapitel

Über die Einschränkung der Rechte und Freiheiten

Artikel 55

1. Die in den Artikeln 17, 18 Absätze 2 und 3, Artikeln 19, 20 Absätze 1 (a) und (d) sowie Absatz 5, Artikeln 21, 28 Absatz 2 und Artikel 37 Absatz 2 anerkannten Rechte können zeitweilig außer kraft gesetzt werden, wenn die Erklärung des Ausnahme- oder des Belagerungszustandes in der von der Verfassung vorgeschriebenen Weise beschlossen wird. Ausgenommen hiervon bleibt der Absatz 3 des Artikels 17 unter der Voraussetzung der Erklärung des Ausnahmezustandes.

2. Ein Ordnungsgesetz kann die Form und die Fälle bestimmen, in denen im Einzelfall und mit dem notwendigen Rechtsschutz und angemessener parlamentarischer Kontrolle die in den Artikeln 17 Absatz 2 und 18 Absätze 2 und 3 anerkannten Rechte für bestimmte Personen im Zusammenhang mit entsprechenden Ermittlungen wegen der Tätigkeit bewaffneter Banden oder terroristischer Elemente zeitweilig außer Kraft gesetzt werden können. Die ungerechtfertigte oder mißbräuchliche Anwendung von in dem genannten Ordnungsgesetz eingeräumten Möglichkeiten läßt strafrechtliche Verantwortung wegen Verletzung der von den Gesetzen anerkannten Rechte und Freiheiten folgen.

Titel VI

Über die rechtsprechende Gewalt

Artikel 117

...

6. Ausnahmegerichte sind nicht statthaft.

...

...

---

* Span. „ley orgánica" – Gesetz über in der Verfassung ausdrücklich bestimmte Gegenstände, welches einer absoluten parlamentarischen Mehrheit bedarf (Art. 81 der Verfassung).

** = Parlament.

Titel IX

Über das Verfassungsgericht

Artikel 161

...

1. Das Verfassungsgericht übt rechtsprechende Gewalt im gesamten spanischen Staatsgebiet aus und ist zuständig zu erkennen:

a) über Klagen wegen Verfassungswidrigkeit von Gesetzen und normative Bestimmungen mit Gesetzeskraft. Die Erklärung der Verfassungswidrigkeit einer Rechtsnorm mit Gesetzesrang, welche von der Rechtsprechung ausgelegt worden ist, berührt diese, auch wenn das ergangene Urteil oder die ergangenen Urteile nicht ihre Rechtskraft verlieren,

b) über die Verfassungsbeschwerde wegen Verletzung der in Artikel 53 Absatz 2 der Verfassung bezeichneten Rechte und Freiheiten in den vom Gesetz bestimmten Fällen und Formen,

c) ..

d) über die ihm sonst durch die Verfassung oder durch Ordnungsgesetze zugewiesenen Angelegenheiten.

2. ...

Artikel 162

1. Es sind befugt:

a) zur Erhebung von Klagen wegen Verfassungswidrigkeit der Präsident der Regierung, der Volksanwalt, fünfzig Abgeordnete, fünfzig Senatoren, die kollegialen Exekutivorgane der Autonomen Gemeinschaften sowie deren Versammlungen,

b) zur Erhebung der Verfassungsbeschwerde jede natürliche oder juristische Person, welche sich auf ein berechtigtes Interesse beruft, sowie der Volksanwalt und die Staatsanwaltschaft.

2. In weiteren Fällen bestimmt ein Ordnungsgesetz die befugten Personen und Organe.

Artikel 163

Hält ein rechtsprechendes Organ in einem Verfahren eine Rechtsnorm mit Gesetzesrang, die auf den Fall anwendbar ist und von deren Gültigkeit die Entscheidung abhängt, für verfassungswidrig, bringt es die Frage vor das Verfassungsgericht, unter den Voraussetzungen, in der Form und mit den vom Gesetz vorgeschriebenen Wirkungen, welche in keinem Falle suspensiv sind.

...

21. Verfassung der Tschechischen Republik vom 16. Dezember 1992

(Auszug)

Präambel

Wir, die Bürger der Tschechischen Republik in Böhmen, Mähren und Schlesien, zu der Zeit der Erneuerung eines unabhängigen tschechischen Staates, getreu allen guten Traditionen der alten Staatlichkeit der Länder der tschechischen Krone und der tschechoslowakischen Staatlichkeit, entschlossen, die Tschechische Republik im Geiste der unverletzbaren Werte der Menschenwürde und Freiheit zu errichten, zu schützen und zu entwickeln, ... als einen freien und demokratischen Staat, gegründet auf die Achtung der Menschenrechte und die Grundsätze einer bürgerlichen Gesellschaft, ... nehmen durch unsere frei gewählten Repräsentanten diese Verfassung der Tschechischen Republik an.

Kapitel I

Grundlegende Bestimmungen

...

*Artikel 3**

Die Charta der Grundrechte und -freiheiten ist Bestandteil der verfassungsmäßigen Ordnung der Tschechischen Republik.

Artikel 4

Die Grundrechte und -freiheiten stehen unter dem Schutz der rechtsprechenden Gewalt.

...

Charta der grundlegenden Rechte und Freiheiten

Die Bundesversammlung, handelnd auf der Grundlage von durch den Tschechischen Nationalrat und den slowakischen Nationalrat gemachten Vorschlägen, in Anerkennung der Unverletzbarkeit der natürlichen Rechte des Menschen, der Rechte der Bürger und der Suprematie des Rechts, ...
in Erinnerung der bitteren Erfahrung aus den Zeiten, in denen Menschenrechte und Grundfreiheiten in unserem Lande unterdrückt wurden, ... als Ausfluß des Rechts der Tschechischen und der Slowakischen Nation auf Selbstbestimmung, ...
hat diese Charta der Grundrechte und -freiheiten angenommen:

---

* Auch die Verfassung der Slowakischen Republik vom 1. September 1992 hat die Charta (Artikel 1 ff.) als Kapitel II in sich aufgenommen. – Sie bestimmt außerdem den Vorrang internationaler Abkommen über Menschenrechte und Grundfreiheiten, die von der Slowakei ratifiziert worden sind, vor engerem Verfassungsrecht.

Kapitel I

Allgemeine Bestimmungen

Artikel 1

Die Menschen sind frei und gleich an Würde und Rechten. Die grundlegenden Rechte und Freiheiten sind angeboren, unveräußerlich und unverjährbar.

...

Artikel 3

(1) Die grundlegenden Menschenrechte und -freiheiten sind jedermann gewährleistet, ohne Unterschied des Geschlechts, der Rasse, Hautfarbe, Sprache, des Glaubens, der Religion, politischer oder sonstiger Überzeugung, nationalen oder sozialen Ursprungs, Zugehörigkeit zu einer nationalen oder ethnischen Minderheit, von Vermögen, Geburt oder anderem Status.

(2) Jeder hat das Recht, frei über seine Staatsangehörigkeit zu entscheiden. Jede Form der Beeinflussung einer solchen Wahl ist untersagt, ebenso wie jede Form von auf Ausbürgerung zielenden Druckes.

(3) Niemandem soll Schaden an seinen Rechten erwachsen, weil er auf seinen Grundrechten und -freiheiten besteht.

Artikel 4

...

(3) Rechtliche Einschränkungen von grundlegenden Rechten und Freiheiten müssen in allen Fällen, die den gesetzten Bedingungen entsprechen, gleichmäßig angewandt werden.

(4) Wenn Bestimmungen zur Einschränkung von Grundrechten und -freiheiten angewendet werden, muß Kerngehalt und Bedeutung geachtet bleiben. Solche Schranken dürfen nicht für andere Zwecke genutzt werden als für jene, für welche sie gezogen worden sind.

Kapitel II

Menschenrechte und Grundfreiheiten

Teil I

Grundlegende Menschenrechte und -freiheiten

Artikel 5

Jedermann ist der Rechte fähig.

Artikel 6

(1) Jedermann hat das Recht auf Leben. Menschliches Leben ist bereits vor der Geburt schutzwürdig.

(2) Niemandem darf das Leben genommen werden.
(3) Die Todesstrafe ist unzulässig.
(4) Es ist keine Verletzung von Rechten gemäß diesem Artikel, wenn jemandem sein Leben in Verbindung mit einer Handlung genommen wurde, die nach dem Gesetz nicht strafbar ist.

Artikel 7

(1) Unverletzlichkeit der Person und der Persönlichkeit sind gewährleistet. Eine Einschränkung ist nur in gesetzlich vorgesehenen Fällen möglich.
(2) Niemand darf gefoltert oder unmenschlicher oder entwürdigender Behandlung unterworfen werden.

Artikel 8

(1) Die persönliche Freiheit ist garantiert.
(2) Niemand darf verfolgt oder seiner Freiheit beraubt werden, außer aus gesetzlich vorgesehenen Gründen und in darin vorgesehener Weise.
(3) Eine festgehaltene Person soll unverzüglich über die Gründe ihrer Festhaltung unterrichtet werden, vernommen, und spätestens innerhalb von vierundzwanzig Stunden entlassen oder dem Gericht übergeben werden. Der Richter muß eine solche Person befragen und entscheiden, ob sie in Haft genommen oder binnen vierundzwanzig Stunden aus der Haft entlassen werden soll.
(4) Ein Beschuldigter darf nur auf der Grundlage eines schriftlichen und mit den Gründen für seinen Erlaß versehenen Haftbefehls, der von einem Richter ausgestellt ist, festgenommen werden. Die festgenommene Person ist binnen vierundzwanzig Stunden einem Gericht zuzuführen. Der Richter soll die festgenommene Person innerhalb von vierundzwanzig Stunden verhören und entscheiden, ob sie in Haft bleibt oder entlassen wird.
...

Artikel 9

(1) Niemand darf zu Arbeit oder Dienstleistungen gezwungen werden.
(2) Die Bestimmung des Absatzes 1 findet keine Anwendung auf
(a) gesetzlich angeordnete Arbeit für Personen in Strafhaft oder für Personen, die anstelle von Strafhaft andere Strafen verbüßen;
(b) den Militärdienst oder gesetzlich eingerichteten Militärersatzdienst;
(c) Dienstleistungen, die auf gesetzlicher Grundlage in Fällen von Naturkatastrophen, Unglücksfällen oder anderen Gefahrenlagen, die menschliches Leben, Gesundheit oder bedeutende Vermögenswerte bedrohen, angefordert werden;
(d) gesetzlich angeordnete Tätigkeiten zum Schutz von Leben, Gesundheit oder der Rechte anderer.

Artikel 10

(1) Jedermann hat das Recht auf Schutz der menschlichen Würde, persönlichen Ehre, des guten Rufs und Namens.

...

(3) Jedermann hat das Recht auf Schutz gegen unerlaubte Sammlung, Veröffentlichung und anderen Mißbrauch persönlicher Daten.

Artikel 11

(1) Jeder hat das Recht auf Eigentum. ... Das Erbrecht ist gewährleistet.

...

(3) Eigentum verpflichtet. Es darf nicht zum Nachteil der Rechte anderer oder entgegen gesetzlich geschützten öffentlichen Interessen gebraucht werden. Sein Gebrauch darf nicht zum Schaden menschlicher Gesundheit, der Natur und der Umwelt über die rechtlichen Schranken hinaus gereichen.

(4) Enteignung oder andere zwangsweise Beschränkungen von Eigentumsrechten ist nur im öffentlichen Interesse und auf Grund Gesetzes und gegen Entschädigung möglich.

...

Artikel 12

(1) Die Heiligkeit der Wohnung ist unverletzlich. In sie darf ohne Erlaubnis der darin lebenden Person nicht eingedrungen werden.

(2) Eine Haussuchung ist nur für Zwecke der Strafverfolgung und nur aufgrund eines schriftlichen richterlichen Befehls zulässig. Die Art und Weise, wie eine Haussuchung gehandhabt werden darf, ist gesetzlich geregelt.

...

Artikel 13

Niemand darf das Geheimnis von Briefen, Papieren und Akten verletzen, ob sie nun privat gehalten oder durch die Post oder in anderer Weise befördert werden, ausgenommen in Fällen und in einer Weise, die durch Gesetz vorgegeben ist. Entsprechender Schutz erstreckt sich auf Nachrichten, die durch Telephon, Telegraph oder andere derartige Einrichtungen übertragen werden.

Artikel 14

(1) Freiheit der Bewegung und Niederlassung ist gewährleistet.

(2) Jeder, der sich rechtmäßig auf dem Gebiet der Tschechischen und Slowakischen (Föderativen) Republik aufhält, hat das Recht, sie zu verlassen.

...

(4) Jeder Bürger ist frei, das Gebiet der Tschechischen und Slowakischen (Föderativen) Republik zu betreten. Kein Bürger darf gezwungen werden, sein oder ihr Land zu verlassen.

(5) Ein Ausländer darf nur in gesetzlich vorgeschriebenen Fällen ausgewiesen werden.

Artikel 15

(1) Die Freiheit des Gedankens, des Gewissens und des religiösen Bekenntnisses ist gewährleistet. ...

(2) Die Freiheit der wissenschaftlichen Forschung und der künstlerischen Schöpfung ist garantiert.

(3) Niemand darf zum Militätdienst gezwungen werden, wenn dies seinem Gewissen oder religiösen Bekenntnis zuwider läuft. ...

Artikel 16

(1) Jedermann hat das Recht, frei seine Religion oder seinen Glauben zu bekennen, allein oder zusammen mit anderen, privat oder öffentlich, durch Gottesdienst, Lehre, religiöse Handlungen oder Rituale.

(2) Kirchen und Religionsgesellschaften regeln ihre Angelegenheiten selbst, insbesondere bestellen sie ihre Organe und geistlichen Häupter, und sie errichten religiöse Ordnungen und andere kirchliche Institutionen unabhängig von Organen des Staates.

(3) Der Religionsunterricht an staatlichen Schulen wird durch Gesetz geregelt.

...

Teil II

Politische Rechte

Artikel 17

(1) Freiheit des Ausdrucks und das Recht auf Information sind gewährleistet.

(2) Jedermann hat das Recht, frei seine Meinungen in Wort und Schrift, in der Presse, in Bildern oder in anderer Form auszudrücken, wie auch Ideen und Informationen zu suchen, zu erhalten und unabhängig von den Grenzen des Staates zu verbreiten.

(3) Zensur ist nicht statthaft.

...

Artikel 18

(2) Das Petitionsrecht ist gewährleistet; jeder hat das Recht, sich allein oder gemeinsam mit anderen an Organe des Staates oder der örtlichen Selbstverwaltung mit Ansuchen, Vorschlägen und Beschwerden in Angelegenheiten von öffentlichem oder anderem allgemeinen Interesse zu wenden.

(2) Petitionen dürfen der Unabhängigkeit der Gerichte nicht zuwiderlaufen.

(3) Petitionen dürfen nicht zur Zerstörung von Grundrechten und Freiheiten, welche die Charta gewährleistet, anstacheln.

Artikel 19

(1) Das Recht, sich friedlich zu versammeln, ist gewährleistet.

(2) Dieses Recht kann in Fällen von Versammlungen auf öffentlichen Plätzen rechtlich eingeschränkt werden, wenn Maßnahmen ergriffen werden müssen, die in einer demokratischen Gesellschaft für den Schutz der Rechte und Freiheiten anderer, der öffentlichen Ordnung, Gesundheit, Moral, Wohlfahrt oder der Sicherheit des Staates unerläßlich sind. Dessen ungeachtet darf eine Versammlung nicht von der Erlaubnis eines Organs der öffentlichen Verwaltung abhängig gemacht werden.

Artikel 20

(1) Das Recht, sich frei zusammenzuschließen, ist gewährleistet. Jeder hat das Recht, mit anderen zu Klubs, Gesellschaften und anderen Verbindungen zusammenzutreten.

(2) Die Bürger haben das Recht, politische Parteien und politische Bewegungen zu bilden und ihnen beizutreten.

...

(4) Politische Parteien und politische Bewegungen sind, ebenso wie andere Vereinigungen, vom Staat getrennt.

Artikel 21

(1) Die Bürger haben das Recht, an der Leitung der öffentlichen Angelegenheiten teilzuhaben, sei es unmittelbar oder durch die freie Wahl ihrer Vertreter.

...

(3) Das Wahlrecht ist umfassend und gleich und soll in geheimer Abstimmung ausgeübt werden. ...

(4) Die Bürger sollen unter gleichen Bedingungen Zugang zu gewählten und anderen öffentlichen Ämtern haben.

...

Artikel 23

Die Bürger sind berechtigt, jedem Widerstand zu leisten, der die demokratische Ordnung der Menschenrechte und Grundfreiheiten, die durch die Charta errichtet wurde, abschaffen will, wenn die Tätigkeit der verfassungsmäßigen Organe und der erfolgreiche Gebrauch rechtlicher Mittel unmöglich gemacht worden sind.

Kapitel III

Rechte der nationalen und ethnischen Minderheiten

Artikel 24

Niemandem darf seine nationale oder ethnische Zugehörigkeit zum Schaden gereichen.

Artikel 25

(1) Bürgern, die nationalen oder ethnischen Minderheiten angehören, wird eine umfassende Förderung zugesichert, insbesondere das Recht, zusammen mit anderen Mitgliedern der Minderheit die eigene Kultur zu entwickeln, in ihrer Sprache Mitteilungen zu verbreiten und zu erhalten, und das Recht, nationale Vereinigungen zu bilden.

(2) Bürgern, die nationalen und ethnischen Minderheiten angehören, wird ferner nach Maßgabe des Gesetzes zugesichert,

(a) das Recht auf Erziehung in ihrer Sprache,

(b) den Gebrauch ihrer Sprache im amtlichen Verkehr,

(c) das Recht auf Teilnahme an der Regelung von Angelegenheiten nationaler und ethnischer Minderheiten.

Kapitel IV

Wirtschaftliche, soziale und kulturelle Rechte

Artikel 26

(1) Jedermann hat das Recht, seinen Beruf und die Ausbildung dafür frei zu wählen, wie auch das Recht, sich in Unternehmungen oder anderen wirtschaftlichen Betätigungen zu engagieren.

...

Artikel 27

(1) Jedermann hat das Recht, sich frei mit anderen zum Schutz seiner wirtschaftlichen oder sozialen Interessen zusammenzuschließen.

(2) Gewerkschaften werden unabhängig vom Staat gegründet.

...

(4) Das Streikrecht ist unter gesetzlich bestimmten Voraussetzungen gewährleistet; dieses Recht steht Richtern, Staatsanwälten und Mitgliedern der Streitkräfte und der Sicherheitsformationen nicht zu.

...

Artikel 32

...

(3) Eheliche wie nichteheliche Kinder sind gleichberechtigt.

...

Artikel 35

(1) Jeder hat das Recht auf ein schätzenswertes Lebensumfeld.

(1) Jedermann hat einen Anspruch auf rechtzeitige und vollständige Unterrichtung über den Zustand der Umwelt und der nationalen Ressourcen.

...

Kapitel V

Recht auf gerichtlichen und anderen Rechtsschutz

Artikel 36

(1) Jeder kann im Wege eingeführter Verfahren sein Recht vor einem unabhängigen und unvoreingenommenen Gerichtshof und in besonderen Fällen bei einem anderen Organ einfordern.

(2) Wer behauptet, daß seine oder ihre Rechte durch die Entscheidung eines Trägers öffentlicher Verwaltung verletzt worden sind, kann sich zur Untersuchung der Rechtmäßigkeit der Entscheidung an ein Gericht wenden, sofern das Gesetz nichts anderes vorsieht. Jedenfalls darf die Untersuchung von Entscheidungen, die grundlegende Rechte und Freiheiten berühren, wie sie in der Charta aufgeführt sind, nicht von der Gerichtsbarkeit ausgenommen werden.

(3) Jeder hat Anspruch auf Ersatz für Schäden, die ihm durch eine rechtswidrige Entscheidung eines Gerichts, eines anderen Organs des Staates oder der öffentlichen Verwaltung oder durch einen rechtswidrigen Verwaltungsakt zugefügt worden sind.

(4) Voraussetzungen und Einzelheiten regelt ein Gesetz.

Artikel 37

(1) Jedermann hat das Recht, die Aussage zu verweigern, wenn er sich selbst oder eine nahestehende Person dadurch belasten würde.

(2) Jedermann hat Anspruch auf rechtlichen Beistand in Verfahren vor Gericht, anderen Organen des Staates oder der öffentlichen Verwaltung vom Beginn solcher Verfahren an.

(3) Alle Parteien sind in den Verfahren gleich.

...

Artikel 38

(1) Niemand darf seinem gesetzlichen Richter entzogen werden. Die Zuständigkeit des Gerichts und des Richters regelt ein Gesetz.

(2) Jeder ist befugt, seinen Fall öffentlich und ohne unnötige Verzögerung und in seiner Gegenwart verhandelt zu bekommen und sich zu allen vorgelegten Beweismitteln zu äußern. Die Öffentlichkeit kann nur in gesetzlich geregelten Fällen ausgeschlossen werden.

...

Artikel 40

(1) Nur ein Gericht kann über Schuld und Strafe für Straftaten entscheiden.

(2) Wer im Strafverfahren eines Verbrechens beschuldigt wird, soll als unschuldig betrachtet werden, bis er durch ein abschließendes Urteil eines Gerichts als schuldig erwiesen wird.

...

(4) Ein Beschuldigter hat das Recht, die Aussage zu verweigern; er darf dieses Rechtes in keiner Weise beraubt werden.

(5) Niemand darf für eine Tat verfolgt werden, deretwegen er bereits abschließend verurteilt oder freigesprochen wurde. Dieser Grundsatz schließt Anwendung besonderer Mittel rechtlicher Wiedergutmachung in Übereinstimmung mit dem Gesetz nicht aus.

(6) Die Frage, ob eine Tat strafbar ist oder nicht und ob Strafen zu verhängen sind, beurteilt sich nach dem Gesetz, das zu der Zeit galt, als die Tat begangen wurde. Ein späteres Gesetz ist anzuwenden, sofern es dem Täter günstiger ist.

Kapitel VI

Allgemeine Bestimmungen

...

Artikel 42

...

(2) Ausländer genießen in der Tschechischen und Slowakischen (Föderativen) Republik die von der Charta gewährleisteten Menschenrechte und Grundfreiheiten, sofern solche grundlegenden Rechte und Freiheiten nicht ausdrücklich den Bürgern vorbehalten sind.

...

Artikel 43

Die Tschechische und Slowakische (Föderative) Republik gewährt den Bürgern anderer Länder Asyl, wenn sie wegen der Einforderung politischer Rechte und Freiheiten verfolgt werden. Das Asyl kann jemandem verweigert werden, der entgegen den Menschenrechten und Grundfreiheiten gehandelt hat.

...

22. Verfassung der Republik Ungarn

(Konsolidierter Text des Gesetzes No. XX von 1949 mit seinen Änderungen und Ergänzungen)
(Auszug)

...

§ 2 (1) Die Republik Ungarn ist ein unabhängiger, demokratischer Verfassungsstaat, in dem die Werte der Demokratie westlichen Typs und demokratischer Sozialismus gleichermaßen vorherrschen.

...

§ 3 (1) In der Republik Ungarn können politische Parteien nach Maßgabe der Verfassung frei gegründet und frei tätig werden.

...

(3) Parteien dürfen keine öffentliche Gewalt unmittelbar ausüben. Demzufolge darf keine Partei irgendeine Art von staatlicher Organisation führen. Um die Trennung zwischen Parteien und öffentlicher Gewalt sicherzustellen, führt ein Gesetz diejenigen Funktionen und öffentlichen Ämter auf, die von Parteimitgliedern und Inhabern von Parteiämtern nicht eingenommen werden dürfen.

§ 4 Gewerkschaften und gleichartige Vereinigungen sichern, schützen und repräsentieren die Interessen von Arbeitnehmern, Mitgliedern von Kooperativen und Einzelunternehmern.

...

§ 8 (1) Die Republik Ungarn erkennt die unverletzbaren und unveräußerlichen Menschenrechte an; ihre Beachtung und ihr Schutz sind die erste Pflicht des Staates.

(2) Gesetzliche Bestimmungen, die Grundrechte und -pflichten antasten, dürfen nur durch Verfassungsgesetz vorgesehen werden.

(3) Die Ausübung von Grundrechten darf nur durchVerfassungsgesetz niedergelegten Einschränkungen unterworfen werden, die für den Schutz der nationalen Sicherheit, innerstaatlicher gesetzlicher Ordnung, öffentlicher Sicherheit, der öffentlichen Gesundheit, öffentlicher Moral und der Grundrechte und -freiheiten anderer unabweisbar sind.

(4) Die in den §§ 54 bis 56, § 57 (2) bis (4), § 60, §§ 66 bis 69 und § 70 E der Verfassung niedergelegten Grundrechte dürfen auch im Ausnahmezustand, bei Verhängung des Standrechts oder allgemeiner Gefahr weder eingeschränkt noch aufgehoben werden.

...

§ 13 Enteignung ist nur ausnahmsweise und zum allgemeinen Wohl, in gesetzlich geregelten Fällen und mit gesetzlichen Mitteln und gegen volle, bedingungslose und sofortige Entschädigung zulässig.

§ 14 Die Verfassung garantiert das Erbrecht.

§ 15 Die Republik Ungarn schützt Ehe und Familie.

...

§ 18 Die Republik Ungarn anerkennt und befördert jedermanns Recht auf eine gesunde Umwelt.

...

Kapitel XII

Grundrechte und -pflichten der Staatsbürger

§ 54 (1) In der Republik Ungarn hat jeder das angeborene Recht auf Leben und Menschenwürde und niemand darf willkürlich dieser Rechte beraubt werden.

(2) Niemand darf der Folter oder grausamer, unmenschlicher oder erniedrigender Behandlung oder Bestrafung unterworfen werden. Insbesondere darf niemand ohne seine freie Zustimmung medizinischen oder wissenschaftlichen Experimenten unterzogen werden.

§ 55 (1) In der Republik Ungarn hat jeder das Recht auf Freiheit und Sicherheit der Person. Niemand darf seiner oder ihrer Freiheit beraubt werden, es sei denn aus Gründen und in Übereinstimmung mit gesetzlich festgelegten Verfahren.

(2) Jede Person, die Opfer willkürlicher Verhaftung oder Festhaltung geworden ist, hat das Recht auf Entschädigung nach Maßgabe gerichtlicher Entscheidung.

§ 56 In der Republik Ungarn hat jeder das Recht auf Anerkennung vor dem Gesetz.

§ 57 (1) In der Republik Ungarn ist jedermann vor dem Gesetz gleich und hat Anspruch auf faire und öffentliche Anhörung vor einem unabhängigen und unparteiischen Gericht bei der Behandlung einer Klage gegen ihn oder sie wegen seiner oder ihrer Rechte und Verpflichtungen oder Pflichten in einem Rechtsgang.

(2) In der Republik Ungarn wird jeder als unschuldig vermutet und darf nicht für schuldig gehalten werden, bis er durch ein endgültiges gerichtliches Urteil als schuldig erkannt ist.

(3) Jedermann, der einer strafbaren Handlung beschuldigt wird, hat in jeder Lage des Verfahrens das Recht auf Verteidigung. Der Verteidiger kann nicht für seine Meinung oder wegen Äußerungen im Verfahren zur Verantwortung gezogen werden.

(4) Niemand kann für schuldig gehalten und bestraft werden aufgrund einer Handlung, die zur Zeit ihrer Begehung nach den Gesetzen Ungarns nicht strafbar war.

(5) In der Republik Ungarn ist durch Gesetz vorgesehen, daß jeder das Recht auf Berufung gegen eine Entscheidung eines Gerichts, einer Verwaltungseinrichtung oder einer sonstigen Behörde besitzt, wenn er dadurch in seinen Rechten oder in berechtigten Interessen verletzt wird.

§ 58 (1) Wer sich rechtmäßig auf dem Gebiet Ungarns aufhält, hat das Recht auf Bewegungsfreiheit und freie Wahl des Wohnsitzes einschließlich des Rechtes, seinen Wohnort oder das Land zu verlassen, es sei denn in Fällen gesetzlich vorgesehener Beschränkungen.

(2) Ein Ausländer, der sich rechtmäßig auf dem Gebiet Ungarns aufhält, kann nur aufgrund einer in Übereinstimmung mit dem Gesetz gefällten Entscheidung ausgewiesen werden.

§ 59 In der Republik Ungarn hat jeder das Recht auf guten Ruf, die Unverletzlichkeit der Wohnung und auf den Schutz der Privatsphäre und persönlicher Daten.

§ 60 (1) In der Republik Ungarn hat jedermann das Recht auf Freiheit des Gedankens, des Gewissens und der Religion.

(2) Dieses Recht umfaßt die Freiheit, eine Religion zu wählen oder anzunehmen sowie die Freiheit, Religion und Glauben in Gottesdienst, Regelbeachtung oder in anderer Weise zu bekennen, einzeln oder in Gemeinschaft mit anderen, im Bekenntnis oder ohne Bekenntnis, in Praxis oder Lehre.

...

§ 61 (1) In der Republik Ungarn hat jeder das Recht der freien Meinungsäußerung wie auch das Recht, Informationen von öffentlichem Interesse zu erhalten und zu verbreiten.

(2) Die Republik Ungarn anerkennt und schützt die Freiheit der Presse.

§ 62 Die Republik Ungarn anerkennt das Recht der Versammlungsfreiheit und gewährleistet seine freie Ausübung.

§ 63 (1) In der Republik Ungarn hat jedermann gemäß dem Recht auf Vereinigungsfreiheit die Befugnis, vom Gesetz nicht verbotene Organisationen zu bilden oder ihnen beizutreten.

(2) Unter dem Recht auf Vereinigung darf keine bewaffnete Organisation zu politischen Zwecken gebildet werden.

§ 64 In der Republik Ungarn hat jeder das Recht, allein oder zusammen mit anderen schriftliche Eingaben oder Beschwerden bei der zuständigen Regierungsbehörde einzureichen.

§ 65 (1) Die Republik Ungarn gewährt nach Maßgabe des Gesetzes Ausländern, die in ihrem Heimatland, oder Staatenlosen, die an ihrem Aufenthaltsort aus rassischen, religiösen, ethnischen, sprachlichen oder politischen Gründen verfolgt werden, Asyl.

(2) Eine Person, der Asyl gewährt worden ist, darf nicht an ein anderes Land ausgeliefert werden.

...

§ 68 (1) Ethnische und sprachliche Minderheiten in der Republik Ungarn ... sind Bestandteile des Staates.

(2) Die Republik Ungarn schützt die ethnischen und sprachlichen Minderheiten. Sie garantiert ihre gemeinschaftliche Teilnahme am öffentlichen Leben, die Entwicklung ihrer eigenen Kultur, den Gebrauch ihrer Muttersprache und Erziehung darin sowie das Recht, ihren Namen in ihrer Muttersprache zu führen.

§ 69 (1) In der Republik Ungarn darf niemandem willkürlich seine oder ihre ungarische Staatsangehörige entzogen werden, und ein ungarischer Bürger darf nicht aus dem Gebiet Ungarns ausgewiesen werden.

(2) Ein ungarischer Bürger darf jederzeit aus dem Ausland zurückkehren.

(3) Ungarische Staatsangehörige genießen bei einem rechtmäßigen Auslandsaufenthalt den Schutz der Republik Ungarn.

§ 70 (1) Jeder volljährige ungarische Bürger mit Wohnsitz in Ungarn hat das Recht, bei Wahlen zum Parlament und zu den Räten zu wählen und gewählt zu werden.

(2) Eine Person hat kein Wahlrecht, wenn sie wegen eingeschränkter Geschäftsfähigkeit oder Geschäftsunfähigkeit unter Vormundschaft steht oder durch eine endgültige Gerichtsentscheidung von den öffentlichen Angelegenheiten ausgeschlossen ist, oder wenn sie auf Grund des Endurteils eine Haftstrafe verbüßt oder medizinischer Zwangsbehandlung unterliegt, über die im strafgerichtlichen Verfahren entschieden worden ist.

(3) Das Recht, die Mitglieder eines örtlichen Rates zu wahlen, steht auch nichtungarischen Bürgern mit ständigem Wohnsitz in Ungarn nach Maßgabe eines besonderen Gesetzes zu.

(4) Jeder ungarische Bürger hat das Recht, an der Leitung öffentlicher Angelegenheiten teilzunehmen, wie ebenso öffentliche Ämter entsprechend seiner oder ihrer Eignung, Erziehung und Berufserfahrung zu bekleiden.

§ 70 A (1) Die Republik Ungarn sichert die Menschen- und Bürgerrechte jeder Person, die sich auf ihrem Gebiet aufhält, ohne Unterscheidung jeglicher Art nach Rasse, Farbe, Geschlecht, Sprache, Religion, politischer oder anderer Meinung, nationaler und sozialer Herkunft, Eigentum, Geburt oder sonstigem Status.

(2) Das Gesetz ahndet streng jede Art vorurteilsweiser Diskriminierung im Hinblick auf Absatz (1) dieses Artikels.

(3) Die Republik Ungarn fördert die Verwirklichung der Rechtlichkeit durch Regelungen, die ungleiche Möglichkeiten verbieten.

§ 70 B (1) In der Republik Ungarn hat jeder das Recht auf Arbeit und die freie Wahl des Arbeitsplatzes und des Berufs.

(2) Jedermann hat ohne Diskriminierung das Recht auf gleichen Lohn für gleiche Arbeit.

...

§ 70 C ...

(2) Das Streikrecht besteht nach Maßgabe der dieses Recht regelnden Gesetze.

§ 70 E (1) Die Bürger der Republik Ungarn haben das Recht auf soziale Sicherheit; sie haben Anspruch auf soziale Leistungen für den Lebensunterhalt im Alter, bei Krankheit, Behinderung, Witwenschaft, als Waisen und bei unverschuldeter Arbeitslosigkeit.

...

§ 70 G (1) Die Republik Ungarn achtet und fördert das künstlerische und wissenschaftliche Leben, die Freiheit der Lehrmeinung und die Freiheit der Ausübung der Lehre.

...

§ 70 H ...

(2) Auf der Grundlage der allgemeinen Wehrpflicht leisten die Bürger bewaffneten oder unbewaffneten Wehrdienst oder einen Zivildienst, wie vom Gesetz vorgeschrieben.

...

§ 70 K

Verletzungen der Grundrechte sowie Beschwerden gegen staatliche Entscheidungen bei Erfüllung von Dienstpflichten können vor Gericht gebracht werden.

B. Außereuropäische Verfassungen

23. 1. Verfassung der Volksrepublik China vom 4. Dezember 1982

(Stand: 29. März 1993)

(Auszug)

Kapitel I

Allgemeine Grundsätze

...

Artikel 32

Die Volksrepublik China schützt die gesetzlichen Rechte und Interessen von Ausländern innerhalb chinesischen Gebietes, und Ausländer müssen auf chinesischem Gebiet die Gesetze der Volksrepublik China befolgen.

Die Volksrepublik China kann Ausländern auf ihr Ersuchen politisches Asyl gewähren.

...

Kapitel II

Die grundlegenden Rechte und Pflichten der Bürger

Artikel 33

Alle Staatsangehörigen der Volksrepublik China sind Bürger der Volksrepublik China.

Alle Bürger der Volksrepublik China sind vor dem Gesetz gleich.

Jeder Bürger genießt die Rechte und muß zugleich die Pflichten erfüllen, welche die Verfassung und die Gesetze vorschreiben.

Artikel 34

Alle Bürger der Volksrepublik China, die das achtzehnte Lebensjahr erreicht haben, besitzen Wahlrecht und Wählbarkeit, unabhängig von Nationalität, Rasse, Geschlecht, Beruf, Familienstand, Religion, Bildung, Vermögen oder Länge des Aufenthalts, ausgenommen Personen, denen nach dem Gesetz die politischen Rechte aberkannt sind.

Artikel 35

Alle Bürger der Volksrepublik China genießen Freiheit der Rede, der Presse, der Versammlung, der Vereinigung, der Prozession und der Demonstration.

Artikel 36

Bürger der Volksrepublik China genießen Religionsfreiheit. Kein Staatsorgan, öffentliche Organisation oder Individuum darf Bürger zwingen, an eine Religion zu glauben oder nicht zu glauben, noch dürfen sie Bürger wegen ihres Glaubens oder Unglaubens diskriminieren.

Der Staat schützt die normale Religionsausübung. Niemand darf die Religion zu Tätigkeiten nutzen, welche die öffentliche Ordnung stören, die Gesundheit von Bürgern schädigen oder dem Erziehungssystem des Staates zuwiderlaufen.

Religiöse Körperschaften und religiöse Belange sind nicht ausländischer Herrschaft ausgeliefert.

Artikel 37

Die persönliche Freiheit von Bürgern der Volksrepublik China ist unverletzlich.

Kein Bürger darf ohne Genehmigung oder Entscheidung einer Volksprokuratur oder eines Volksgerichts festgenommen werden, und Festnahmen sind von einem öffentlichen Sicherheitsorgan vorzunehmen.

Unrechtmäßige Entziehung oder Einschränkung der persönlichen Freiheit eines Bürgers durch Festsetzung oder in anderer Weise ist verboten; die unrechtmäßige Durchsuchung der Person von Bürgern ist untersagt.

Artikel 38

Die persönliche Würde von Bürgern der Volksrepublik China ist unverletzlich. Beleidigung, Verleumdung, falsche Anschuldigung oder Zurschaustellung von Bürgern auf jedwede Weise sind verboten.

Artikel 39

Die Wohnung der Bürger der Volksrepublik China ist unverletzlich, unrechtmäßige Durchsuchung oder das Eindringen in eines Bürgers Wohnung ist verboten.

Artikel 40

Die Freiheit und Geheimhaltung des Schriftwechsels von Bürgern der Volksrepublik China werden gesetzlich geschützt. Keine Organisation und kein Einzelner dürfen aus irgendeinem Grunde die Freiheit oder das Geheimnis des Schriftwechsels von Bürgern verletzen, es sei dem in Fällen, in denen Bedürfnisse der staatlichen Sicherheit oder der Untersuchung von Straftaten die öffentlichen Sicherheitsdienste oder Strafverfolgungsbehörden ermächtigen, Schriftwechsel im Einklang mit gesetzlich geordneten Verfahren zu überwachen.

Artikel 41

Bürger der Volksrepublik China haben das Recht zu kritisieren und Vorschläge gegenüber einem Staatsorgan oder Amtsträger zu machen. Bürger haben das Recht, bei den zuständigen Staatsorganen Beschwerden, Anschuldigungen oder Enthüllungen wegen Verletzung des Gesetzes oder der Vernachlässigung von Pflichten durch ein Staatsorgan oder einen Amtsträger anzubringen; indessen ist die Herstellung oder Verdrehung von Tatsachen mit der Absicht von Verleumdung oder Anprangerung verboten.

In Fällen von Beschwerden, Beschuldigungen oder Enthüllungen durch Bürger muß das betroffene Staatsorgan nach Klärung der Tatsachen damit in verantwortungsvoller Weise umgehen. Niemand darf Beschwerden, Anschuldigungen oder Enthüllungen unterdrücken oder zu Maßnahmen gegen die Bürger greifen, die sie vorgebracht haben.

Bürger, die infolge Verletzung ihrer Bürgerrechte durch ein Staatsorgan oder einen Amtsinhaber Einbußen erlitten haben, haben Anspruch auf gesetzliche Entschädigung.

Artikel 42

Bürger der Volksrepublik China haben das Recht und die Pflicht zu arbeiten.

...

Artikel 48

Frauen genießen in der Volksrepublik China die gleichen Rechte wie Männer auf allen Gebieten des Lebens, politisch, wirtschaftlich, kulturell und sozial, eingeschlossen das Familienleben.

...

Artikel 49

Ehe, Familien und Mutterschaft werden staatlich geschützt.

Ehemann und Ehefrau haben die Pflicht, Familienplanung zu betreiben.

...

Artikel 50

Die Volksrepublik China schützt die legitimen Rechte und Interessen von Personen chinesischer Nationalität mit Wohnsitz im Ausland und hütet die gesetzlichen Rechte und Interessen heimgekehrter Auslandschinesen und ihrer Familienmitglieder im Ausland.

Artikel 51

Die Ausübung ihrer Freiheiten und Rechte durch Bürger der Volksrepublik China darf weder die Interessen des Staates, der Gesellschaft oder der Gemeinschaft noch die gesetzlichen Freiheiten oder Interessen anderer Bürger verletzen.

...

Artikel 52

Bürger der Volksrepublik China müssen der Verfassung und den Gesetzen genügen, Staatsgeheimnisse wahren, das öffentliche Eigentum schützen und Arbeitsdisziplin und öffentliche Ordnung einhalten sowie die öffentliche Ethik respektieren.

23. 2. Dokumente zum Übergang der Souveränität über Hongkong auf die Volksrepublik China 1997

(Auszüge)

Gemeinsame Erklärung der Regierung des Vereinigten Königreichs von Großbritannien und Nord Irland und der Regierung der Volksrepublik China zur Frage Hong Kong vom 19. Dezember 1984

Die Regierung des Vereinigten Königreichs von Großbritannien und Nord Irland und die Regierung der Volksrepublik China haben mit Befriedigung die bestehenden freundlichen Beziehungen zwischen den beiden Regierungen und Völkern in den vergangenen Jahren überprüft und sind übereingekommen, daß eine geeignete Verhandlungslösung zur Frage Hong Kong, die aus der Vergangenheit überkommen ist, für die Erhaltung des Gedeihens und der Stabilität von Hong Kong und für die weitere Festigung und Entwicklung der Beziehungen zwischen beiden Ländern auf einer neuen Grundlage geeignet ist. Zu diesem Zweck sind sie nach Gesprächen zwischen Delegation beider Regierungen übereingekommen, folgendes zu erklären:

1. Die Regierung der Volksrepublik China erklärt, daß es die gemeinsame Bestrebung des gesamten chinesischen Volkes ist, das Gebiet von Hong Kong (einschließlich der Insel Hong Kong, Kowloon und der New Territories, im folgenden als Hong Kong bezeichnet) wiederzugewinnen, und sie hat beschlossen, die Ausübung der Souveränität über Hong Kong mit Wirkung vom 1. Juli 1997 wieder zu übernehmen.

2. Die Regierung des Vereinigten Königsreichs erklärt, daß Hong Kong mit Wirkung vom 1. Juli 1997 an die Volksrepublik China zurückgeben wird.

3. Die Regierung der Volksrepublik China erklärt die grundlegende Politik der Volksrepublik China betreffend Hong Kong folgendermaßen:

...

(5) Das gegenwärtige soziale und wirtschaftliche System in Hong Kong wird unverändert bleiben, ebenso wie die Lebensart, Rechte und Freiheiten, einschließlich jener der Person, der Rede, der Presse, der Versammlung, der Vereinigung, der Reise, der Bewegung, des Schriftwechsels, des Streiks, der Berufswahl, der akademischen Forschung und des religiösen Glaubens werden in dem besonderen Verwaltungsgebiet Hong Kong gesetzlich gewährleistet sein. Das Privateigentum, Firmeneigentum, legitime Erbrechte und ausländische Investitionen werden durch Gesetz geschützt.

...

(10) Unter dem Namen „Hong Kong, China" kann das besondere Verwaltungsgebiet Hong Kong selbständige wirtschaftliche und kulturelle Beziehungen unterhalten und entwickeln und entsprechende Abkommen mit Staaten, Regionen und entsprechenden internationalen Organisationen abschließen.

...

(12) Die vorstehend festgestellte Politik der Volksrepublik China im Hinblick auf Hong Kong und ihre Ausarbeitung in Annex I zu dieser gemeinsamen Erklärung wird in einem Grundgesetz des Besonderen Verwaltungsgebietes

Hong Kong vom Nationalen Volkskongreß der Volksrepublik China festgestellt und wird für 50 Jahre unverändert bleiben.

...

8. Diese gemeinsame Erklärung ist Gegenstand der Ratifikation und wird mit dem Tage des Austauschs der Ratifikationsurkunden in Peking vor dem 30. Juni 1985 in Kraft treten.* Die gemeinsame Erklärung und ihre Annexe sind gleichermaßen bindend.

Vollzogen zu Peking in doppelter Ausfertigung am 19. Dezember 1984 in englischer und chinesischer Sprache, in beiden Texten gleichermaßen verbindlich.

Annex I

Ausformung der grundlegenden Politik der Regierung der Volksrepublik China betreffend Hong Kong

...

I

Die Verfassung der Volksrepublik China bestimmt in Artikel 31, daß „der Staat, wenn erforderlich, besondere Verwaltungsregionen einrichten kann. Die in besonderen Verwaltungsregionen einzurichtenden Systeme werden durch Gesetze des Nationalen Volkskongresses im Lichte der besonderen Umstände festgelegt." In Übereinstimmung mit diesem Artikel wird die Volksrepublik China nach der Rücknahme der Ausübung der Souveränität über Hong Kong am 1. Juli 1997 das besondere Verwaltungsgebiet Hong Kong der Volksrepublik China einrichten. Der Nationale Volkskongreß der Volksrepublik China wird ein Grundgesetz des Besonderen Verwaltungsgebietes Hong Kong der Volksrepublik China (nachstehend als Grundgesetz bezeichnet) in Übereinstimmung mit der Verfassung der Volksrepublik China verabschieden und verkünden, in dem festgelegt wird, daß nach der Einrichtung des Besonderen Verwaltungsgebietes Hong Kong das sozialistische System und sozialistische Politik in dem Verwaltungsgebiet nicht praktiziert werden, und daß das bisherige kapitalistische System und der Lebensstil in Hong Kong für 50 Jahre unverändert bleiben wird.

...

III

Nach der Einrichtung des Besonderen Verwaltungsgebietes Hong Kong wird das bisher in Hong Kong geübte Gerichtswesen aufrechterhalten bleiben, von Änderungen abgesehen, die durch die Übertragung der abschließenden Rechtsprechungshoheit auf die Gerichte des besonderen Verwaltungsgebietes Hong Kong bedingt werden.

...

XIII

Die Regierung des Besonderen Verwaltungsgebietes Hong Kong wird die Rechte und Freiheiten der Einwohner und anderer Personen in dem besonderen Verwaltungsgebiet Hong Kong entsprechend dem Gesetz schützen. Die Regierung des Besonderen Verwltungsgebietes Hong Kong wird die Rechte und Freiheiten entsprechend den bisher in Hong Kong in Kraft befindlichen Geset-

* Geschehen am 27. Mai 1985

zen aufrechterhalten, einschließlich der Freiheit der Person, der Presse, der Versammlung, der Vereinigung, der Bildung von Gewerkschaften und des Beitritts zu diesen, des Schriftwechsels, der Reise, der Bewegung, des Streiks, der Demonstration, der Berufswahl, der akademischen Forschung, der Religion, der Unverletzlichkeit der Wohnung, der Eheschließung und des Rechtes, eine Familie frei aufrechtzuerhalten.

Jede Person wird das Recht auf vertrauliche rechtliche Beratung, Zutritt zu den Gerichten, die Vertretung durch Anwälte ihrer Wahl vor Gericht und zur Einlegung von Rechtsmitteln besitzen. Jede Person wird das Recht haben, Handlungen der Verwaltung vor Gericht anzugreifen.

Religiöse Körperschaften und Gläubige dürfen ihre Beziehungen zu religiösen Körperschaften und Gläubigen anderen Ortes aufrechterhalten, und Schulen, Krankenhäuser und Wohlfahrtseinrichtungen, die von religiösen Körperschaften unterhalten werden, können erhalten bleiben. Die Beziehungen zwischen religiösen Körperschaften im besonderen Verwaltungsgebiet Hong Kong und denen in anderen Teilen der Volksrepublik China werden auf die Grundsätze der Nichtunterstellung, der Nichteinmischung und des wechselseitigen Respekts gegründet sein.

Die Bestimmungen der Internationalen Pakte über bürgerliche und politische Rechte und über wirtschaftliche, soziale und kulturelle Rechte, die in Hong Kong angewendet werden, sollen in Kraft bleiben.

...

24. Kanada Gesetz 1982 (Vereinigtes Königreich von Großbritannien und Nordirland – 1982) vom 17. April 1982

(Auszug)

Verfassungsgesetz 1982

Teil I

Kanadische Charta der Rechte und Freiheiten

Da Kanada auf Prinzipien gegründet ist, welche die Höchste Gewalt Gottes und die Herrschaft des Gesetzes anerkennen:

Gewährleistung von Rechten und Freiheiten

1. Die Kanadische Charta der Rechte und Freiheiten gewährleistet die darin genannten Rechte und Freiheiten innerhalb allein solcher vernünftiger, vom Gesetz vorgeschriebener Schranken, die offensichtlich in einer freien und demokratischen Gesellschaft gerechtfertigt sein können.

Grundfreiheiten

2. Jeder hat die folgenden grundlegenden Freiheiten:
(a) Freiheit von Gewissen und Religion;

(b) Freiheit des Gedankens, des Glaubens, der Meinung und der Äußerung, einschließlich der Freiheit der Presse und anderer Medien der Kommunikation;

(c) Freiheit der friedlichen Versammlung;

(d) Vereinigungsfreiheit.

Demokratische Rechte

3. Jeder Bürger Kanadas hat das Recht, bei den Wahlen von Mitgliedern des Unterhauses oder einer gesetzgebenden Versammlung abzustimmen sowie die Befähigung, Mitglied darin zu sein.

...

Recht auf Freizügigkeit

6. (1) Jeder Bürger Kanadas hat das Recht, Kanada zu betreten, darin zu verweilen und Kanada zu verlassen.

(2) Jeder Bürger Kanadas und jede Person mit dem Status eines ständig in Kanada Niedergelassenen hat das Recht

(a) umzuziehen und den Wohnsitz in irgendeiner Provinz zu nehmen; und

(b) seinem Broterwerb in irgendeiner Provinz nachzugehen.

(3) – (4) ...

Justizielle Rechte

7. Jedermann hat das Recht auf Leben, Freiheit und Sicherheit der Person und das Recht, derer nicht beraubt zu werden, es sei denn in Übereinstimmung mit Prinzipien fundamentaler Gerechtigkeit.

8. Jedermann hat das Recht, vor ungerechtfertigter Durchsuchung oder Festnahme sicher zu sein.

9. Jedermann hat das Recht, nicht willkürlich festgehalten oder inhaftiert zu werden.

10. Jedermann hat das Recht, im Falle von Verhaftung oder Arrest

(a) unverzüglich über die Gründe dafür unterrichtet zu werden;

(b) ohne Verzug einen Rechtsbeistand anzunehmen und zu unterrichten und über dieses Recht informiert zu werden; und

(c) die Gültigkeit der Haft in einem Haftprüfungsverfahren (Habeas Corpus) entscheiden zu lassen und bei unrechtmäßiger Haft freigelassen zu werden.

11. Jede Person, die einer Straftat bezichtigt wird, hat das Recht

(a) ohne schuldhaftes Zögern über die bestimmte Straftat unterrichtet zu werden;

(b) in angemessener Zeit vor Gericht gestellt zu werden;

(c) im Hinblick auf den Strafvorwurf nicht als Zeuge in eigener Sache aussagen zu müssen;

(d) als unschuldig zu gelten, bis auf gesetzlicher Grundlage in einem ordentlichen und öffentlichen Verfahren vor einem unabhängigen unparteiischen Gericht ein Schuldspruch gefällt worden ist;

(e) eine angemessene Kaution nicht ohne gerechtfertigten Grund verweigert zu bekommen;

(f) außer im Falle einer strafbaren Handlung unter Militärrecht, die vor einem Militärgericht verhandelt wird, auf die Wohltat eines Schwurgerichtsverfahrens, wenn die Höchststrafe für die Straftat Gefängnisstrafe von fünf Jahren oder eine strengere Strafform ist;

(g) nicht wegen einer Unterlassung für schuldig erklärt zu werden, es sei denn, die Unterlassung stellte zur Tatzeit eine strafbare Handlung nach kanadischem oder internationalem Recht dar oder war verbrecherisch im Sinne der allgemeinen Grundsätze des von der Völkergemeinschaft anerkannten Rechts;

(h) nach endgültigem Freispruch oder nach endgültigem Schuldspruch nicht erneut vor Gericht gezogen und bestraft zu werden; und

(i) wenn sie der Straftat schuldig befunden worden ist und der Strafrahmen für die Tat zwischen ihrer Begehung und dem Urteilsspruch verändert worden ist, auf den Vorzug der geringeren Bestrafung.

12. Jedermann hat das Recht, grausamer und ungewöhnlicher Behandlung oder Bestrafung nicht unterworfen zu werden.

13. Ein Zeuge, der in einem Verfahren aussagt, hat das Recht, daß irgendeine belastende Aussage nicht zu seinen Lasten in einem anderen Verfahren verwendet wird, außer bei einer Strafverfolgung wegen Meineids oder wegen widersprüchlicher Aussagen.

14. Ein Betroffener oder Zeuge in einem Verfahren, der die Verhandlungssprache nicht versteht oder spricht oder taub ist, hat das Recht auf die Beiziehung eines Dolmetschers.

Gleichheitsrechte

15. (1) Jedermann ist gleich vor dem Gesetz und hat das Recht auf gleichen Schutz und gleichen Vorteil durch das Gesetz ohne Unterschied und insbesondere ohne Diskriminierung wegen Rasse, nationalen oder ethnischen Ursprungs, Hautfarbe, Religion, Geschlecht, Alter oder geistiger oder körperlicher Behinderung.

(2) ...

...

Durchsetzung

24. (1) Jedermann, dem Rechte oder Freiheiten, die in dieser Charta gewährleistet sind, verkürzt oder verweigert wurden, hat das Recht, das zuständige Gericht anzurufen, um Genugtuung zu erhalten, die das Gericht den Umständen nach als geeignet und gerecht ansieht.

(2) ...

Allgemeines

...

26. Die Gewährleistung bestimmter Rechte und Freiheiten in dieser Charta soll nicht als Verneinung anderer Rechte und Freiheiten, die in Kanada bestehen, ausgelegt werden.

...

28. Ungeachtet von Sonstigem in dieser Charta, sind die darin genannten Rechte und Freiheiten gleichermaßen für männliche und weibliche Personen gewährleistet.

...

25. Königreich Marokko – Revisionsverfassung 1992

(Auszug)

Präambel

Das Königreich Marokko, ein moslemischer souveräner Staat, dessen Amtssprache Arabisch ist, bildet einen Bestandteil des Großen Arabischen Maghreb.

...

Angesichts der Notwendigkeit, seine Handlungsweisen in den Zusammenhang der internationalen Organisationen zu stellen, in denen es ein aktives und kraftvolles Mitglied ist, unterschreibt das Königreich von Marokko die Grundsätze, Rechte und Pflichten, die sich aus den Satzungen der erwähnten Organisationen ergeben und bekräftigt erneut seine Zuneigung zu den Menschenrechten, wie sie universell anerkannt sind.

...

Titel I

Allgemeine Bestimmungen über Grundprinzipien

Artikel 1

Marokko ist eine konstitutionelle, demokratische und soziale Monarchie.

Artikel 2

Die Souveränität liegt bei der Nation, welche sie unmittelbar in Referenden und mittelbar durch die verfassungsmäßigen Institutionen ausübt.

Artikel 3

Politische Parteien, Gewerkschaften, örtliche Räte und Berufskammern haben an der Organisation des Staates und der Vertretung der Bürger Anteil.

Es kann keine alleinige Partei geben.

Artikel 4

Das Gesetz ist der höchste Ausdruck des Volkswillens. Alle müssen ihm gehorchen. Ein Gesetz kann keine rückwirkende Kraft besitzen.

Artikel 5

Alle Marokkaner sind vor dem Gesetz gleich.

Artikel 6

Der Islam ist die Religion des Staates, welcher allen die Freiheit des Gottesdienstes gewährleistet.

...

Artikel 8

Männer und Frauen genießen gleiche politische Rechte. Alle volljährigen Bürger beider Geschlechter sind Wähler, vorausgesetzt, sie sind im Besitz ihrer bürgerlichen und politischen Rechte.

Artikel 9

Die Verfassung garantiert allen Bürgern
- Freizügigkeit und Niederlassungsfreiheit in allen Teilen des Königreichs;
- Freiheit der Meinung, Freiheit der Äußerung in allen ihren Formen und Versammlungsfreiheit;
- Freiheit der Gründung von Gewerkschaften oder politischen Organisationen und der Zugehörigkeit dazu nach eigener Wahl.

Diese Freiheiten können allein durch Gesetz eingeschränkt werden.

Artikel 10

Niemand kann festgenommen, in Haft gebracht oder bestraft werden als in Fällen und Formen, die das Gesetz vorsieht. Die Wohnung ist unverletzlich. Es kann keine Durchsuchung oder Durchsicht geben als unter Voraussetzungen und Formen, die das Gesetz vorsieht.

Artikel 11

Der Schriftverkehr ist geheim.

Artikel 12

Alle Bürger haben unter gleichen Bedingungen Zugang zu öffentlichen Ämtern und öffentlichem Dienst.

Artikel 13

Alle Bürger haben das gleiche Recht auf Bildung und Arbeit.

Artikel 14

Das Streikrecht ist gewährleistet. Ein Gesetz bestimmt Voraussetzungen und Formen der Ausübung dieses Rechts.

Artikel 15

Das Recht auf Eigentum wird gewährleistet. Sein Umfang und Gebrauch kann durch Gesetz eingeschränkt werden, wenn Bedürfnisse der Wirtschafts-

und Sozialplanung es verlangen. Keine Enteignung kann stattfinden, außer in durch Gesetz vorgesehenen Fällen und Formen.

...

26. Verfassung der Vereinigten Staaten von Amerika (17. September 1787) – Zusatzartikel (Amendments)

Zusatzartikel 1791

Artikel 1

Der Kongreß darf kein Gesetz erlassen hinsichtlich der Einrichtung einer Religion oder zum Verbot der freien Ausübung einer solchen, oder zur Abschaffung der Freiheit der Rede, der Presse, des Rechtes des Volkes zu friedlicher Versammlung und des Rechtes, die Regierung um die Abstellung von Beschwernissen zu bitten.

Artikel 2

Da eine wohlgeordnete Miliz für die Sicherheit eines freien Staates erforderlich ist, darf das Recht des Volkes, Waffen zu besitzen und zu tragen, nicht verletzt werden.

Artikel 3

Kein Soldat soll in Friedenszeiten ohne Zustimmung des Eigentümers in einem Hause einquartiert werden, noch in Kriegszeiten anders als in einer Weise, die von einem Gesetz vorgeschrieben wird.

Artikel 4

Das Recht des Volkes, in Person, Haus, mit Papieren und Habe vor unbilliger Durchsuchung und Beschlagnahme sicher zu sein, darf nicht verletzt werden, und keine Haft oder Nachsuchungsbefehle sollen ergehen ohne einleuchtenden Grund, gestützt auf Eid oder Bezeugung und eingehende Beschreibung der zu durchsuchenden Örtlichkeiten und der festzunehmenden Personen oder zu beschlagnehmenden Gegenstände.

Artikel 5

Niemand soll wegen eines kapitalen oder sonstigen schimpflichen Verbrechens zur Verantwortung gezogen werden, es sei denn, bei einer Beschuldigung oder Anklage vor einem großen Schwurgericht, außer in Fällen, die sich bei den Land- oder Seestreitkräften oder bei der Miliz im gegenwärtigen Dienst in Zeiten des Krieges oder allgemeiner Gefahr ereignen; auch soll niemand für die gleiche Straftat zweimal der Gefahr für Leib oder Leben unterworfen werden; noch soll jemand gezwungen werden, in einem Strafverfahren Zeuge gegen sich selbst zu sein, noch ohne gehöriges Verfahren des Lebens, der Freiheit oder seines Eigentums beraubt werden; noch darf Privateigentum zum öffentlichen Nutzen ohne gerechte Entschädigung eingezogen werden.

Artikel 6

Bei allen Kriminalverfolgungen soll der Beschuldigte das Recht auf ein rasches und öffentliches Verfahren vor einem unparteiischen Geschworenengericht des Staates und Bezirks, in welchem das Verbrechen begangen wurde, genießen, wobei der Bezirk vorher durch Gesetz bestimmt sein muß; der Beschuldigte ist vorher über Art und Gründe der Anschuldigung zu unterrichten, den Belastungszeugen gegenüberzustellen und muß über Zwangsmittel zur Beibringung von Entlastungszeugen verfügen und den Beistand eines Verteidigers haben.

Artikel 7

In Klageverfahren nach Gemeinem Recht (Common Law), soll das Recht auf ein Verfahren vor Geschworenen vorbehalten bleiben, sofern der Wert des strittigen Gegenstandes zwanzig Dollar übersteigt, und keine Tatsache, über die ein Geschworenengericht geurteilt hat, soll vor einem Gericht der Vereinigten Staaten anders als nach Regeln des Gemeinen Rechts erneut beurteilt werden.

Artikel 8

Übermäßige Kaution soll nicht gefordert noch übermäßige Geldstrafen auferlegt, noch grausame oder ungebräuchliche Strafen verhängt werden.

Zusatzartikel 1865

Artikel 13

Abschnitt 1. Weder Sklaverei noch unfreiwillige Dienstbarkeit, außer als Bestrafung für ein Verbrechen, dessen der Betroffene ordentlich schuldig gesprochen worden ist, darf in den Vereinigten Staaten oder an einem sonstigen Ort innerhalb ihrer Gerichtsbarkeit bestehen.

Abschnitt 2. Der Kongreß soll befugt sein, diesen Artikel durch geeignete Gesetzgebung durchzusetzen.

Zusatzartikel 1868

Artikel 14

Abschnitt 1. Alle in den Vereinigten Staaten geborenen oder eingebürgerten Personen, welche deren Rechtsgewalt unterliegen, sind Bürger der Vereinigten Staaten und des Staates, in dem sie wohnen. Kein Staat darf ein Gesetz erlassen oder ausführen, welches die Vorrechte oder Befreiung von Bürgern der Vereinigten Staaten verkürzt; noch darf irgendein Staat einer Person Leben, Freiheit oder Eigentum ohne ordentliches Rechtsverfahren nehmen, noch jemandem innerhalb seiner Rechtsgewalt den gleichen Schutz der Gesetze verweigern.

Abschnitt 2. ...

Abschnitt 5. Der Kongreß ist berechtigt, durch geeignete Gesetzgebung die Bestimmungen dieses Artikels durchzusetzen.

Zusatzartikel 1870

Artikel 15

Abschnitt 1. Das Recht der Bürger der Vereinigten Staaten, zu wählen, darf durch die Vereinigten Staaten oder einen der Staaten aus Gründen der Rasse, der Hautfarbe oder vormaliger Knechtschaft nicht verweigert oder beschränkt werden.

Abschnitt 2. Der Kongreß soll befugt sein, diesen Artikel durch geeignete Gesetzgebung durchzusetzen.

Zusatzartikel 1920

Artikel 19

Das Recht der Bürger der Vereinigten Staaten, zu wählen, darf durch die Vereinigten Staaten oder einen der Staaten aus Gründen des Geschlechtes nicht verweigert oder beschränkt werden.

...

Zusatzartikel 1971

Artikel 26

Abschnitt 1. Das Recht von Bürgern der Vereinigten Staaten, die achtzehn Jahre oder älter sind, zu wählen, darf durch die Vereinigten Staaten oder einen der Staaten nicht verweigert oder beschränkt werden.

Abschnitt 2. Der Kongreß soll befugt sein, diesen Artikel durch geeignete Gesetzgebung durchzusetzen.

Vierter Abschnitt

Internationale Erklärungen und Abkommen

27. Menschenrechtsartikel der Friedensverträge nach dem Zweiten Weltkrieg (10. Februar 1947)

I. Friedensvertrag mit Italien

Artikel 15

Italien soll alle notwendigen Maßnahmen ergreifen, um allen italienischer Gerichtsbarkeit unterstehenden Personen ohne Unterschied der Rasse, des Geschlechts, der Sprache oder der Religion den Genuß der Menschenrechte und der Grundfreiheiten, einschließlich Rede-, Presse und Veröffentlichungsfreiheit, der Freiheit des religiösen Kultes, der politischen Meinung und der öffentlichen Versammlungen zu sichern.

II. Friedensvertrag mit Rumänien

Artikel 3

1. Rumänien soll alle notwendigen Maßnahmen ergreifen, um allen rumänischer Gerichtsbarkeit unterstehenden Personen ohne Unterschied der Rasse, des Geschlechts, der Sprache oder der Religion den Genuß der Menschenrechte und der Grundfreiheiten, einschließlich Rede-, Presse und Veröffentlichungsfreiheit, der Freiheit des religiösen Kultes, der politischen Meinung und der öffentlichen Versammlungen zu sichern.

2. Rumänien verpflichtet sich ferner dahingehend, daß die in Rumänien geltenden Gesetze, weder in ihrem Inhalt noch in ihrer Anwendung, Unterschiede zwischen Personen rumänischer Staatsangehörigkeit auf Grund ihrer Rasse, ihres Geschlechts, ihrer Sprache oder Religion, sei es in bezug auf ihre Person, Eigentum, Geschäft, berufliche oder finanzielle Interessen, Stand, politische oder bürgerliche Rechte, oder in bezug auf irgend etwas anderes machen oder nach sich ziehen sollen.

Anm.: Bestimmungen wie unter I finden sich entsprechend in den Friedensverträgen mit Bulgarien (Art. 2) und Finnland (Art. 6), wie unter II entsprechend im Friedensvertrag mit Ungarn (Art. 2).

28. Konvention vom 9. Dezember 1948 über die Verhütung und Bestrafung des Völkermordes

(Auszug)

Nach Erwägung der Erklärung, die von der Generalversammlung der Vereinten Nationen in ihrer Resolution 96 (I) vom 11. Dezember 1946 abgegeben wurde, daß Völkermord ein Verbrechen gemäß internationalem Recht ist, das dem Geist und den Zielen der Vereinten Nationen zuwiderläuft und von der zivilisierten Welt verurteilt wird,

In Anerkennung der Tatsache, daß der Völkermord der Menschheit in allen Zeiten der Geschichte große Verluste zugefügt hat, und

In der Überzeugung, daß zur Befreiung der Menschheit von einer solch verabscheuungswürdigen Geißel internationale Zusammenarbeit erforderlich ist,

sind die Vertragschließenden Parteien hiermit wie folgt übereingekommen:

Artikel I

Die Vertragschließenden Parteien bestätigen, daß Völkermord, ob im Frieden oder im Krieg begangen, ein Verbrechen gemäß internationalem Recht ist, zu dessen Verhütung und Bestrafung sie sich verpflichten.

Artikel II

In dieser Konvention bedeutet Völkermord eine der folgenden Handlungen, die in der Absicht begangen wird, eine nationale, ethnische, rassische oder religiöse Gruppe als solche ganz oder teilweise zu zerstören:

(a) Tötung von Mitgliedern der Gruppe;

(b) Verursachung von schwerem körperlichem oder seelischem Schaden an Mitgliedern der Gruppe;

(c) vorsätzliche Auferlegung von Lebensbedingungen für die Gruppe, die geeignet sind, ihre körperliche Zerstörung ganz oder teilweise herbeizuführen;

(d) Verhängung von Maßnahmen, die auf die Geburtenverhinderung innerhalb der Gruppe gerichtet sind;

(e) gewaltsame Überführung von Kindern der Gruppe in eine andere Gruppe.

Artikel III

Die folgenden Handlungen sind zu bestrafen:

(a) Völkermord; (b) Verschwörung zur Begehung von Völkermord;

(c) unmittelbare und öffentliche Anreizung zur Begehung von Völkermord;

(d) Versuch, Völkermord zu begehen;

(e) Teilnahme am Völkermord.

Artikel IV

Personen, die Völkermord oder eine der sonstigen in Artikel III aufgeführten Handlungen begehen, sind zu bestrafen, gleichviel, ob sie regierende Personen, öffentliche Beamte oder private Einzelpersonen sind.

Artikel V

Die Vertragschließenden Parteien verpflichten sich, in Übereinstimmung mit ihren jeweiligen Verfassungen die notwendigen gesetzgeberischen Maßnahmen zu ergreifen, um die Anwendung der Bestimmungen dieser Konvention sicherzustellen und insbesondere wirksame Strafen für Personen vorzusehen, die sich des Völkermordes oder einer der sonstigen in Artikel III aufgeführten Handlungen schuldig machen.

Artikel VI

Personen, denen Völkermord oder eine der sonstigen in Artikel III aufgeführten Handlungen zur Last gelegt wird, werden vor ein zuständiges Gericht des Staates, in dessen Gebiet die Handlung begangen worden ist, oder vor das internationale Strafgericht gestellt, das für die Vertragschließenden Parteien, die seine Gerichtsbarkeit anerkannt haben, zuständig ist.

Artikel VII

Völkermord und die sonstigen in Artikel III aufgeführten Handlungen gelten für Auslieferungszwecke nicht als politische Straftaten.

Die Vertragschließenden Parteien verpflichten sich, in derartigen Fällen die Auslieferung gemäß ihren geltenden Gesetzen und Verträgen zu bewilligen.

Artikel VIII

Eine Vertragschließende Partei kann die zuständigen Organe der Vereinten Nationen damit befassen, gemäß der Charta der Vereinten Nationen die Maßnahmen zu ergreifen, die sie für die Verhütung und Bekämpfung von Völkermordhandlungen oder einer der sonstigen in Artikel III aufgeführten Handlungen für geeignet erachten.

Artikel IX

Streitfälle zwischen den Vertragschließenden Parteien hinsichtlich der Auslegung, Anwendung oder Durchführung dieser Konvention einschließlich derjenigen, die sich auf die Verantwortlichkeit eines Staates für Völkermord oder eine der sonstigen in Artikel III aufgeführten Handlungen beziehen, werden auf Antrag einer der an dem Streitfall beteiligten Parteien dem Internationalen Gerichtshof unterbreitet.

Artikel X

Diese Konvention, deren chinesischer, englischer, französischer, russischer und spanischer Text gleicherweise maßgebend ist, trägt das Datum des 9. Dezember 1948.

29. Genfer Abkommen (Rot-Kreuz-Konventionen) vom 12. August 1949 und Zusatzprotokolle (Protokolle I und II) vom 12. Dezember 1977

(Auszüge)

I. Genfer Abkommen zur Verbesserung des Loses der Verwundeten und Kranken der Streitkräfte im Felde

Kapitel I

Allgemeine Bestimmungen

Artikel 1

Die Hohen Vertragsparteien verpflichten sich, das vorliegende Abkommen unter allen Umständen einzuhalten und seine Einhaltung durchzusetzen .

Artikel 2

Außer den Bestimmungen, die bereits in Friedenszeiten durchzuführen sind, findet das vorliegende Abkommen Anwendung in allen Fällen eines erklärten Krieges oder eines anderen bewaffneten Konflikts, der zwischen zweien oder mehreren der Hohen Vertragsparteien entsteht, auch wenn der Kriegszustand von einer dieser Parteien nicht anerkannt wird.

Das Abkommen findet auch in allen Fällen vollständiger oder teilweiser Besetzung des Gebietes einer Hohen Vertragspartei Anwendung, selbst wenn diese Besetzung auf keinen bewaffneten Widerstand stößt.

Ist eine der am Konflikt beteiligten Mächte nicht Vertragspartei des vorliegenden Abkommens, so bleiben die Vertragsparteien in ihren gegenseitigen Beziehungen gleichwohl durch das Abkommen gebunden. Sie sind ferner durch das Abkommen auch gegenüber dieser Macht gebunden, wenn diese dessen Bestimmungen annimmt und anwendet.

Artikel 3

Im Falle eines bewaffneten Konflikts, der keinen internationalen Charakter hat und auf dem Gebiet einer der Hohen Vertragsparteien entsteht, ist jede der am Konflikt beteiligten Parteien gehalten, mindestens die folgenden Bestimmungen anzuwenden:

1. Personen, die nicht unmittelbar an den Feindseligkeiten teilnehmen, einschließlich der Mitglieder der Streitkräfte, welche die Waffen gestreckt haben, und der Personen, die durch Krankheit, Verwundung, Gefangennahme oder irgendeine andere Ursache außer Kampf gesetzt sind, werden unter allen Umständen mit Menschlichkeit behandelt, ohne jede auf Rasse, Farbe, Religion oder Glauben, Geschlecht, Geburt oder Vermögen oder auf irgendeinem anderen ähnlichen Unterscheidungsmerkmal beruhende Benachteiligung.

Zu diesem Zwecke sind und bleiben in bezug auf die oben erwähnten Personen jederzeit und überall verboten

a) Angriffe auf das Leben und die Person, namentlich Tötung jeder Art, Verstümmelung, grausame Behandlung und Folterung;

b) das Festnehmen von Geiseln;

c) Beeinträchtigung der persönlichen Würde, namentlich erniedrigende und entwürdigende Behandlung;

d) Verurteilungen und Hinrichtungen ohne vorhergehendes Urteil eines ordentlich bestellten Gerichtes, das die von den zivilisierten Völkern als unerläßlich anerkannten Rechtsgarantien bietet.

2. Die Verwundeten und Kranken werden geborgen und gepflegt.

Eine unparteiische humanitäre Organisation, wie das Internationale Komitee vom Roten Kreuz, kann den am Konflikt beteiligten Parteien ihre Dienste anbieten.

Die am Konflikt beteiligten Parteien werden sich andererseits bemühen, durch Sondervereinbarungen auch die anderen Bestimmungen des vorliegenden Abkommens ganz oder teilweise in Kraft zu setzen.

Die Anwendung der vorstehenden Bestimmungen hat auf die Rechtsstellung der am Konflikt beteiligten Parteien keinen Einfluß.

Artikel 4

Die neutralen Mächte wenden die Bestimmungen des vorliegenden Abkommens sinngemäß auf Verwundete und Kranke sowie auf Mitglieder des Sanitäts- und Seelsorgepersonals der Streitkräfte der am Konflikt beteiligten Parteien an, die in ihr Gebiet aufgenommen oder dort interniert werden, sowie auf die geborgenen Gefallenen.

Artikel 5

Auf geschützte Personen, die der Gegenpartei in die Hände gefallen sind, findet das vorliegende Abkommen bis zu ihrer endgültigen Heimschaffung Anwendung.

...

Artikel 7

Die Verwundeten und Kranken sowie die Mitglieder des Sanitäts- und Seelsorgepersonals können in keinem Falle, weder teilweise noch vollständig, auf die Rechte verzichten, die ihnen das vorliegende Abkommen und gegebenenfalls die im vorstehenden Artikel genannten Sondervereinbarungen verleihen.

...

Kapitel II

Verwundete und Kranke

Artikel 12

Die Mitglieder der Streitkräfte und die sonstigen im folgenden Artikel bezeichneten Personen, die verwundet oder krank sind, werden unter allen Umständen geschont und geschützt.

Sie werden durch die am Konflikt beteiligte Partei, in deren Händen sie sich befinden, mit Menschlichkeit behandelt und gepflegt, ohne jede auf Geschlecht, Rasse, Nationalität, Religion, politischer Meinung oder irgendeinem anderen ähnlichen Unterscheidungsmerkmal beruhende Benachteiligung. Streng verboten ist es, ihr Leben und ihre Person anzugreifen, insbesondere sie umzubringen oder auszurotten, sie zu foltern, an ihnen biologische Versuche vorzunehmen, sie vorsätzlich ohne ärztliche Hilfe oder Pflege zu lassen oder sie eigens dazu geschaffenen Ansteckungs- oder Infektionsgefahren auszusetzen.

Nur dringliche medizinische Gründe rechtfertigen eine Bevorzugung in der Reihenfolge der Behandlung.

Frauen werden mit aller ihrem Geschlecht gebührenden Rücksicht behandelt.

Die am Konflikt beteiligte Partei, die gezwungen ist, dem Gegner Verwundete oder Kranke zu überlassen, läßt, soweit es die militärischen Erfordernisse gestatten, einen Teil ihres Sanitätspersonals und -materials bei ihnen zurück, um zu deren Pflege beizutragen.

Artikel 13

Das vorliegende Abkommen findet auf Verwundete und Kranke folgender Kategorien Anwendung:

1. Mitglieder von Streitkräften einer am Konflikt beteiligten Partei, sowie Mitglieder von Milizen und Freiwilligenkorps, die in diese Streitkräfte eingegliedert sind;

2. Mitglieder anderer Milizen und Freiwilligenkorps, einschließlich solcher von organisierten Widerstandsbewegungen, die zu einer am Konflikt beteiligten Partei gehören und außerhalb oder innerhalb ihres eigenen Gebietes, auch wenn dasselbe besetzt ist, tätig sind, sofern diese Milizen oder Freiwilligenkorps, einschließlich der organisierten Widerstandsbewegungen

a) eine für ihre Untergebenen verantwortliche Person an ihrer Spitze haben;

b) ein bleibendes und von weitem erkennbares Unterscheidungszeichen führen;

c) die Waffen offen tragen;

d) bei ihren Kampfhandlungen die Gesetze und Gebräuche des Krieges einhalten;

3. Mitglieder regulärer Streitkräfte, die sich zu einer von der Gewahrsamsmacht nicht anerkannten Regierung oder Autorität bekennen;

4. Personen, die den Streitkräften folgen, ohne in sie eingegliedert zu sein, wie zivile Besatzungsmitglieder von Militärflugzeugen, Kriegsberichterstatter, Heereslieferanten, Mitglieder von Arbeitseinheiten oder von Diensten, die für die Betreuung der Militärpersonen verantwortlich sind, sofern dieselben von den Streitkräften, die sie begleiten, zu ihrer Tätigkeit ermächtigt sind;

5. Die Besatzungen der Handelsschiffe, einschließlich der Kapitäne, Lotsen und Schiffsjungen, sowie Besatzungen der Zivilluftfahrzeuge der am Konflikt beteiligten Parteien, die keine günstigere Behandlung auf Grund anderer Bestimmungen des internationalen Rechts genießen;

6. Die Bevölkerung eines unbesetzten Gebietes, die beim Herannahen des Feindes aus eigenem Antrieb zu den Waffen greift, um die eindringenden Truppen zu bekämpfen, ohne zur Bildung regulärer Streitkräfte Zeit gehabt zu haben, sofern sie die Waffen offen trägt und die Gesetze und Gebräuche des Krieges einhält.

Artikel 14

Vorbehaltlich der Bestimmungen von Artikel 12 werden Verwundete und Kranke eines Kriegführenden, wenn sie in Feindeshand geraten, Kriegsgefangene, und die völkerrechtlichen Regeln über Kriegsgefangene finden auf sie Anwendung.

Artikel 15

Die am Konflikt beteiligten Parteien treffen jederzeit und besonders nach einem Kampf unverzüglich alle zu Gebote stehenden Maßnahmen, um die Verwundeten und Kranken zu suchen und zu bergen, sie vor Beraubung und Mißhandlung zu schützen und ihnen die notwendige Pflege zu sichern, sowie um die Gefallenen zu suchen und deren Ausplünderung zu verhindern.

Wenn immer es die Umstände gestatten, werden ein Waffenstillstand, eine Feuerpause oder örtliche Abmachungen vereinbart, um die Bergung, den Austausch und den Abtransport der auf dem Schlachtfeld gebliebenen Verwundeten zu ermöglichen.

Gleichfalls können zwischen den am Konflikt beteiligten Parteien örtliche Abmachungen für die Evakuierung oder den Austausch von Verwundeten und Kranken aus einer belagerten oder eingeschlossenen Zone sowie für den Durchzug von Sanitäts- und Seelsorgepersonal und Sanitätsmaterial nach dieser Zone getroffen werden.

...

Kapitel VIII

Durchführung des Abkommens

Artikel 46

Vergeltungsmaßnahmen gegen Verwundete, Kranke, Personal, Gebäude oder Material, die unter dem Schutze des Abkommens stehen, sind untersagt.

...

Kapitel IX

Ahndung von Mißbräuchen und Übertretungen

Artikel 49

Die Hohen Vertragsparteien verpflichten sich, alle notwendigen gesetzgeberischen Maßnahmen zur Festsetzung von angemessenen Strafbestimmungen für solche Personen zu treffen, die irgendeine der im folgenden Artikel umschriebenen schweren Verletzungen des vorliegenden Abkommens begehen oder zu einer solchen Verletzung den Befehl erteilen.

...

II. Genfer Abkommen zur Verbesserung des Loses der Verwundeten, Kranken und Schiffbrüchigen der Streitkräfte zur See

(enthält entsprechende Bestimmungen wie das I. Abkommen)

III. Genfer Abkommen über die Behandlung der Kriegsgefangenen

(Art. 1 bis 5 und Art. 7 enthalten mutatis mutandis entsprechende Bestimmungen wie die gleichen Artikel des I. Abkommens)

Teil II

Allgemeiner Schutz der Kriegsgefangenen

...

Artikel 13

Die Kriegsgefangenen müssen jederzeit mit Menschlichkeit behandelt werden. Jede rechtswidrige Handlung oder Unterlassung seitens des Gewahrsamsstaates, die den Tod oder eine schwere Gefährdung der Gesundheit eines in seinen Händen befindlichen Kriegsgefangenen zur Folge hat, ist untersagt und gilt als schwere Verletzung des vorliegenden Abkommens. Insbesondere dürfen an den Kriegsgefangenen keine Verstümmelungen oder medizinischen oder wissenschaftlichen Versuche irgendwelcher Art vorgenommen werden, die nicht durch die ärztliche Behandlung des betreffenden Kriegsgefangenen gerechtfertigt sind und nicht in seinem Interesse liegen.

Die Kriegsgefangenen werden ferner jederzeit geschützt, insbesondere auch vor Gewalttätigkeit oder Einschüchterung, Beleidigungen und öffentlicher Neugier.

Vergeltungsmaßnahmen gegen Kriegsgefangene sind untersagt.

Artikel 14

Die Kriegsgefangenen haben unter allen Umständen Anspruch auf Achtung ihrer Person und ihrer Ehre.

Frauen werden mit aller ihrem Geschlecht gebührenden Rücksicht behandelt und erfahren auf jeden Fall eine ebenso günstige Behandlung wie die Männer.

Die Kriegsgefangenen behalten ihre volle bürgerliche Rechtsfähigkeit, wie sie im Augenblick ihrer Gefangennahme bestand. Der Gewahrsamsstaat darf deren Ausübung innerhalb oder außerhalb seines Gebietes nur insofern einschränken, als es die Gefangenschaft erfordert.

Artikel 15

Der Gewahrsamsstaat ist verpflichtet, unentgeltlich für den Unterhalt der Kriegsgefangenen aufzukommen und ihnen unentgeltlich die ärztliche Behandlung angedeihen zu lassen, die ihr Gesundheitszustand erfordert.

Artikel 16

Unter Berücksichtigung der Bestimmungen des vorliegenden Abkommens hinsichtlich Dienstgrad und Geschlecht und vorbehaltlich der den Kriegsgefangenen auf Grund ihres Gesundheitszustandes, ihres Alters oder ihrer beruflichen Eignung gewährten Vergünstigungen sind alle Kriegsgefangenen durch den Gewahrsamsstaat gleich zu behandeln, ohne jede auf Rasse, Nationalität, Religion, politischer Meinung oder irgendeinem anderen ähnlichen Unterscheidungsmerkmal beruhende Benachteiligung.

...

Kapitel V

Religion, geistige und körperliche Betätigung

Artikel 34

Den Kriegsgefangenen wird in der Ausübung ihrer Religion, einschließlich der Teilnahme an Gottesdiensten ihres Glaubensbekenntnisses, volle Freiheit gewährt, vorausgesetzt, daß sie die Ordnungsvorschriften der Militärbehörde befolgen.

Für die Abhaltung der Gottesdienste werden geeignete Räume zur Verfügung gestellt.

...

Artikel 38

Der Gewahrsamsstaat fördert unter Achtung der persönlichen Vorliebe der einzelnen Gefangenen die geistige, erzieherische, sportliche und die der Erholung dienende Betätigung der Kriegsgefangenen; er trifft die nötigen Maßnahmen, um diese Betätigung zu gewährleisten, indem er ihnen geeignete Räume sowie die nötige Ausrüstung zur Verfügung stellt.

Den Kriegsgefangenen muß die Möglichkeit zu körperlichen Übungen, einschließlich Sport und Spiele, und zum Aufenthalt im Freien geboten werden. Zu diesem Zwecke sind in allen Lagern genügend offene Plätze zur Verfügung zu stellen.

...

Abschnitt III

Arbeit der Kriegsgefangenen

Artikel 49

Der Gewahrsamsstaat kann die gesunden Kriegsgefangenen unter Berücksichtigung ihres Alters, ihres Geschlechts, ihres Dienstgrades sowie ihrer körperlichen Fähigkeiten zu Arbeiten heranziehen, besonders um sie in gutem körperlichen und moralischen Gesundheitszustand zu erhalten.

...

Artikel 51

Den Kriegsgefangenen müssen angemessene Arbeitsbedingungen gewährt werden, insbesondere hinsichtlich Unterkunft, Verpflegung, Bekleidung und Material; diese Bedingungen dürfen nicht schlechter sein als diejenigen, die den Angehörigen des Gewahrsamsstaates für gleiche Arbeit gewährt werden; dabei werden die klimatischen Verhältnisse ebenfalls berücksichtigt.

...

Kapitel III

Straf- und Disziplinarmaßnahmen

1. Allgemeine Bestimmungen

Artikel 82

Die Kriegsgefangenen unterstehen den für die Streitkräfte des Gewahrsamsstaates geltenden allgemeinen Gesetzen, Verordnungen und Anordnungen. Der Gewahrsamsstaat ist ermächtigt, gegen jeden Kriegsgefangenen, der sich eine Übertretung dieser allgemeinen Gesetze, Verordnungen und Anordnungen zuschulden kommen läßt, gerichtliche oder disziplinarische Maßnahmen zu treffen. Jedoch ist keine Strafverfolgung oder Bestrafung gestattet, die den Bestimmungen dieses Kapitels zuwiderläuft.

Erklären allgemeine Gesetze, Verordnungen oder Anordnungen des Gewahrsamsstaates die von einem Kriegsgefangenen begangenen Handlungen als strafbar, während die gleichen Handlungen nicht strafbar sind, sofern sie durch Mitglieder der Streitkräfte des Gewahrsamsstaates begangen werden, so dürfen diese Handlungen lediglich eine disziplinarische Bestrafung nach sich ziehen.

...

Artikel 86

Ein Kriegsgefangener darf nicht mehr als einmal für dieselbe Handlung oder auf Grund derselben Anklage bestraft werden.

Artikel 87

Über die Kriegsgefangenen können von den Militärbehörden und den Gerichten des Gewahrsamsstaates nur solche Strafen verhängt werden, die bei den gleichen Tatbeständen für die Mitglieder der Streitkräfte dieses Staates vorgesehen sind.

Bei der Strafzumessung haben die Gerichte oder Behörden des Gewahrsamsstaates soweit wie möglich die Tatsache zu berücksichtigen, daß der Angeklagte, da er nicht Angehöriger des Gewahrsamsstaates ist, durch keinerlei Treuepflicht ihm gegenüber gebunden ist und sich infolge von Umständen, die nicht von seinem eigenen Willen abhängen, in seiner Gewalt befindet. Es bleibt ihnen anheimgestellt, das Strafmaß nach freiem Ermessen zu verringern, das für die dem Gefangenen zur Last gelegte strafbare Handlung vorgesehen ist; sie sind zu diesem Zwecke nicht an die vorgeschriebene Mindeststrafe gebunden.

Sämtliche Kollektivstrafen für Handlungen einzelner, sämtliche Körperstrafen, jede Einkerkerung in Räumen ohne Tageslicht und ganz allgemein jede Art von Folter und Grausamkeit sind untersagt.

...

III. Gerichtliche Verfolgung

Artikel 99

Kein Kriegsgefangener darf wegen einer Handlung gerichtlich verfolgt oder verurteilt werden, die zur Zeit ihrer Begehung nicht ausdrücklich durch in Kraft befindliche Gesetze des Gewahrsamsstaates oder geltendes Völkerrecht verboten war.

Auf einen Kriegsgefangenen darf keinerlei körperlicher oder seelischer Zwang ausgeübt werden, um ihn dazu zu bringen, sich der Handlung, deren er angeklagt ist, schuldig zu bekennen.

Kein Kriegsgefangener darf verurteilt werden, ohne die Möglichkeit zu seiner Verteidigung und den Beistand eines geeigneten Verteidigers gehabt zu haben.

...

Artikel 129

(vgl. Artikel 49 des I. Abkommens)

IV. Genfer Abkommen zum Schutze von Zivilpersonen in Kriegszeiten

(Teil I enthält mutatis mutandis entsprechende Bestimmungen wie die oben wiedergegebenen Vorschriften des Kapitels I des I. Abkommens)

Teil III

Rechtsstellung und Behandlung der geschützten Personen

Abschnitt I

Gemeinsame Bestimmungen für die Gebiete der am Konflikt beteiligten Parteien und die besetzten Gebiete

Artikel 27

Die geschützten Personen haben unter allen Umständen Anspruch auf Achtung ihrer Person, ihrer Ehre, ihrer Familienrechte, ihrer religiösen Überzeugungen und Gepflogenheiten, ihrer Gewohnheiten und Gebräuche. Sie werden jederzeit mit Menschlichkeit behandelt und insbesondere vor Gewalttätigkeit oder Einschüchterung, vor Beleidigungen und der öffentlichen Neugier geschützt.

Die Frauen werden besonders vor jedem Angriff auf ihre Ehre und namentlich vor Vergewaltigung, Nötigung zur gewerbsmäßigen Unzucht und jeder unzüchtigen Handlung geschützt.

Unbeschadet der bezüglich des Gesundheitszustandes, des Alters und des Geschlechts getroffenen Vorkehrungen werden sämtliche geschützten Personen von den am Konflikt beteiligten Parteien, in deren Machtbereich sie sich befinden, mit der gleichen Rücksicht und ohne jede insbesondere auf Rasse, Religion oder der politischen Meinung beruhende Benachteiligung behandelt.

Jedoch können die am Konflikt beteiligten Parteien in bezug auf die geschützten Personen diejenigen Kontroll- und Sicherheitsmaßnahmen ergreifen, die sich infolge des Krieges als notwendig erweisen.

...

Artikel 31

Auf die geschützten Personen darf keinerlei körperlicher oder seelischer Zwang ausgeübt werden, namentlich nicht, um von ihnen oder dritten Personen Auskünfte zu erlangen.

...

Artikel 33

Keine geschützte Person darf wegen einer Tat bestraft werden, die sie nicht persönlich begangen hat. Kollektivstrafen sowie jede Maßnahme zur Einschüchterung oder Terrorisierung sind untersagt.

Plünderungen sind untersagt.

Vergeltungsmaßnahmen gegen geschützte Personen und ihr Eigentum sind untersagt.

Artikel 34

Das Festnehmen von Geiseln ist untersagt.

Abschnitt II

Ausländer im Gebiet einer am Konflikt beteiligten Partei

Artikel 35

Jede geschützte Person, die zu Beginn oder im Verlaufe eines Konflikts das Gebiet zu verlassen wünscht, hat das Recht dazu, soweit ihre Ausreise den nationalen Interessen des Staates nicht zuwiderläuft. Über Ausreisegesuche solcher Personen wird in einem ordentlichen Verfahren befunden; der Entscheid wird so schnell wie möglich getroffen. Zur Ausreise ermächtigte Personen dürfen sich mit dem notwendigen Reisegeld versehen und eine ausreichende Menge Sachen und persönliche Gebrauchsgegenstände mit sich nehmen.

...

Artikel 40

Geschützte Personen dürfen nur im gleichen Ausmaß wie die Angehörigen der am Konflikt beteiligten Partei, auf deren Gebiet sie sich befinden, zur Arbeit gezwungen werden.

Sind die geschützten Personen feindlicher Nationalität, so dürfen sie nur zu Arbeiten gezwungen werden, die normalerweise zur Sicherstellung der Ernährung, der Unterbringung, der Bekleidung, der Beförderung und der Gesundheit von Menschen nötig sind und die nicht in unmittelbarem Zusammenhang mit der Durchführung der Kampfhandlungen stehen.

In allen in den vorstehenden Absätzen erwähnten Fällen genießen die zur Arbeit gezwungenen geschützten Personen die gleichen Arbeitsbedingungen und dieselben Schutzmaßnahmen wie die einheimischen Arbeiter, namentlich was die Entlohnung, die Arbeitsdauer, die Ausrüstung, die Vorbildung und die Entschädigung für Arbeitsunfälle und Berufskrankheiten betrifft.

...

Abschnitt III

Besetzte Gebiete

Artikel 47

Geschützten Personen, die sich in besetzten Gebieten befinden, werden in keinem Falle und auf keine Weise die Vorteile des vorliegenden Abkommens entzogen, weder wegen irgendeiner Veränderung, die sich aus der Tatsache der Besetzung bei den Einrichtungen oder der Regierung des in Frage stehenden Gebietes ergibt, noch auf Grund einer zwischen den Behörden des besetzten Gebietes und der Besatzungsmacht abgeschlossenen Vereinbarung, noch auf Grund der Einverleibung des ganzen besetzten Gebietes oder eines Teils davon durch die Besatzungsmacht.

Artikel 48

Geschützte Personen, die nicht Angehörige der Macht sind, derenGebiet besetzt ist, können unter den in Artikel 35 vorgesehenen Bedingungen das Recht zum Verlassen des Gebietes geltend machen; Entscheidungen darüber werden auf Grund des Verfahrens getroffen, das die Besatzungsmacht entsprechend dem erwähnten Artikel einzurichten hat.

Artikel 49

Einzel- oder Massenzwangsverschickungen sowie Verschleppungen von geschützten Personen aus besetztem Gebiet nach dem Gebiet der Besatzungsmacht oder dem irgendeines anderen besetzten oder unbesetzten Staates sind ohne Rücksicht auf deren Beweggrund untersagt.

Jedoch kann die Besatzungsmacht eine vollständige oder teilweise Räumung einer bestimmten besetzten Gegend durchführen, wenn die Sicherheit der Bevölkerung oder zwingende militärische Gründe es erfordern. Solche Räumungen dürfen keinesfalls die Verschleppung von geschützten Personen in Gegenden außerhalb des besetzten Gebietes zur Folge haben, es sei denn, dies ließe sich aus materiellen Gründen nicht vermeiden. Unmittelbar nach Beendigung der Feindseligkeiten in der betreffenden Gegend wird die so verschickte Bevölkerung in ihre Heimat zurückgeführt.

...

Artikel 65

Die durch die Besatzungsmacht erlassenen Strafbestimmungen erhalten erst dann Rechtskraft, wenn sie veröffentlicht und der Bevölkerung in ihrer Sprache zur Kenntnis gebracht worden sind. Sie können keine rückwirkende Kraft haben.

...

Artikel 67

Die Gerichte dürfen nur Gesetzesbestimmungen anwenden, die vor der Begehung der strafbaren Handlung bestanden und in Übereinstimmung mit den allgemein anerkannten Rechtsgrundsätzen stehen, insbesondere dem Grundsatz, daß die Strafe der Schwere der strafbaren Handlung entsprechen muß. Sie ziehen in Betracht, daß der Angeklagte kein Angehöriger der Besatzungsmacht ist.

...

Artikel 71

Die zuständigen Gerichte der Besatzungsmacht fällen kein Urteil ohne ein vorhergehendes ordentliches Verfahren.

...

Artikel 72

Jeder Angeklagte hat das Recht, die zu seiner Verteidigung notwendigen Beweismittel geltend zu machen; insbesondere kann er Zeugen vernehmen lassen. Er hat Anspruch darauf, daß ihm ein geeigneter Anwalt seiner Wahl beisteht, der ihn ungehindert besuchen kann und sich aller Erleichterungen erfreut, die zur Vorbereitung der Verteidigung notwendig sind.

Falls der Angeklagte selbst keinen Verteidiger bezeichnet, stellt ihm die Schutzmacht einen zur Verfügung. Steht der Angeschuldigte einer schweren Anklage gegenüber und entbehrt er einer Schutzmacht, so stellt ihm die Besatzungsmacht unter Vorbehalt seiner Zustimmung einen Verteidiger.

Jeder Angeklagte wird, sofern er nicht von sich aus darauf verzichtet, sowohl während der Untersuchung wie auch bei der Gerichtsverhandlung von einem Dolmetscher unterstützt. Er kann den Dolmetscher jederzeit ablehnen und dessen Ersetzung verlangen.

...

Artikel 77

Durch Gerichte im besetzten Gebiet angeklagte oder verurteilte geschützte Personen werden beim Abschluß der Besetzung den Behörden des befreiten Gebietes mit den sie betreffenden Akten übergeben.

...

Teil V

Durchführung des Abkommens

Artikel 146

(vgl. Art. 49 des I. Abkommens)

Artikel 147

Als schwere Verletzung im Sinne des vorstehenden Artikels gilt jede der folgenden Handlungen, sofern sie gegen durch das Abkommen geschützte Personen oder Güter begangen wird: vorsätzliche Tötung, Folterung oder unmenschliche Behandlung einschließlich biologischer Versuche, vorsätzliche Verursachung großer Leiden oder schwere Beeinträchtigung der körperlichen Unversehrtheit oder der Gesundheit, rechtswidrige Verschleppung oder rechtswidrige Verschickung, rechtswidrige Gefangenhaltung, Nötigung einer geschützten Person zur Dienstleistung in den Streitkräften der feindlichen Macht oder Entzug ihres Anrechts auf ein ordentliches und unparteiisches, den Vorschriften des vorliegenden Abkommens entsprechendes Gerichtsverfahren, das Festnehmen von Geiseln sowie Zerstörung und Aneignung von Eigentum, die durch militärische Erfordernisse nicht gerechtfertigt sind und in großem Ausmaß rechtswidrig und willkürlich vorgenommen werden.

Artikel 148

Eine Hohe Vertragspartei kann weder sich selbst noch eine andere Vertragspartei von den Verantwortlichkeiten befreien, die ihr selbst oder einer anderen Vertragspartei auf Grund von Verletzungen im Sinne des vorstehenden Artikels zufallen.

Protokoll I betreffend den Schutz von Opfern internationaler bewaffneter Konflikte (12. Dezember 1977)

Artikel I

Allgemeine Grundsätze und Anwendungsbereich

1. ...

2. ...

3. Dieses Protokoll, welches die Genfer Konventionen vom 12. August 1949 zum Schutze der Opfer des Krieges ergänzt, findet Anwendung in Situationen, auf welche sich die gemeinsamen Artikel 2 jener Konventionen beziehen.

4. ...

...

Artikel 75

Grundlegende Garantien

1. Soweit von einer Situation betroffen, auf welche sich Artikel 1 dieses Protokolls bezieht, sollen Personen, die sich in der Hand einer Konfliktpartei befinden und die keine größere Begünstigung durch die Konventionen oder dieses Protokoll erfahren, unter allen Umständen menschlich behandelt werden und mindestens den in diesem Artikel vorgesehenen Schutz genießen, ohne Unterschiede nach Rasse, Farbe, Geschlecht, Sprache, Religion oder Glauben, politischer oder anderer Überzeugung, nationaler oder sozialer Herkunft, Vermögen, Geburt oder anderem Status, oder nach ähnlichen anderen Kriterien. Jede Konfliktpartei soll die Person, die Ehre, die Überzeugungen und religiösen Gebräuche aller derartigen Personen achten.

2. Die folgenden Handlungen sind und bleiben verboten an jedem Ort und zu jeder Zeit, gleich ob sie von Zivil- oder Militärpersonen begangen werden:

a) Gewalt gegen Leben, Gesundheit oder körperliches oder seelisches Wohlbefinden von Personen, insbesondere

(i) Mord;

(ii) körperliche oder seelische Folter aller Art;

(iii) körperliche Bestrafung; und

(iv) Verstümmelung.

b) Angriffe auf die Würde der Person, insbesondere demütigende und herabsetzende Behandlung, zwangsweise Prostitution und jede Form unzüchtigen Angriffs;

c) Geiselnahme;

d) kollektive Bestrafung;

e) Bedrohung mit einer der vorstehenden Handlungen.

3.–4. ... (enthalten ausführliche Garantien für Fälle von Inhaftnahmen und für Strafverfahren)

5. Frauen, deren Freiheit aus Gründen, die mit dem bewaffneten Konflikt zusammenhängen, beschränkt worden ist, sollen in Unterkünften untergebracht

werden, die von den Unterkünften von Männern getrennt sind. Sie sollen der unmittelbaren Überwachung durch Frauen unterliegen. Ungeachtet dessen sollen in Fällen, in denen Familien festgehalten oder interniert werden, diese, wann immer möglich, am gleichen Ort festgehalten und als geschlossene Familie untergebracht werden.

6. Personen, welche aus Gründen, die mit dem bewaffneten Konflikt zusammenhängen, in Haft genommen oder interniert sind, sollen den in diesem Artikel vorgesehenen Schutz bis zu ihrer endgültigen Entlassung, Repatriierung oder Rückführung genießen, auch nach dem Ende des bewaffneten Konflikts.

7. Um jeden Zweifel hinsichtlich der Verfolgung und Verurteilung von Personen auszuschließen, die der Begehung von Kriegsverbrechen gegen die Menschlichkeit beschuldigt werden, sollten die folgenden Grundsätze Anwendung finden:

a) Personen, die solcher Verbrechen beschuldigt werden, sollten der Verfolgung und Verurteilung in Übereinstimmung mit den anwendbaren Regeln des internationalen Rechts unterliegen; und

b) allen derartigen Personen soll, soweit sie keine günstigeren Behandlung durch die Konventionen oder dieses Protokoll erfahren, die in diesem Artikel vorgesehene Behandlung zuteil werden, unabhängig davon, ob die Verbrechen, deren sie beschuldigt werden, schwere Verletzungen der Konventionen oder dieses Protokolls darstellen.

8. Keine Bestimmung dieses Artikels darf so ausgelegt werden, als ob sie eine andere günstigere Vorschrift, die anwendbaren Regeln des internationalen Rechts gemäß einen größeren Schutz gewährt, für Personen die unter die Nummer 1 fallen, einschränke oder ausschließe.

...

Protokoll II betreffend den Schutz von Opfern nicht-international bewaffneter Konflikte (12. Dezember 1977)

(Auszug)

Artikel 1

Sachlicher Anwendungsbereich

1. Dieses Protokoll, welches die gemeinsamen Artikel 3 der Genfer Konventionen vom 12. August 1949 entwickelt und ergänzt ohne deren bestehende Anwendungsbedingungen zu verändern, soll auf alle bewaffneten Konflikte Anwendung finden, die nicht durch Artikel 1 des Protokolls I zu den Genfer Konventionen vom 12. August 1949 gedeckt werden und die auf dem Gebiet einer der Hohen Vertragschließenden Parteien zwischen deren bewaffneten Kräften und anders ausgerichteten Streitkräften oder sonstigen organisierten bewaffneten Gruppen stattfinden, welche unter verantwortlichem Kommando eine solche Kontrolle über einen Teil des Gebiets ausüben, daß sie in der Lage sind,

nachhaltige und abgestimmte militärische Operationen zu unternehmen und dieses Protokoll auszuführen.

2. Dieses Protokoll findet keine Anwendung auf innere Unruhelagen und Spannungen, wie Aufstände, isolierte und gelegentliche Gewalttaten und andere Handlungen ähnlicher Art, da diese keine bewaffneten Konflikte sind.

Artikel 2

Persönlicher Anwendungsbereich

1. Dieses Protokoll soll ohne Unterscheidung nach Rasse, Farbe, Geschlecht, Sprache, Religion oder Glauben, politischer oder anderer Überzeugung, nationaler oder sozialer Herkunft, Vermögen, Geburt oder anderem Status, oder nach ähnlichen anderen Kriterien (im folgenden bezeichnet als „Ungleichbehandlung") auf alle Personen angewandt werden, welche von einem bewaffnetem Konflikt im Sinne des Artikels 1 betroffen sind.

2. ...

...

*Artikel 4**

Grundgarantien

1. Alle Personen, die an den Feindseligkeiten nicht unmittelbar beteiligt sind oder daran nicht mehr teilnehmen, haben Anspruch auf die Achtung ihrer Person, Ehre, Überzeugung und religiösen Gebräuche, gleich ob ihre Freiheit eingeschränkt ist oder nicht. Sie sollen unter allen Umständen ohne jegliche Ungleichbehandlung menschlich behandelt werden. Es ist verboten anzuordnen, daß es keine Überlebenden geben solle.

2. Ohne Nachteil für die vorstehenden allgemeinen Sätze sind und bleiben die folgenden Handlungen gegen Personen im Sinne der Nummer 1 zu jeder Zeit und an jedem Ort verboten:

a) Gewalt gegen Leben, Gesundheit und körperliches oder seelisches Wohlbefinden von Personen, insbesondere Mord, wie auch grausame Behandlungen wie Folter, Verstümmelung oder irgendeine Form von körperlicher Bestrafung;

b) kollektive Bestrafung;

c) Geiselnahme;

d) Terrorakte;

e) Angriffe auf die persönliche Würde, insbesondere demütigende und herabsetzende Behandlung, Vergewaltigung, zwangsweise Prostitution und jede Form unzüchtigen Angriffs;

f) Sklaverei und Sklavenhandel in allen ihren Formen;

---

* Die Nummer 3 dieses Artikels enthält besondere Bestimmungen zum Schutz von Kindern. – In den weiteren Artikeln 5 und 6 dieses Teiles des Protokolls über menschliche Behandlung finden sich Bestimmungen über die Behandlung und die Rechte von Personen, die einer Beschränkung ihrer Freiheit unterliegen, sowie über die Rechte in Strafverfahren, die im Zusammenhang mit dem bewaffneten Konflikt stehen. – Von einer Wiedergabe wurde aus Raumgründen abgesehen, ebenso wie bei den Nummern 3 und 4 des Artikels 75 des Protokolls I.

g) Plünderung;
h) Bedrohung mit einer der vorstehenden Handlungen.
3. ...

30. Zusatzübereinkommen vom 7. September 1956 über die Abschaffung der Sklaverei, des Sklavenhandels und sklavereiähnlicher Einrichtungen und Praktiken

(Auszug)

Präambel

Die Vertragsstaaten dieses Übereinkommens

in der Erwägung, daß die Freiheit das angeborene Recht jedes Menschen ist,

eingedenk der Tatsache, daß die Völker der Vereinten Nationen in der Satzung ihren Glauben an die Würde und den Wert der menschlichen Person erneut bekräftigt haben,

in der Erwägung, daß in der von der Vollversammlung der Vereinten Nationen als das von allen Völkern und Nationen zu erreichende gemeinsame Ideal verkündeten Allgemeinen Erklärung der Menschenrechte festgestellt wird, daß niemand in Sklaverei oder Knechtschaft gehalten werden darf, und daß Sklaverei und Sklavenhandel in jeder Form verboten werden sollen,

in Anerkennung der Tatsache, daß seit dem Abschluß des am 25. September 1926 in Genf unterzeichneten Übereinkommens betreffend die Sklaverei, durch welches die Abschaffung der Sklaverei und des Sklavenhandels sichergestellt werden sollte, weitere Fortschritte zur Erreichung dieses Ziels gemacht worden sind,

in Anbetracht des Übereinkommens über Zwangs- oder Pflichtarbeit von 1930 und weiterer, von der Internationalen Arbeitsorganisation in bezug auf Zwangs- oder Pflichtarbeit unternommener Schritte,

jedoch in dem Bewußtsein, daß Sklaverei, Sklavenhandel und sklavereiähnliche Einrichtungen und Praktiken noch nicht in allen Teilen der Welt beseitigt sind,

haben daher beschlossen, das Übereinkommen von 1926, das in Kraft bleibt, nunmehr durch den Abschluß eines Zusatzübereinkommens zu ergänzen mit dem Ziel, sowohl die nationalen als auch die internationalen Bemühungen um die Abschaffung der Sklaverei, des Sklavenhandels und sklavereiähnlicher Einrichtungen und Praktiken zu verstärken, und

sind, wie folgt, übereingekommen:

Teil I

Sklavereiähnliche Einrichtungen und Praktiken

Artikel 1

Jeder Vertragsstaat dieses Übereinkommens trifft alle durchführbaren und notwendigen gesetzgeberischen und sonstigen Maßnahmen, um schrittweise und so bald wie möglich die vollständige Abschaffung der folgenden Einrichtungen und Praktiken oder den Verzicht darauf herbeizuführen, soweit sie noch bestehen, und ohne Rücksicht darauf, ob sie unter die in Artikel 1 des am 25. September 1926 in Genf unterzeichneten Übereinkommens, betreffend die Sklaverei, enthaltene Begriffsbestimmung fallen:

(a) Schuldknechtschaft, d. h. eine Rechtsstellung oder eine Lage, die dadurch entsteht, daß ein Schuldner als Sicherheit für eine Schuld seine persönlichen Dienstleistungen oder diejenigen einer seiner Kontrolle unterstehenden Person verpfändet, wenn der in angemessener Weise festgesetzte Wert dieser Dienstleistungen nicht zur Tilgung der Schuld dient, oder wenn diese Dienstleistungen nicht sowohl nach ihrer Dauer wie auch nach ihrer Art begrenzt und bestimmt sind;

(b) Leibeigenschaft, d. h. die Lage oder Rechtsstellung eines Pächters, der durch Gesetz, Gewohnheitsrecht oder Vereinbarung verpflichtet ist, auf einem einer anderen Person gehörenden Grundstück zu leben und zu arbeiten und dieser Person bestimmte entgeltliche oder unentgeltliche Dienste zu leisten, ohne seine Rechtsstellung selbständig ändern zu können;

(c) Einrichtungen oder Praktiken, durch die

(i) eine Frau, ohne ein Weigerungsrecht zu besitzen, gegen eine an ihre Eltern, ihren Vormund, ihre Familie oder eine andere Person oder Gruppe gegebene Geld- oder Naturalleistung zur Ehe versprochen oder verheiratet wird,

(ii) der Ehemann einer Frau, seine Familie oder seine Sippe berechtigt ist, sie gegen Entgelt oder in anderer Weise an eine andere Person abzutreten,

(iii) eine Frau beim Tode ihres Ehemannes zwangsläufig an eine andere Person vererbt wird;

(d) Einrichtungen oder Praktiken, durch die ein Kind oder ein Jugendlicher unter achtzehn Jahren von seinen natürlichen Eltern oder einem Elternteil oder seinem Vormund entgeltlich oder unentgeltlich einer anderen Person übergeben werden, in der Absicht, das Kind oder den Jugendlichen oder seine Arbeitskraft auszunutzen.

Artikel 2

Um den in Artikel 1 Abs. c erwähnten Einrichtungen und Praktiken ein Ende zu bereiten, verpflichten sich die Vertragsstaaten, dort, wo es angebracht erscheint, ein angemessenes Mindestalter zur Eheschließung festzusetzen, die Anwendung von Vorkehrungen, auf Grund derer die Zustimmung beider Ehepartner vor einer zuständigen zivilen oder religiösen Behörde frei zum Ausdruck gebracht werden kann, und die Eintragung der Eheschließung zu fördern.

Teil II

Sklavenhandel

Artikel 3

1. Die Beförderung oder der Versuch der Beförderung von Sklaven aus einem Land in ein anderes, gleichgültig, mit welchen Beförderungsmitteln sie erfolgt,

oder die Teilnahme daran soll ein Verbrechen nach den Gesetzen der Vertragsstaaten dieses Übereinkommens sein; Personen, die dieser Verbrechen überführt werden, sollen sehr schwer bestraft werden.

2. (a) Die Vertragsstaaten treffen alle wirksamen Maßnahmen, um Schiffe und Luftfahrzeuge, die ihre Flagge führen dürfen, an der Beförderung von Sklaven zu hindern und um Personen, die solcher Handlungen oder der Benutzung nationaler Flaggen für diesen Zweck schuldig werden, zu bestrafen.

(b) Die Vertragsstaaten treffen alle wirksamen Maßnahmen, um sicherzustellen, daß ihre Häfen, Flughäfen und Küsten nicht zur Beförderung von Sklaven benutzt werden.

3. Die Vertragsstaaten dieses Übereinkommens tauschen Informationen aus, um die praktische Koordinierung der von ihnen zur Bekämpfung des Sklavenhandels getroffenen Maßnahmen sicherzustellen, und unterrichten einander über jeden Fall von Sklavenhandel und jeden Versuch, dieses Verbrechen zu begehen, der zu ihrer Kenntnis gelangt.

Artikel 4

Jeder Sklave, der an Bord eines Schiffes eines Vertragsstaates Zuflucht sucht, wird ipso facto frei.

Teil III

Sklaverei und sklavereiähnliche Einrichtungen und Praktiken

Artikel 5

In einem Land, in dem die Abschaffung der Sklaverei oder der in Artikel 1 erwähnten Einrichtungen oder Praktiken oder der Verzicht darauf noch nicht in vollem Umfang erfolgt ist, soll das Verstümmeln, Brandmarken oder sonstige Kennzeichnen eines Sklaven oder einer Person in sklavenähnlicher Rechtsstellung zur Bezeichnung dieser Rechtsstellung oder als Strafe oder aus einem anderen Grunde oder die Teilnahme daran ein Verbrechen nach den Gesetzen der Vertragsstaaten dieses Übereinkommens sein; Personen, die dieser Verbrechen überführt werden, werden bestraft.

Artikel 6

1. Die Versklavung einer Person oder die Anstiftung einer Person, sich oder eine von ihr abhängige Person in Sklaverei zu geben, oder der Versuch dazu oder die Teilnahme daran oder die Beteiligung an einer Verschwörung zur Durchführung solcher Handlungen soll ein Verbrechen nach den Gesetzen der Vertragsstaaten dieses Übereinkommens sein; Personen, die dieser Verbrechen überführt werden, werden bestraft.

2. Vorbehaltlich des einleitenden Absatzes des Artikels 1 findet Absatz 1 des vorliegenden Artikels auch Anwendung auf die Anstiftung einer Person, sich oder eine von ihr abhängige Person in eine sklavereiähnliche Rechtsstellung zu geben, die auf einer der in Artikel 1 erwähnten Einrichtungen oder Praktiken

beruht, auf jeden Versuch, solche Handlungen zu begehen, auf die Teilnahme daran und auf die Beteiligung an einer Verschwörung zur Durchführung solcher Handlungen.

Teil IV

Begriffsbestimmungen

Artikel 7

Im Sinne dieses Übereinkommens bedeutet

(a) „Sklaverei", wie in dem Übereinkommen betreffend die Sklaverei von 1926 bestimmt wird, die Rechtsstellung oder Lage einer Person, an der einzelne oder alle der mit dem Eigentumsrecht verbundenen Befugnisse ausgeübt werden, und „Sklave" eine Person in einer solchen Lage oder Rechtsstellung;

(b) „eine Person in sklavereiähnlicher Rechtsstellung", eine Person in einer Lage oder Rechtsstellung, die auf einer der in Artikel 1 erwähnten Einrichtungen oder Praktiken beruht;

(c) „Sklavenhandel" den Gesamtbereich aller Handlungen der Festnahme, des Erwerbs oder der Veräußerung einer Person in der Absicht, sie zum Sklaven zu machen; aller Handlungen zum Erwerb eines Sklaven in der Absicht, ihn zu verkaufen oder zu tauschen; aller Handlungen zur Veräußerung einer zum Verkauf oder Tausch erworbenen Person durch Verkauf oder Tausch und ganz allgemein jeder Handel mit Sklaven und jede Beförderung derselben, gleichgültig, mit welchen Beförderungsmitteln sie erfolgt.

Teil V

Zusammenarbeit zwischen den Vertragsstaaten und Übermittlung von Informationen

Artikel 8

1. Die Vertragsstaaten dieses Übereinkommens verpflichten sich, zur Durchführung der vorstehenden Bestimmungen miteinander und mit den Vereinten Nationen zusammenzuarbeiten.

2. Die Vertragsstaaten verpflichten sich, dem Generalsekretär der Vereinten Nationen Abschriften aller Gesetze, Vorschriften und Verwaltungsanordnungen zu übermitteln, die sie zur Durchführung der Bestimmungen dieses Übereinkommens erlassen oder in Kraft gesetzt haben.

3. Der Generalsekretär übermittelt die gemäß Absatz 2 erhaltenen Informationen den anderen Vertragsstaaten und dem Wirtschafts- und Sozialrat als Teil der Unterlagen für alle etwaigen Beratungen des Rates mit dem Zweck, weitere Empfehlungen zur Abschaffung der Sklaverei, des Sklavenhandels oder der Einrichtungen und Praktiken zu machen, die den Gegenstand dieses Übereinkommens bilden.

Teil VI

Schlußbestimmungen

Artikel 9

Zu diesem Übereinkommen können keine Vorbehalte gemacht werden.

Artikel 10

Alle Streitigkeiten zwischen Vertragsstaaten dieses Übereinkommens über seine Auslegung oder Anwendung, die nicht durch Verhandlungen beigelegt werden, sind auf Antrag einer der an dem Streit beteiligten Parteien dem Internationalen Gerichtshof zu unterbreiten, sofern die betroffenen Parteien kein anderes Streitregelungsverfahren vereinbaren.

...

31. Erklärung der Vereinten Nationen über die Beseitigung jeder Form von Rassendiskriminierung. – Entschließung 1904 (XVIII) vom 20. November 1963

Die Generalversammlung,

- in der Erwägung, daß die Charta der Vereinten Nationen auf dem Prinzip der Würde und der Gleichheit aller Menschen beruht und, neben anderen fundamentalen Zielen, danach strebt, die internationale Zusammenarbeit durch Vertiefung und Förderung der Ehrfurcht vor den Menschenrechten und den Grundfreiheiten für alle, ohne Unterschied der Rasse, des Geschlechtes, der Sprache und der Religion, zu verwirklichen;
- in der Erwägung, daß die Allgemeine Erklärung der Menschenrechte verkündet, daß alle Menschen frei geboren und gleich an Würde und Rechten sind und daß sich ein jeder Mensch, ohne jeglichen Unterschied, insbesondere der Rasse, der Farbe oder der ethnischen Herkunft, auf alle Rechte und alle Freiheiten berufen kann, die in dieser Erklärung aufgeführt sind;
- in der Erwägung, daß die Allgemeine Erklärung der Menschenrechte darüber hinaus verkündet, daß alle Menschen gleich vor dem Gesetze sind, daß ein jeder ohne Unterschied Anspruch auf gleichen Schutz durch das Gesetz und daß ein jeder das Recht auf gleichen Schutz gegen jede unterschiedliche Behandlung und gegen jede Aufreizung zu einer derartigen unterschiedlichen Behandlung hat;
- in der Erwägung, daß die Vereinten Nationen den Kolonialismus und jegliche Form der Rassentrennung und der Rassendiskriminierung, die seine Begleiterscheinungen sind, verurteilt haben, und daß die Erklärung über die Gewährung der Unabhängigkeit an koloniale Länder und Völker insbesondere die Notwendigkeit bekräftigt, all diese Praktiken raschestens und bedingungslos zu beenden;

- in der Erkenntnis, daß jede Ideologie, die auf einer Differenzierung der Rassen oder auf der Überlegenheit einer Rasse beruht, wissenschaftlich falsch, moralisch zu verurteilen, sozial ungerecht und gefährlich ist, und daß nichts, weder in der Theorie noch in der Praxis, die Rassendiskriminierungen zu rechtfertigen vermag;
- unter Berücksichtigung anderer von der Generalversammlung angenommener Entschließungen sowie internationaler Abmachungen, die durch die Sonderorganisationen der Vereinten Nationen, insbesondere der Internationalen Arbeitsorganisation und der Organisation der Vereinten Nationen für Erziehung, Wissenschaft und Kultur, auf dem Gebiete der Rassendiskriminierung getroffen wurden;
- in Anerkennung der Tatsache, daß es infolge der internationalen Aktion und der in zahlreichen Ländern gemachten Anstrengungen zwar möglich war, Fortschritte auf diesem Gebiete zu erzielen, andererseits jedoch die auf Rasse, Farbe oder ethnische Herkunft beruhende Diskriminierung bestimmter menschlicher Gruppen in gewissen Gebieten der Erde auch weiterhin Grund zu ernster Besorgnis bildet;
- alarmiert über die Äußerungen rassischer Diskriminierung, die man in der Welt noch antrifft und die der Bevölkerung von einigen Regierungen durch Gesetze, Verwaltungsakte und andere Maßnahmen – wie Apartheid, Rassensegregation und -trennung – aufgezwungen werden, sowie über die Ausbreitung und die Propagierung in gewissen Gebieten von Ideologien der rassischen Überlegenheit und des Expansionismus;
- in der Überzeugung, daß jede Äußerung der Rassendiskriminierung und vor allem jede auf das Vorurteil der rassischen Überlegenheit oder des Rassenhasses gegründete Staatspolitik nicht nur eine Verletzung der elementaren Grundrechte des Menschen bilden, sondern darüber hinaus auch die Entwicklung freundschaftlicher Beziehungen zwischen den Völkern, die Zusammenarbeit der Nationen, den Weltfrieden und die internationale Sicherheit gefährden;
- in der Überzeugung, daß die Rassendiskriminierung nicht nur denjenigen schadet, gegen die sie gerichtet ist, sondern auch denjenigen, die sie ausüben;
- in der Überzeugung, daß die Errichtung einer universellen Völkergemeinschaft, frei von allen Formen von Rassentrennung und Rassendiskriminierung, welche Haß und Zwietracht unter die Menschen tragen, zu den Grundzielen der Vereinten Nationen gehört;

1. bekräftigt feierlich die Notwendigkeit, alle Formen und alle Äußerungen der Rassendiskriminierung in allen Ländern und Gebieten der Erde raschestens zu beseitigen und das Verständnis und die Achtung vor der menschlichen Würde zu gewährleisten;

2. bekräftigt feierlich die Notwendigkeit, zu diesem Zwecke nationale und internationale Vorkehrungen zu treffen, einschließlich aller Maßnahmen auf den Gebieten der Volkserziehung, des Unterrichtes und der Information, die geeignet sind, eine allgemeine und wirkungsvolle Anerkennung und Durchführung der nachfolgenden Grundsätze zu garantieren

3. erläßt folgende Erklärung:

Artikel 1

Die Diskriminierung von Menschen aus Gründen der Rasse, der Farbe oder der ethnischen Herkunft ist ein Angriff auf die Menschenwürde und muß als eine Mißachtung der Grundsätze der Charta der Vereinten Nationen, als eine Verletzung der Menschenrechte und der durch die Allgemeine Erklärung der Menschenrechte festgelegten Grundfreiheiten sowie als ein Hemmnis zur Errichtung freundschaftlicher und friedlicher Beziehungen zwischen den Nationen und als eine Handlung, die den Frieden und die Sicherheit der Völker gefährdet, verurteilt werden.

Artikel 2

1. Kein Staat, keine Institution, Gruppe oder Einzelperson ist berechtigt, in irgendeiner Form, sei es auf dem Gebiete der allgemeinen Menschenrechte oder der fundamentalen Grundfreiheiten, Unterschiede gegenüber Einzelpersonen, Gruppen oder Institutionen auf Grund ihrer Rasse, Farbe oder ethnischen Herkunft zu machen.

2. Kein Staat darf, sei es durch Polizeimaßnahmen oder auf andere Art und Weise, von Gruppen, Institutionen oder Einzelpersonen auf Grund der Rasse, der Farbe oder der ethnischen Herkunft gemachte Diskriminierungen ermutigen, anpreisen oder unterstützen.

3. Da, wo es die Umstände erfordern, müssen besondere und gezielte Maßnahmen ergriffen werden, um die freie Entwicklung und einen angemessenen Schutz der Personen sicherzustellen, die gewissen Volksgruppen angehören, um ihnen die Gewähr für eine unbeeinträchtigte Ausübung aller Menschen- und Freiheitsrechte zu bieten. Solche Maßnahmen dürfen in keinem Falle der Aufrechterhaltung ungleicher oder unterschiedlicher Rechte für Gruppen ethnisch verschiedener Herkunft dienen.

Artikel 3

1. Besondere Anstrengungen müssen gemacht werden, um alle auf Grund der Rasse, der Farbe oder der ethnischen Herkunft gemachten Unterscheidungen, insbesondere auf den Gebieten des Zivilrechtes, der Erlangung der Staatsangehörigkeit, der Erziehung, der Religion, der Arbeitsvermittlung, des Berufs- und Wohnrechts, zu verhindern.

2. Jedem Menschen ist der Zugang zu öffentlichen Lokalen oder zu den für die Öffentlichkeit bestimmten Diensten ohne Unterschied der Rasse, der Farbe oder der ethnischen Herkunft und unter gleichen Bedingungen zu gewährleisten.

Artikel 4

Alle Staaten sind angehalten, wirkungsvolle Maßnahmen zu ergreifen, um die Politik der Regierungen und anderer öffentlicher Gewalten zu revidieren und Gesetze und Verordnungen außer Kraft zu setzen, die geeignet sind, neuen Rassendiskriminierungen Vorschub zu leisten oder die bereits bestehenden zu verewigen drohen. Sie sind gehalten, alle gesetzlichen Vorkehrungen zu treffen, um jegliche Rassendiskriminierung zu verbieten und alle Maßnahmen zu ergreifen, um gegen all die Vorurteile anzukämpfen, die zum Rassenhaß führen.

Artikel 5

Der Rassentrennungspolitik der Regierungen und anderer öffentlicher Gewalten, insbesondere der Politik der Apartheid sowie allen anderen Formen der Diskriminierung und der durch eine solche Politik bewirkten Rassenabsonderung muß unverzüglich ein Ende gesetzt werden.

Artikel 6

Niemand darf in seinem Heimatstaate auf Grund seiner Rasse, seiner Farbe oder seiner ethnischen Herkunft an der Ausübung seiner politischen und staatsbürgerlichen Rechte, insbesondere an der Ausübung des allgemeinen und gleichen Wahlrechtes und an der Regierungsbeteiligung, gehindert werden. Jeder Mensch hat unter gleichen Bedingungen das Recht, zu den öffentlichen Ämtern seines Landes zugelassen zu werden.

Artikel 7

1. Jeder Mensch hat Anspruch auf Gleichheit vor dem Gesetz und auf gleichen Schutz durch das Gesetz. Jeder Mensch ohne Unterschied der Rasse, der Farbe oder der ethnischen Herkunft hat Anspruch auf Schutz seiner Person und auf den Schutz des Staates gegen Beleidigungen und Mißhandlungen, denen er seitens der Regierungsbeamten oder Einzelpersonen, Gruppen und Institutionen ausgesetzt sein könnte.

2. Jeder Mensch, der sich auf Grund seiner Rasse, Farbe oder ethnischen Herkunft in seinen Rechten oder seinen Grundfreiheiten verletzt fühlt, hat Anspruch auf Gehör und wirksamen Schutz seitens unabhängiger, zuständiger innerstaatlicher Gerichte.

Artikel 8

Es sollen unverzüglich auf dem Gebiete der Volkserziehung, des Unterrichts und der Information alle Maßnahmen getroffen werden, die geeignet sind, Rassendiskriminierung und Rassenvorurteile zu beseitigen und das Verständnis, die Toleranz und die Freundschaft zwischen den Nationen und den verschiedenen ethnischen Gruppen zu fördern und die Öffentlichkeit mit den Zielen und Prinzipien der Charta der Vereinten Nationen, der Allgemeinen Erklärung der Menschenrechte sowie der Erklärung betreffs der Gewährung der Unabhängigkeit an koloniale Länder und Völker vertraut zu machen.

Artikel 9

1. Jede Propaganda und alle auf die Ideologie oder Theorie der Überlegenheit einer Rasse oder einer Gruppe von Personen gleicher Farbe oder gleicher ethnischer Herkunft begründeten Organisationen, deren Trachten und Handeln

darauf gerichtet ist, die Rassendiskriminierung zu rechtfertigen oder sie in irgendeiner Form zu ermutigen, sollen strengstens untersagt werden.

2. Jede Aufreizung zur Gewalt oder jeder Gewaltakt, die, sei es durch Einzelpersonen oder durch Organisationen, gegen Angehörige einer anderen Rasse oder Personengruppen anderer Farbe oder anderer ethnischer Herkunft verübt werden, müssen als eine Herausforderung der Gesellschaft betrachtet und strafrechtlich verfolgt werden.

3. Um den in dieser Erklärung enthaltenen Zielen und Grundsätzen volle Wirkung zu verleihen, sind alle Staaten gehalten, unverzüglich die notwendigen Maßnahmen, gesetzlicher oder anderer Natur, zu ergreifen, die geeignet sind, alle Organisationen strafrechtlich zu verfolgen und sie gegebenenfalls für ungesetzlich zu erklären, die für die Rassendiskriminierung eintreten oder dazu auffordern, die den Rassenhaß schüren oder die zu Gewalttaten aufreizen, um eine auf Rasse, Farbe oder ethnische Herkunft begründete Diskriminierung zu erzwingen.

Artikel 10

Die Vereinten Nationen, ihre Sonderorganisationen, die Staaten sowie die nichtstaatlichen Organisationen, sollen alles ins Werk setzen, um einer entschlossenen Aktion zum Erfolg zu verhelfen, die, juristische und praktische Maßnahmen verbindend, geeignet ist, die Rassendiskriminierung unter jeder Form zu beseitigen. Insbesondere sollen sie die Ursachen und Motive dieser Diskriminierung studieren, um so wirksame Maßnahmen zu ihrer Bekämpfung und Beseitigung empfehlen zu können.

Artikel 11

Alle Staaten werden die Achtung und die Wahrung der Menschenrechte und der Grundfreiheiten, so wie sie in der Charta der Vereinten Nationen festgelegt sind, fördern. Sie werden vorbehaltlos die in dieser Erklärung, in der Allgemeinen Erklärung der Menschenrechte und in der Erklärung betreffs der Gewährung der Unabhängigkeit an koloniale Länder und Völker niedergelegten Bestimmungen innehalten.

32. Internationales Übereinkommen zur Beseitigung jeder Form von Rassendiskriminierung vom 7. März 1966

Die Vertragsstaaten dieses Übereinkommens,

– eingedenk der Tatsache, daß die Charta der Vereinten Nationen auf dem Grundsatz der angeborenen Würde und Gleichheit aller Menschen beruht und daß alle Mitgliedstaaten gelobt haben, gemeinsam und einzeln mit der Organisation zusammenzuwirken, um eines der Ziele der Vereinten Nationen zu erreichen, das darin besteht, die allgemeine Achtung und Beachtung der Menschenrechte und Grundfreiheiten für alle ohne Unterschied der Rasse, des Geschlechts, der Sprache oder der Religion zu fördern und zu festigen;

- eingedenk der in der Allgemeinen Erklärung der Menschenrechte enthaltenen feierlichen Feststellung, daß alle Menschen frei und an Würde und Rechten gleich geboren sind und daß jeder ohne irgendeinen Unterschied, insbesondere der Rasse, der Hautfarbe oder der nationalen Abstammung, Anspruch hat auf alle in der genannten Erklärung aufgeführten Rechte und Freiheiten;
- in der Erwägung, daß alle Menschen vor dem Gesetz gleich sind und ein Recht auf gleichen Schutz des Gesetzes gegen jede Diskriminierung und jedes Aufreizen zur Diskriminierung haben;
- in der Erwägung, daß die Vereinten Nationen den Kolonialismus und alle damit verbundenen Praktiken der Rassentrennung und der Diskriminierung verurteilt haben, gleichviel in welcher Form und wo sie vorkommen, und daß die Erklärung vom 14. Dezember 1960 (Entschließung 1514 [XV] der Generalversammlung) über die Gewährung der Unabhängigkeit an koloniale Länder und Völker die Notwendigkeit einer raschen und bedingungslosen Beendigung derartiger Praktiken bejaht und feierlich verkündet hat;
- eingedenk der Erklärung der Vereinten Nationen vom 20. November 1963 (Entschließung 1904 [XVIII] der Generalversammlung) über die Beseitigung jeder Form von Rassendiskriminierung – einer Erklärung, die feierlich bekräftigt, daß es notwendig ist, jede Form und jedes Anzeichen von Rassendiskriminierung überall in der Welt rasch zu beseitigen sowie Verständnis und Achtung zu wecken für die Würde der menschlichen Person;
- in der Überzeugung, daß jede Lehre von einer auf Rassenunterschiede gegründeten Überlegenheit wissenschaftlich falsch, moralisch verwerflich, sozial ungerecht und gefährlich ist und daß eine Rassendiskriminierung, gleichviel ob in Theorie oder in Praxis, nirgends gerechtfertigt ist;
- in erneuter Bekräftigung der Tatsache, daß eine Diskriminierung zwischen Menschen auf Grund ihrer Rasse, ihrer Hautfarbe oder ihres Volkstums freundschaftlichen und friedlichen Beziehungen zwischen den Völkern im Wege steht und daß sie geeignet ist, den Frieden und die Sicherheit unter den Völkern sowie das harmonische Zusammenleben der Menschen sogar innerhalb eines Staates zu stören; in der Überzeugung, daß das Bestehen von Rassenschranken mit den Idealen jeder menschlichen Gesellschaft unvereinbar ist;
- beunruhigt durch die in einigen Gebieten der Welt immer noch bestehende Rassendiskriminierung und durch die auf rassische Überlegenheit oder auf Rassenhaß gegründete Apartheids, Segregations- oder sonstige Rassentrennungspolitik einiger Regierungen;
- entschlossen, alle erforderlichen Maßnahmen zur raschen Beseitigung aller Formen und Anzeichen von Rassendiskriminierung zu treffen sowie rassische Doktrinen und Praktiken zu verhindern und zu bekämpfen, um das gegenseitige Verständnis zwischen den Rassen zu fördern und eine internationale Gemeinschaft zu schaffen, die frei ist von jeder Form der Rassentrennung und Rassendiskriminierung;

- eingedenk des 1958 von der Internationalen Arbeitsorganisation angenommenen Übereinkommens über Diskriminierung in Beschäftigung und Beruf und des 1960 von der Organisation der Vereinten Nationen für Erziehung, Wissenschaft und Kultur angenommenen Übereinkommens gegen Diskriminierung im Unterrichtswesen;
- in dem Wunsch, die in der Erklärung der Vereinten Nationen über die Beseitigung jeder Form von Rassendiskriminierung niedergelegten Grundsätze zu verwirklichen und die möglichst rasche Annahme praktischer Maßregeln in diesem Sinne sicherzustellen,
- sind wie folgt übereingekommen:

Teil I

Artikel 1

1. In diesem Übereinkommen bezeichnet der Ausdruck „Rassendiskriminierung" jede auf der Rasse, der Hautfarbe, der Abstammung, des nationalen Ursprungs oder des Volkstums beruhende Unterscheidung, Ausschließung, Beschränkung oder Bevorzugung, die zum Ziel oder zur Folge hat, daß dadurch ein gleichberechtigtes Anerkennen, Genießen oder Ausüben von Menschenrechten und Grundfreiheiten im politischen, wirtschaftlichen, sozialen, kulturellen oder jedem sonstigen Bereich des öffentlichen Lebens vereitelt oder beeinträchtigt wird.

2. Dieses Übereinkommen findet keine Anwendung auf Unterscheidungen, Ausschließungen, Beschränkungen oder Bevorzugungen, die ein Vertragsstaat zwischen eigenen und fremden Staatsangehörigen vornimmt.

3. Dieses Übereinkommen ist nicht so auszulegen, als berühre es die Rechtsvorschriften der Vertragsstaaten über Staatsangehörigkeit oder Einbürgerung, sofern diese Vorschriften nicht Angehörige eines bestimmten Staates diskriminieren.

4. Sondermaßnahmen, die einzig zu dem Zweck getroffen werden, eine angemessene Entwicklung bestimmter Rassengruppen, Volksgruppen oder Personen zu gewährleisten, die Schutz benötigen, soweit ein solcher erforderlich ist, damit sie die Menschenrechte und Grundfreiheiten gleichberechtigt genießen und ausüben können, gelten nicht als Rassendiskriminierung, sofern diese Maßnahmen nicht die Beibehaltung getrennter Rechte für verschiedene Rassengruppen zur Folge haben und sofern sie nicht fortgeführt werden, nachdem die Ziele, um derentwillen sie getroffen wurden, erreicht sind.

Artikel 2

1. Die Vertragsstaaten verurteilen die Rassendiskriminierung und verpflichten sich, mit allen geeigneten Mitteln unverzüglich eine Politik der Beseitigung der Rassendiskriminierung in jeder Form und der Förderung des Verständnisses unter allen Rassen zu verfolgen; zu diesem Zweck

a) verpflichtet sich jeder Vertragsstaat, Handlungen oder Praktiken der Rassendiskriminierung gegenüber Personen, Personengruppen oder Einrichtungen zu unterlassen und dafür zu sorgen, daß alle staatlichen und örtlichen Behörden und öffentlichen Einrichtungen im Einklang mit dieser Verpflichtung handeln,

b) verpflichtet sich jeder Vertragsstaat, eine Rassendiskriminierung durch Personen oder Organisationen weder zu fördern noch zu schützen noch zu unterstützen,

c) trifft jeder Vertragsstaat wirksame Maßnahmen, um das Vorgehen seiner staatlichen und örtlichen Behörden zu überprüfen und alle Gesetze und sonstigen Vorschriften zu ändern, aufzuheben oder für nichtig zu erklären, die eine Rassendiskriminierung – oder dort, wo eine solche bereits besteht, ihre Fortsetzung – bewirken,

d) verbietet und beendigt jeder Vertragsstaat jede durch Personen, Gruppen oder Organisationen ausgeübte Rassendiskriminierung mit allen geeigneten Mitteln einschließlich der durch die Umstände erforderlichen Rechtsvorschriften,

e) verpflichtet sich jeder Vertragsstaat, wo immer es angebracht ist, alle eine Rassenintegrierung anstrebenden vielrassischen Organisationen und Bewegungen zu unterstützen, sonstige Mittel zur Beseitigung der Rassenschranken zu fördern und allem entgegenzuwirken, was zur Rassentrennung beiträgt.

2. Die Vertragsstaaten treffen, wenn die Umstände es rechtfertigen auf sozialem, wirtschaftlichem, kulturellem und sonstigem Gebiet besondere und konkrete Maßnahmen, um die angemessene Entwicklung und einen hinreichenden Schutz bestimmter Rassengruppen oder ihnen angehörender Einzelpersonen sicherzustellen, damit gewährleistet wird, daß sie in vollem Umfang und gleichberechtigt in den Genuß der Menschenrechte und Grundfreiheiten gelangen. Diese Maßnahmen dürfen in keinem Fall die Beibehaltung ungleicher oder getrennter Rechte für verschiedene Rassengruppen zur Folge haben, nachdem die Ziele, um derentwillen sie getroffen wurden, erreicht sind.

Artikel 3

Die Vertragsstaaten verurteilen insbesondere die Segregation und die Apartheid und verpflichten sich, alle derartigen Praktiken in ihren Hoheitsgebieten zu verhindern, zu verbieten und auszumerzen.

Artikel 4

Die Vertragsstaaten verurteilen jede Propaganda und alle Organisationen, die auf Ideen oder Theorien hinsichtlich der Überlegenheit einer Rasse oder einer Personengruppe bestimmter Hautfarbe oder Volkszugehörigkeit beruhen oder die irgendeine Form von Rassenhaß und Rassendiskriminierung zu rechtfertigen oder zu fördern suchen; sie verpflichten sich, unmittelbare und positive Maßnahmen zu treffen, um jedes Aufreizen zur Rassendiskriminierung und alle rassisch diskriminierenden Handlungen auszumerzen; zu diesem Zweck übernehmen sie unter gebührender Berücksichtigung der in der Allgemeinen Erklärung der Menschenrechte niedergelegten Grundsätze und der ausdrücklich in Artikel 5 des vorliegenden Übereinkommens genannten Rechte unter anderem folgende Verpflichtungen:

a) jede Verbreitung von Ideen, die sich auf die Überlegenheit einer Rasse oder den Rassenhaß gründen, jedes Aufreizen zur Rassendiskriminierung und jede Gewalttätigkeit oder Aufreizung dazu gegen eine Rasse oder eine Personengruppe anderer Hautfarbe oder Volkszugehörigkeit sowie jede Unterstützung rassischer Betätigung einschließlich ihrer Finanzierung zu einer nach dem Gesetz strafbaren Handlung zu erklären,

b) alle Organisationen und alle organisierten oder sonstigen Propagandatätigkeiten, welche die Rassendiskriminierung fördern und dazu aufreizen, als gesetzwidrig zu erklären und zu verbieten und die Beteiligung an derartigen Organisationen oder Tätigkeiten als eine nach dem Gesetz strafbare Handlung anzuerkennen,

c) nicht zuzulassen, daß staatliche oder örtliche Behörden oder öffentliche Einrichtungen die Rassendiskriminierung fördern oder dazu aufreizen.

Artikel 5

Im Einklang mit den in Artikel 2 niedergelegten grundsätzlichen Verpflichtungen werden die Vertragsparteien die Diskriminierung in jeder Form verbieten und beseitigen und das Recht jedes einzelnen, ohne Unterschied der Rasse, der Hautfarbe, des nationalen Ursprungs oder des Volkstums, auf Gleichheit vor dem Gesetz gewährleisten; dies gilt insbesondere für folgende Rechte:

a) das Recht auf Gleichbehandlung vor den Gerichten und allen sonstigen Organen der Rechtspflege,

b) das Recht auf Sicherheit der Person und auf staatlichen Schutz gegen Gewalttätigkeit oder Körperverletzung, gleichviel ob sie von Staatsbediensteten oder von irgendeiner Person, Gruppe oder Einrichtung verübt werden,

c) die politischen Rechte, insbesondere das aktive und passive Wahlrecht auf der Grundlage allgemeiner und gleicher Wahlen, das Recht auf Beteiligung an der Regierung und an der Führung der öffentlichen Angelegenheiten auf jeder Ebene sowie auf gleichberechtigten Zugang zum öffentlichen Dienst,

d) sonstige Bürgerrechte, insbesondere

aa) das Recht auf Bewegungsfreiheit und freie Wahl des Aufenthaltsortes innerhalb der Staatsgrenzen,

bb) das Recht, jedes Land einschließlich des eigenen zu verlassen und in das eigene Land zurückzukehren,

cc) das Recht auf die Staatsangehörigkeit,

dd) das Recht auf Ehe und auf freie Wahl des Ehegatten,

ee) das Recht, allein oder in Verbindung mit anderen Vermögen als Eigentum zu besitzen,

ff) das Recht zu erben,

gg) das Recht auf Gedanken-, Gewissens- und Religionsfreiheit,

hh) das Recht auf Meinungsfreiheit und freie Meinungsäußerung,

ii) das Recht, sich friedlich zu versammeln und friedliche Vereinigungen zu bilden,

e) wirtschaftliche, soziale und kulturelle Rechte, insbesondere

3. Das Sekretariat des Ausschusses wird vom Generalsekretär der Vereinten Nationen gestellt.

4. Die Sitzungen des Ausschusses finden in der Regel am Sitz der Vereinten Nationen statt.

Artikel 11

1. Führt ein Vertragsstaat nach Ansicht eines anderen Vertragsstaats die Bestimmungen dieses Übereinkommens nicht durch, so kann dieser die Sache dem Ausschuß zur Kenntnis bringen. Der Ausschuß leitet die Mitteilung an den betreffenden Vertragsstaat weiter. Binnen drei Monaten hat der Empfangsstaat dem Ausschuß eine schriftliche Erläuterung oder Erklärung zu der Sache und über die etwa von diesem Staat geschaffene Abhilfe zu übermitteln.

2. Wird die Sache nicht binnen sechs Monaten nach Eingang der ersten Mitteilung bei dem Empfangsstaat entweder durch zweiseitige Verhandlungen oder durch ein anderes, den Parteien zur Verfügung stehendes Verfahren zur Zufriedenheit beider Parteien beigelegt, so hat jeder der beiden Staaten das Recht, die Sache erneut an den Ausschuß zu verweisen, indem er diesem und dem anderen Staat eine entsprechende Notifizierung zugehen läßt.

3. Der Ausschuß befaßt sich mit einer nach Absatz 2 an ihn verwiesenen Sache im Einklang mit den allgemein anerkannten Grundsätzen des Völkerrechts, nachdem er sich Gewißheit verschafft hat, daß alle innerstaatlichen Rechtsmittel eingelegt und erschöpft worden sind. Dies gilt nicht, wenn die Anwendung der Rechtsmittel über Gebühr hinausgezögert wird.

4. Der Ausschuß kann in jeder an ihn verwiesenen Sache von den beteiligten Vertragsstaaten alle sonstigen sachdienlichen Angaben verlangen.

5. Berät der Ausschuß über eine Sache aufgrund dieses Artikels, so können die beteiligten Vertragsstaaten einen Vertreter entsenden, der während der Beratung dieser Sache ohne Stimmrecht an den Verhandlungen des Ausschusses teilnimmt.

Artikel 12

1. a) Nachdem der Ausschuß alle von ihm für erforderlich erachteten Angaben erhalten und kollationiert hat, ernennt der Vorsitzende eine (im folgenden als „Kommission" bezeichnete) Adhoc-Vergleichskommission; sie besteht aus fünf Personen, die dem Ausschuß angehören können, aber nicht müssen. Die Mitglieder der Kommission werden mit einmütiger Zustimmung der Streitparteien ernannt; sie bietet den beteiligten Staaten ihre guten Dienste an, um auf der Grundlage der Achtung dieses Übereinkommens eine gütliche Beilegung herbeizuführen.

b) Können sich die an dem Streit beteiligten Staaten nicht binnen drei Monaten über die vollständige oder teilweise Zusammensetzung der Kommission einigen, so wählt der Ausschuß die von den am Streit beteiligten Staaten noch nicht einvernehmlich ernannten Kommissionsmitglieder in geheimer Abstimmung mit Zweidrittelmehrheit aus seinen eigenen Reihen.

2. Die Kommissionsmitglieder sind in persönlicher Eigenschaft tätig. Sie dürfen nicht Staatsangehörige der am Streit beteiligten Staaten oder eines Nichtvertragsstaats sein.

3. Die Kommission wählt ihren Vorsitzenden und gibt sich eine Verfahrensordnung.

4. Die Sitzungen der Kommission finden in der Regel am Sitz der Vereinten Nationen oder an einem anderen von der Kommission bestimmten Ort statt.

5. Das nach Artikel 10 Absatz 3 gestellte Sekretariat arbeitet auch für die Kommission, sobald ein Streit zwischen Vertragsstaaten die Kommission ins Leben ruft.

6. Die an dem Streit beteiligten Staaten tragen zu gleichen Teilen alle Ausgaben der Kommissionsmitglieder nach Voranschlägen, die der Generalsekretär der Vereinten Nationen erstellt.

7. Der Generalsekretär ist befugt, die Ausgaben der Kommissionsmitglieder erforderlichenfalls vor der Erstattung der Beträge durch die am Streit beteiligten Staaten nach Absatz 6 zu bezahlen.

8. Die dem Ausschuß zugegangenen und von ihm kollationierten Angaben werden der Kommission zur Verfügung gestellt; diese kann die beteiligten Staaten auffordern, weitere sachdienliche Angaben beizubringen.

Artikel 13

1. Sobald die Kommission die Sache eingehend beraten hat, verfaßt sie einen Bericht, den sie dem Vorsitzenden des Ausschusses vorlegt und der ihre Feststellungen über alle auf den Streit zwischen den Parteien bezüglichen Sachfragen sowie die Empfehlungen enthält, die sie zwecks gütlicher Beilegung des Streits für angebracht hält.

2. Der Ausschußvorsitzende leitet den Bericht der Kommission jedem am Streit beteiligten Staat zu. Diese Staaten teilen ihm binnen drei Monaten mit, ob sie die in dem Bericht der Kommission enthaltenen Empfehlungen annehmen.

3. Nach Ablauf der in Absatz 2 gesetzten Frist übermittelt der Ausschußvorsitzende den anderen Vertragsstaaten den Bericht der Kommission und die Erklärungen der beteiligten Vertragsstaaten.

Artikel 14

1. Ein Vertragsstaat kann jederzeit erklären, daß er die Zuständigkeit des Ausschusses für die Entgegennahme und Erörterung von Mitteilungen einzelner Personen oder Personengruppen innerhalb seines Hoheitsbereichs anerkennt, die vorgeben, Opfer einer Verletzung eines in diesem Übereinkommen vorgesehenen Rechts durch diesen Vertragsstaat zu sein. Der Ausschuß nimmt keine Mitteilung entgegen, die einen Vertragsstaat betrifft, der keine derartige Erklärung abgegeben hat.

2. Gibt ein Vertragsstaat eine Erklärung nach Absatz 1 ab, so kann er eine Stelle innerhalb seiner nationalen Rechtsordnung errichten oder bezeichnen, die zuständig ist für die Entgegennahme und Erörterung der Petitionen von innerhalb seines Hoheitsbereichs befindlichen Personen oder Personengruppen, die vorgeben, Opfer einer Verletzung eines in diesem Übereinkommen vorgesehenen Rechts zu sein, und die alle sonstigen verfügbaren örtlichen Rechtsmittel erschöpft haben.

in der Erwägung, daß ... nach diesem Übereinkommen jeder, der eine Geiselnahme begeht, strafrechtlich verfolgt oder ausgeliefert werden muß,

...

sind wie folgt übereingekommen:

Artikel 1

(1) Wer eine andere Person (im folgenden als „Geisel“ bezeichnet) in seine Gewalt bringt oder in seiner Gewalt hält und mit dem Tod, mit Körperverletzung oder mit der Fortdauer der Freiheitsentziehlung für diese Person droht, um einen Dritten, nämlich einen Staat, eine internationale zwischenstaatliche Organisation, eine natürliche oder juristische Person oder eine Gruppe von Personen zu einer Handlung oder Unterlassung als ausdrückliche oder stillschweigende Voraussetzung für die Freigabe der Geisel zu nötigen, begeht die Straftat der Geiselnahme im Sinne dieses Übereinkommens.

...

(2) Wer

a) eine Geiselnahme zu begehen versucht oder

b) sich zum Mittäter oder Gehilfen einer Person macht, die eine Geiselnahme begeht oder zu begehen versucht,

begeht gleichfalls eine Straftat für die Zwecke dieses Übereinkommens.

Artikel 2

Jeder Vertragsstaat bedroht die in Artikel 1 genannten Straftaten mit angemessenen Strafen, welche die Schwere der Tat berücksichtigen.

Artikel 3

(1) Der Vertragsstaat, in dessen Hoheitsgebiet der Täter die Geisel in seiner Gewalt hält, trifft alle ihm geeignet erscheinenden Maßnahmen, um das Los der Geisel zu erleichtern, insbesondere um ihre Befreiung herbeizuführen und um ihr, falls erforderlich, nach ihrer Befreiung die Ausreise zu erleichtern.

(2) Gelangt ein Gegenstand, den der Täter durch die Geiselnahme erlangt hat, in den Gewahrsam eines Vertragsstaates, so gibt ihn dieser so bald wie möglich der Geisel bzw. dem in Artikel 1 bezeichneten Dritten oder ihren zuständigen Behörden zurück.

...

Artikel 5

(1) Jeder Vertragsstaat trifft die notwendigen Maßnahmen, um seine Gerichtsbarkeit über die in Artikel 1 genannten Straftaten zu begründen, die begangen werden

a) in seinem Hoheitsgebiet oder an Bord eines in diesem Staat eingetragenen Schiffes oder Luftfahrzeugs;

b) von seinen Staatsangehörigen oder, sofern dieser Staat es für angebracht hält, von Staatenlosen, die ihren gewöhnlichen Aufenthalt in seinem Hoheitsgebiet haben;

c) um diesen Staat zu einer Handlung oder Unterlassung zu nötigen oder

d) in bezug auf eine Geisel, die Angehörige dieses Staates ist, sofern dieser Staat es für angebracht hält.

(2) Ebenso trifft jeder Vertragsstaat die notwendigen Maßnahmen, um seine Gerichtsbarkeit über die in Artikel 1 genannten Straftaten für den Fall zu begründen, daß der Verdächtige sich in seinem Hoheitsgebiet befindet und er ihn nicht an einen der in Absatz 1 des vorliegenden Artikels bezeichneten Staaten ausliefert.

(3) Dieses Übereinkommen schließt eine Strafgerichtsbarkeit, die nach innerstaatlichem Recht ausgeübt wird, nicht aus.

...

Artikel 8

(1) Der Vertragsstaat, in dessen Hoheitsgebiet der Verdächtige aufgefunden wird, ist, wenn er ihn nicht ausliefert, verpflichtet, den Fall ohne irgendeine Ausnahme und unabhängig davon, ob die Tat in seinem Hoheitsgebiet begangen wurde, seinen zuständigen Behörden zum Zweck der Strafverfolgung in einem Verfahren nach seinem Recht zu unterbreiten. Diese Behörden treffen ihre Entscheidung in der gleichen Weise wie im Fall einer gemeinrechtlichen Straftat schwerer Art nach dem Recht dieses Staates.

(2) Jedem, gegen den ein Verfahren wegen einer der in Artikel 1 genannten Straftaten durchgeführt wird, ist während des gesamten Verfahrens eine gerechte Behandlung zu gewährleisten, die den Genuß aller Rechte und Garantien einschließt, die das Recht des Staates vorsieht, in dessen Hoheitsgebiet er sich befindet.

Artikel 9

(1) Einem auf Grund dieses Übereinkommens gestellten Ersuchen um Auslieferung eines Verdächtigen wird nicht stattgegeben, wenn der ersuchte Vertragsstaat ernstliche Gründe für die Annahme hat,

a) daß das Auslieferungsersuchen wegen einer der in Artikel 1 genannten Straftat gestellt worden ist, um eine Person wegen ihrer Rasse, ihrer Religion, ihrer politischen Anschauungen zu verfolgen oder zu bestrafen, oder

b) daß die Lage dieser Person

i) aus einem der unter Buchstaben a genannten Gründe oder

ii) aus dem Grund, daß die zuständigen Behörden des zur Ausübung von Schutzrechten berechtigten Staates keine Verbindung mit ihr aufnehmen können,

erschwert werden könnte.

(2) Hinsichtlich der in diesem Übereinkommen definierten Straftaten werden die Bestimmungen aller zwischen Vertragsstaaten anwendbaren Auslieferungsverträge und -vereinbarungen im Verhältnis zwischen den Vertragsstaa-

ten geändert, soweit sie mit dem vorliegenden Übereinkommen unvereinbar sind.

Artikel 10

(1) Die in Artikel 1 genannten Straftaten gelten als in jeden zwischen Vertragsstaaten bestehenden Auslieferungsvertrag einbezogene, der Auslieferung unterliegende Straftaten. Die Vertragsstaaten verpflichten sich, diese Straftaten als der Auslieferung unterliegende Straftaten in jeden künftig zwischen ihnen zu schließenden Auslieferungsvertrag aufzunehmen .

(2) ...

...

Artikel 12

Soweit die Genfer Abkommen von 1949 zum Schutze von Kriegsopfern oder die Zusatzprotokolle zu jenen Abkommen auf eine bestimmte Geiselnahme Anwendung finden und soweit Vertragsstaaten dieses Übereinkommens nach jenen Abkommen zur strafrechtlichen Verfolgung oder zur Auslieferung des Geiselnehmers verpflichtet sind, findet dieses Übereinkommen keine Anwendung auf eine Geiselnahme, die im Verlauf von bewaffneten Konflikten im Sinne der Genfer Abkommen von 1949 und der dazugehörigen Protokolle einschließlich der in Artikel 1 Absatz 4 des Zusatzprotokolls I von 1977 genannten bewaffneten Konflikte begangen wird, in denen Völker gegen Kolonialherrschaft und fremde Besetzung sowie gegen rassistische Regimes in Ausübung ihres Rechts auf Selbstbestimmung kämpfen, wie es in der Charta der Vereinten Nationen und in der Erklärung über Grundsätze des Völkerrechts betreffend freundschaftliche Beziehungen und Zusammenarbeit zwischen den Staaten im Einklang mit der Charta der Vereinten Nationen niedergelegt ist.

Artikel 13

Dieses Übereinkommen ist nicht anwendbar, wenn die Tat innerhalb eines einzigen Staates begangen wird, die Geisel und der Verdächtige Angehörige dieses Staates sind und der Verdächtige im Hoheitsgebiet dieses Staates aufgefunden wird.

...

Artikel 15

Dieses Übereinkommen läßt die Anwendung der im Zeitpunkt seiner Annahme geltenden Asylverträge zwischen den Vertragsstaaten dieser Verträge unberührt; jedoch kann sich ein Vertragsstaat dieses Übereinkommens gegenüber einem anderen Vertragsstaat, der nicht Vertragspartei jener Verträge ist, nicht auf diese berufen.

...

34. 1. Allgemeine Erklärung der Menschenrechte vom 10. Dezember 1948

Präambel

Da die Anerkennung der allen Mitgliedern der menschlichen Familie innewohnenden Würde und ihrer gleichen und unveräußerlichen Rechte die Grundlage der Freiheit, der Gerechtigkeit und des Friedens in der Welt bildet,

da Verkennung und Mißachtung der Menschenrechte zu Akten der Barbarei führten, die das Gewissen der Menschheit tief verletzt haben, und da die Schaffung einer Welt, in der den Menschen, frei von Furcht und Not, Rede- und Glaubensfreiheit zuteil wird, als das höchste Bestreben der Menschheit verkündet worden ist,

da es wesentlich ist, die Menschenrechte durch die Herrschaft des Rechtes zu schützen, damit der Mensch nicht zum Aufstand gegen Tyrannei und Unterdrückung als letztem Mittel gezwungen wird,

da es wesentlich ist, die Entwicklung freundschaftlicher Beziehungen zwischen den Nationen zu fördern,

da die Völker der Vereinten Nationen in der Satzung ihren Glauben an die grundlegenden Menschenrechte, an die Würde und den Wert der menschlichen Person und an die Gleichberechtigung von Mann und Frau erneut bekräftigt und beschlossen haben, den sozialen Fortschritt und bessere Lebensbedingungen bei größerer Freiheit zu fördern,

da die Mitgliedstaaten sich verpflichtet haben, in Zusammenarbeit mit den Vereinten Nationen die allgemeine Achtung und Verwirklichung der Menschenrechte und Grundfreiheiten durchzusetzen,

da eine gemeinsame Auffassung über diese Rechte und Freiheiten von größter Wichtigkeit für die volle Erfüllung dieser Verpflichtung ist,

verkündet

die Generalversammlung die vorliegende Allgemeine Erklärung der Menschenrechte als das von allen Völkern und Nationen zu erreichende gemeinsame Ideal, damit jeder einzelne und alle Organe der Gesellschaft sich diese Erklärung stets gegenwärtig halten und sich bemühen, durch Unterricht und Erziehung die Achtung dieser Rechte und Freiheiten zu fördern und durch fortschreitende Maßnahmen im nationalen und internationalen Bereiche ihre allgemeine und tatsächliche Anerkennung und Verwirklichung bei der Bevölkerung sowohl der Mitgliedstaaten wie der ihrer Oberhoheit unterstehenden Gebiete zu gewährleisten.

Artikel 1

Alle Menschen sind frei und gleich an Würde und Rechten geboren. Sie sind mit Vernunft und Gewissen begabt und sollen einander im Geiste der Brüderlichkeit begegnen.

Artikel 2

Jeder Mensch hat Anspruch auf die in dieser Erklärung verkündeten Rechte und Freiheiten ohne irgendeine Unterscheidung, wie etwa nach Rasse, Farbe, Geschlecht, Sprache, Religion, politischer Überzeugung, nationaler oder sozialer Herkunft, nach Eigentum oder sonstigen Umständen.

Weiters darf keine Unterscheidung gemacht werden auf Grund der politischen oder internationalen Stellung des Landes oder Gebietes, dem eine Person angehört, ohne Rücksicht darauf, ob es unabhängig ist, unter Treuhandschaft steht, keine Selbstregierung besitzt oder irgendeiner anderen Beschränkung seiner Souveränität unterworfen ist.

Artikel 3

Jeder Mensch hat das Recht auf Leben, Freiheit und Sicherheit der Person.

Artikel 4

Niemand darf in Sklaverei oder Leibeigenschaft gehalten werden; Sklaverei und Sklavenhandel sind in allen ihren Formen verboten.

Artikel 5

Niemand darf der Folter oder grausamer, unmenschlicher oder erniedrigender Behandlung oder Strafe unterworfen werden.

Artikel 6

Jeder Mensch hat überall Anspruch auf Anerkennung als Rechtsperson.

Artikel 7

Alle Menschen sind vor dem Gesetze gleich und haben ohne Unterschied Anspruch auf gleichen Schutz durch das Gesetz. Alle haben Anspruch auf gleichen Schutz gegen jede unterschiedliche Behandlung, welche die vorliegende Erklärung verletzen würde, und gegen jede Aufreizung zu einer derartigen unterschiedlichen Behandlung.

Artikel 8

Jeder Mensch hat Anspruch auf wirksamen Rechtsschutz vor den zuständigen innerstaatlichen Gerichten gegen alle Handlungen, die seine ihm nach der Verfassung oder nach dem Gesetz zustehenden Grundrechte verletzen.

Artikel 9

Niemand darf willkürlich festgenommen, in Haft gehalten oder des Landes verwiesen werden.

Artikel 10

Jeder Mensch hat in voller Gleichberechtigung Anspruch auf ein der Billigkeit entsprechendes und öffentliches Verfahren vor einem unabhängigen und unparteiischen Gericht, das über seine Rechte und Verpflichtungen oder über irgendeine gegen ihn erhobene strafrechtliche Beschuldigung zu entscheiden hat.

Artikel 11

(1) Jeder Mensch, der einer strafbaren Handlung beschuldigt wird, ist so lange als unschuldig anzusehen, bis seine Schuld in einem öffentlichen Verfahren, in dem alle für seine Verteidigung nötigen Voraussetzungen gewährleistet waren, gemäß dem Gesetz nachgewiesen ist.

(2) Niemand kann wegen einer Handlung oder Unterlassung verurteilt werden, die im Zeitpunkt, da sie erfolgte, auf Grund des nationalen oder internationalen Rechts nicht strafbar war. Desgleichen kann keine schwerere Strafe verhängt werden als die, welche im Zeitpunkt der Begehung der strafbaren Handlung anwendbar war.

Artikel 12

Niemand darf willkürlichen Eingriffen in sein Privatleben, seine Familie, sein Heim oder seinen Briefwechsel noch Angriffen auf seine Ehre und seinen Ruf ausgesetzt werden. Jeder Mensch hat Anspruch auf rechtlichen Schutz gegen derartige Eingriffe oder Anschläge.

Artikel 13

(1) Jeder Mensch hat das Recht auf Freizügigkeit und freie Wahl seines Wohnsitzes innerhalb eines Staates.

(2) Jeder Mensch hat das Recht, jedes Land, einschließlich seines eigenen, zu verlassen sowie in sein Land zurückzukehren.

Artikel 14

(1) Jeder Mensch hat das Recht, in anderen Ländern vor Verfolgung Asyl zu suchen und zu genießen.

(2) Dieses Recht kann jedoch im Falle einer Verfolgung wegen nichtpolitischer Verbrechen oder wegen Handlungen, die gegen die Ziele und Grundsätze der Vereinten Nationen verstoßen, nicht in Anspruch genommen werden.

Artikel 15

(1) Jeder Mensch hat Anspruch auf eine Staatsangehörigkeit.

(2) Niemandem darf seine Staatsangehörigkeit willkürlich entzogen noch ihm das Recht versagt werden, seine Staatsangehörigkeit zu wechseln.

Artikel 16

(1) Heiratsfähige Männer und Frauen haben ohne Beschränkung durch Rasse, Staatsbürgerschaft oder Religion das Recht, eine Ehe zu schließen und eine Familie zu gründen. Sie haben bei der Eheschließung, während der Ehe und bei deren Auflösung gleiche Rechte.

(2) Die Ehe darf nur auf Grund der freien und vollen Willenseinigung der zukünftigen Ehegatten geschlossen werden.

(3) Die Familie ist die natürliche und grundlegende Einheit der Gesellschaft und hat Anspruch auf Schutz durch Gesellschaft und Staat.

Artikel 17

(1) Jeder Mensch hat allein oder in Gemeinschaft mit anderen Recht auf Eigentum.

(2) Niemand darf willkürlich seines Eigentums beraubt werden.

Artikel 18

Jeder Mensch hat Anspruch auf Gedanken-, Gewissens- und Religionsfreiheit; dieses Recht umfaßt die Freiheit, seine Religion oder seine Überzeugung zu wechseln, sowie die Freiheit, seine Religion oder seine Überzeugung allein oder in Gemeinschaft mit anderen, in der Öffentlichkeit oder privat, durch Lehre, Ausübung, Gottesdienst und Vollziehung von Riten zu bekunden.

Artikel 19

Jeder Mensch hat das Recht auf freie Meinungsäußerung; dieses Recht umfaßt die Freiheit, Meinungen unangefochten anzuhängen und Informationen und Ideen mit allen Verständigungsmitteln ohne Rücksicht auf Grenzen zu suchen, zu empfangen und zu verbreiten.

Artikel 20

(1) Jeder Mensch hat das Recht auf Versammlungs- und Vereinigungsfreiheit zu friedlichen Zwecken.

(2) Niemand darf gezwungen werden, einer Vereinigung anzugehören.

Artikel 21

(1) Jeder Mensch hat das Recht, an der Leitung der öffentlichen Angelegenheiten seines Landes unmittelbar oder durch frei gewählteVertreter teilzunehmen.

(2) Jeder Mensch hat unter gleichen Bedingungen das Recht auf Zulassung zu öffentlichen Ämtern in seinem Lande.

(3) Der Wille des Volkes bildet die Grundlage für die Autorität der öffentlichen Gewalt; dieser Wille muß durch periodische und unverfälschte Wahlen mit allgemeinem und gleichem Wahlrecht bei geheimer Stimmabgabe oder in einem gleichwertigen freien Wahlverfahren zum Ausdruck kommen.

Artikel 22

Jeder Mensch hat als Mitglied der Gesellschaft Recht auf soziale Sicherheit; er hat Anspruch darauf, durch innerstaatliche Maßnahmen und internationale Zusammenarbeit unter Berücksichtigung der Organisationen und der Hilfsmittel jedes Staates in den Genuß der für seine Würde und die freie Entwicklung seiner Persönlichkeit unentbehrlichen wirtschaftlichen, sozialen und kulturellen Rechte zu gelangen.

Artikel 23

(1) Jeder Mensch hat das Recht auf Arbeit, auf freie Berufswahl, auf angemessene und befriedigende Arbeitsbedingungen sowie auf Schutz gegen Arbeitslosigkeit.

(2) Alle Menschen haben ohne jede unterschiedliche Behandlung das Recht auf gleichen Lohn für gleiche Arbeit.

(3) Jeder Mensch, der arbeitet, hat das Recht auf angemessene und befriedigende Entlohnung, die ihm und seiner Familie eine der menschlichen Würde entsprechende Existenz sichert und die, wenn nötig, durch andere soziale Schutzmaßnahmen zu ergänzen ist.

(4) Jeder Mensch hat das Recht, zum Schutze seiner Interessen Berufsvereinigungen zu bilden und solchen beizutreten.

Artikel 24

Jeder Mensch hat Anspruch auf Erholung und Freizeit sowie auf eine vernünftige Begrenzung der Arbeitszeit und auf periodischen, bezahlten Urlaub.

Artikel 25

(1) Jeder Mensch hat Anspruch auf eine Lebenshaltung, die seine und seiner Familie Gesundheit und Wohlbefinden, einschließlich Nahrung, Kleidung, Wohnung, ärztlicher Betreuung und der notwendigen Leistungen der sozialen Fürsorge, gewährleistet, er hat das Recht auf Sicherheit im Falle von Arbeitslosigkeit, Krankheit, Invalidität, Verwitwung, Alter oder von anderweitigem Verlust seiner Unterhaltsmittel durch unverschuldete Umstände.

(2) Mutter und Kind haben Anspruch auf besondere Hilfe und Unterstützung. Alle Kinder, eheliche und uneheliche, genießen den gleichen sozialen Schutz.

Artikel 26

(1) Jeder Mensch hat das Recht auf Bildung. Der Unterricht muß wenigstens in den Elementar- und Grundschulen unentgeltlich sein. Der Elementarunterricht ist obligatorisch. Fachlicher und beruflicher Unterricht soll allgemein zugänglich sein; die höheren Studien sollen allen nach Maßgabe ihrer Fähigkeiten und Leistungen in gleicher Weise offenstehen.

(2) Die Ausbildung soll die volle Entfaltung der menschlichen Persönlichkeit und die Stärkung der Achtung der Menschenrechte und Grundfreiheiten zum Ziele haben. Sie soll Verständnis, Duldsamkeit und Freundschaft zwischen allen

Nationen und allen rassischen oder religiösen Gruppen fördern und die Tätigkeit der Vereinten Nationen zur Aufrechterhaltung des Friedens begünstigen.

(3) In erster Linie haben die Eltern das Recht, die Art der ihren Kindern zuteil werdenden Bildung zu bestimmen.

Artikel 27

(1) Jeder Mensch hat das Recht, am kulturellen Leben der Gemeinschaft frei teilzunehmen, sich der Künste zu erfreuen und am wissenschaftlichen Fortschritt und dessen Wohltaten teilzuhaben.

(2) Jeder Mensch hat das Recht auf Schutz der moralischen und materiellen Interessen, die sich aus jeder wissenschaftlichen, literarischen oder künstlerischen Produktion ergeben, deren Urheber er ist.

Artikel 28

Jeder Mensch hat Anspruch auf eine soziale und internationale Ordnung, in welcher die in der vorliegenden Erklärung angeführten Rechte und Freiheiten voll verwirklicht werden können.

Artikel 29

(1) Jeder Mensch hat Pflichten gegenüber der Gemeinschaft, in der allein die freie und volle Entwicklung seiner Persönlichkeit möglich ist.

(2) Jeder Mensch ist in Ausübung seiner Rechte und Freiheiten nur den Beschränkungen unterworfen, die das Gesetz ausschließlich zu dem Zwecke vorsieht, um die Anerkennung und Achtung der Rechte und Freiheiten der anderen zu gewährleisten und den gerechten Anforderungen der Moral, der öffentlichen Ordnung und der allgemeinen Wohlfahrt in einer demokratischen Gesellschaft zu genügen.

(3) Rechte und Freiheiten dürfen in keinem Fall im Widerspruch zu den Zielen und Grundsätzen der Vereinten Nationen ausgeübt werden.

Artikel 30

Keine Bestimmung der vorliegenden Erklärung darf so ausgelegt werden, daß sich daraus für einen Staat, eine Gruppe oder eine Person irgendein Recht ergibt, eine Tätigkeit auszuüben oder eine Handlung zu setzen, welche auf die Vernichtung der in dieser Erklärung angeführten Rechte und Freiheiten abzielen.

34. 2. Entschließung der Veinigung für Internationales Recht (International Law Association) zur Durchsetzung Internationaler Menschenrechte

(Auszüge)

Der Status der Allgemeinen Erklärung der Menschenrechte im Völkerrecht

Die 66. Konferenz der Vereinigung für Internationales Recht in Buenos Aires, Argentinien, 14.–20. August 1994:

Begrüßt den Schlußbericht des Komitees über die Durchsetzung Internationaler Menschenrechte zum „Status der Allgemeinen Erklärung der Menschenrechte im Völkerrecht";

Wiederholt die Verpflichtung von 171 Staaten, die an der Weltkonferenz über Menschenrechte 1993 teilgenommen haben, welche in der Wiener Erklärung ausgedrückt ist, „auf die Zwecke und Grundsätze, die in der Charta der Vereinten Nationen und in der Allgemeinen Erklärung der Menschenrechte enthalten sind";

...

Bekräftigt die grundlegende Bedeutung der Allgemeinen Erklärung der Menschenrechte bei der Förderung und dem Schutz von Menschenrechten aller Einzelpersonen;

Bemerkt, daß die Allgemeine Erklärung der Rechte allgemein als autoritative Ausarbeitung der Menschenrechtsbestimmungen der Charta der Vereinten Nationen angesehen wird;

Folgert, daß viele, wenn nicht alle, der in der Allgemeinen Erklärung enthaltenen Rechte weithin als Regeln des Völkergewohnheitsrechts anerkannt werden;

Fordert die nationalen Gerichte auf, die Allgemeine Erklärung der Menschenrechte häufiger als Hilfe bei der Auslegung verfassungsrechtlicher, gesetzlicher und administrativer Bestimmungen zu nutzen;

Ersucht der Generalsekretär, den Schlußbericht des Komitees und diese Entschließung den nationalen Regierungen, geeigneten internationalen Organisationen, und Nicht-Regierungsorganisationen sowie anderen Körperschaften und Personen, die mit der Entwicklung und Durchsetzung internationalen Menschenrechts befaßt sind, zur Kenntnis zu bringen.

35. Europäische Konvention zum Schutze der Menschenrechte und Grundfreiheiten vom 4. November 1950

(Auszüge)

In Erwägung der Universellen Erklärung der Menschenrechte, die von der Allgemeinen Versammlung der Vereinten Nationen am 10. Dezember 1948 verkündet wurde;

in der Erwägung, daß diese Erklärung bezweckt, die universelle und wirksame Anerkennung und Einhaltung der darin erklärten Rechte zu gewährleisten;

in der Erwägung, daß das Ziel des Europarates die Herbeiführung einer größeren Einigkeit unter seinen Mitgliedern ist und daß eines der Mittel zur Erreichung dieses Zieles in der Wahrung und in der Entwicklung der Menschenrechte und Grundfreiheiten besteht;

unter erneuter Bekräftigung ihres tiefen Glaubens an diese Grundfreiheiten, welche die Grundlage der Gerechtigkeit und des Friedens in der Welt bilden und deren Aufrechterhaltung wesentlich auf einem wahrhaft demokratischen politischen Regime einerseits und auf einer gemeinsamen Auffassung und Achtung der Menschenrechte andererseits beruht, von denen sie sich herleiten; entschlossen, als Regierungen europäischer Staaten, die vom gleichen Geiste beseelt sind und ein gemeinsames Erbe an geistigen Gütern, politischen Überlieferungen, Achtung der Freiheit und Vorherrschaft des Gesetzes besitzen, die ersten Schritte auf dem Wege zu einer kollektiven Garantie gewisser in der Universellen Erklärung verkündeter Rechte zu unternehmen,

vereinbaren die unterzeichneten Regierungen und Mitglieder des Europarates folgendes:

Artikel 1

Die Hohen Vertragschließenden Teile sichern allen ihrer Herrschaftsgewalt unterstehenden Personen die in Abschnitt I dieser Konvention niedergelegten Rechte und Freiheiten zu.

Abschnitt 1

Artikel 2

(1) Das Recht jedes Menschen auf das Leben wird gesetzlich geschützt. Abgesehen von der Vollstreckung eines Todesurteils, das von einem Gericht im Falle eines mit der Todesstrafe bedrohten Verbrechens ausgesprochen worden ist, darf eine absichtliche Tötung nicht vorgenommen werden.

(2) Die Tötung wird nicht als Verletzung dieses Artikels betrachtet, wenn sie sich aus einer unbedingt erforderlichen Gewaltanwendung ergibt:

a) um die Verteidigung eines Menschen gegenüber rechtswidriger Gewaltanwendung sicherzustellen;

b) um eine ordnungsgemäße Festnahme durchzuführen oder das Entkommen einer ordnungsgemäß festgehaltenen Person zu verhindern;

c) um im Rahmen der Gesetze einen Aufruhr oder einen Aufstand zu unterdrücken.

Artikel 3

Niemand darf der Folter oder unmenschlicher oder erniedrigender Strafe oder Behandlung unterworfen werden.

Artikel 4

(1) Niemand darf in Sklaverei oder Leibeigenschaft gehalten werden.

(2) Niemand darf gezwungen werden, Zwangs- oder Pflichtarbeit zu verrichten.

(3) Als „Zwangs- oder Pflichtarbeit« im Sinne dieses Artikels gilt nicht:

a) jede Arbeit, die normalerweise von einer Person verlangt wird, die unter den von Artikel 5 der vorliegenden Konvention vorgesehenen Bedingungen in Haft gehalten oder bedingt freigelassen worden ist;

b) jede Dienstleistung militärischen Charakters, oder im Falle der Verweigerung aus Gewissensgründen in Ländern, wo diese als berechtigt anerkannt ist, eine sonstige anstelle der militärischen Dienstpflicht tretende Dienstleistung;

c) jede Dienstleistung im Falle von Notständen und Katastrophen, die das Leben oder das Wohl der Gemeinschaft bedrohen;

d) jede Arbeit oder Dienstleistung, die zu den normalen Bürgerpflichten gehört.

Artikel 5

(1) Jedermann hat ein Recht auf Freiheit und Sicherheit. Die Freiheit darf einem Menschen nur in den folgenden Fällen und nur auf dem gesetzlich vorgeschriebenen Wege entzogen werden:

a) wenn er rechtmäßig nach Verurteilung durch ein zuständiges Gericht in Haft gehalten wird;

b) wenn er rechtmäßig festgenommen worden ist oder in Haft gehalten wird wegen Nichtbefolgung eines rechtmäßigen Gerichtsbeschlusses oder zur Erzwingung der Erfüllung einer durch das Gesetz vorgeschriebenen Verpflichtung;

c) wenn er rechtmäßig festgenommen worden ist oder in Haft gehalten wird zum Zwecke seiner Vorführung vor die zuständige Gerichtsbehörde sofern hinreichender Verdacht dafür besteht, daß der Betreffende eine strafbare Handlung begangen hat, oder begründeter Anlaß zu der Annahme besteht, daß es notwendig ist, den Betreffenden an der Begehung einer strafbaren Handlung oder an der Flucht nach Begehung einer solchen zu verhindern;

d) wenn es sich um die rechtmäßige Haft eines Minderjährigen handelt, die zum Zwecke überwachter Erziehung angeordnet ist, oder um die rechtmäßige Haft eines solchen, die zwecks Vorführung vor die zuständige Behörde verhängt ist;

e) wenn er sich in rechtmäßiger Haft befindet, weil er eine Gefahrenquelle für die Ausbreitung ansteckender Krankheiten bildet oder weil er geisteskrank, Alkoholiker, rauschgiftsüchtig oder Landstreicher ist;

f) wenn er rechtmäßig festgenommen worden ist oder in Haft gehalten wird, weil er daran gehindert werden soll, unberechtigt in das Staatsgebiet einzudringen, oder weil er von einem gegen ihn schwebenden Ausweisungs- oder Auslieferungsverfahren betroffen ist.

(2) Jeder Festgenommene muß unverzüglich und in einer ihm verständlichen Sprache über die Gründe seiner Festnahme und über die gegen ihn erhobenen Beschuldigungen unterrichtet werden.

(3) Jede nach der Vorschrift des Absatzes 1 c) dieses Artikels festgenommene oder in Haft gehaltene Person muß unverzüglich einem Richter oder einem anderen, gesetzlich zur Ausübung richterlicher Funktionen ermächtigten Beamten vorgeführt werden. Er hat Anspruch auf Aburteilung innerhalb einer angemessenen Frist oder auf Haftentlassung während des Verfahrens. Die Freilassung kann von der Leistung einer Sicherheit für das Erscheinen vor Gericht abhängig gemacht werden.

(4) Jeder, der seiner Freiheit durch Festnahme oder Haft beraubt ist, hat das Recht, ein Verfahren zu beantragen, in dem von einem Gericht unverzüglich über die Rechtmäßigkeit der Haft entschieden wird und im Falle der Widerrechtlichkeit seine Entlassung angeordnet wird.

(5) Jeder, der entgegen den Bestimmungen dieses Artikels von Festnahme oder Haft betroffen worden ist, hat Anspruch auf Schadenersatz.

Artikel 6

(1) Jedermann hat Anspruch darauf, daß seine Sache in billiger Weise öffentlich und innerhalb einer angemessenen Frist gehört wird, und zwar von einem unabhängigen und unparteiischen, auf Gesetz beruhenden Gericht, das über zivilrechtliche Ansprüche und Verpflichtungen oder über die Stichhaltigkeit der gegen ihn erhobenen strafrechtlichen Anklage zu entscheiden hat. Das Urteil muß öffentlich verkündet werden, jedoch kann die Presse und die Öffentlichkeit während der gesamten Verhandlung oder eines Teiles derselben im Interesse der Sittlichkeit, der öffentlichen Ordnung oder der nationalen Sicherheit in einem demokratischen Staat ausgeschlossen werden, oder wenn die Interessen von Jugendlichen oder der Schutz des Privatlebens der Prozeßparteien es verlangen oder, und zwar unter besonderen Umständen, wenn die öffentliche Verhandlung die Interessen der Gerechtigkeit beeinträchtigen würde, in diesem Fall jedoch nur in dem nach Auffassung des Gerichts erforderlichen Umfang.

(2) Bis zum gesetzlichen Nachweis seiner Schuld wird vermutet, daß der wegen einer strafbaren Handlung Angeklagte unschuldig ist.

(3) Jeder Angeklagte hat mindestens die folgenden Rechte:

a) unverzüglich in einer für ihn verständlichen Sprache in allen Einzelheiten über die Art und den Grund der gegen ihn erhobenen Beschuldigung in Kenntnis gesetzt zu werden;

b) über ausreichende Zeit und Gelegenheit zur Vorbereitung seiner Verteidigung zu verfügen;

c) sich selbst zu verteidigen oder den Beistand eines Verteidigers seiner Wahl zu erhalten und, falls er nicht über die Mittel zur Bezahlung eines Verteidigers verfügt, unentgeltlich den Beistand eines Pflichtverteidigers zu erhalten, wenn dies im Interesse der Rechtspflege erforderlich ist;

d) Fragen an die Belastungszeugen zu stellen oder stellen zu lassen und die Ladung und Vernehmung der Entlastungszeugen zu erwirken;

e) die unentgeltliche Beiziehung eines Dolmetschers zu verlangen, wenn er (der Angeklagte) die Verhandlungssprache des Gerichts nicht versteht oder sich nicht darin ausdrücken kann.

Artikel 7

(1) Niemand kann wegen der Handlung oder Unterlassung verurteilt werden, die zur Zeit ihrer Begehung nach inländischem oder internationalem Recht nicht strafbar war. Ebenso darf keine höhere Strafe als die im Zeitpunkt der Begehung der strafbaren Handlung angedrohte Strafe verhängt werden.

(2) Durch diesen Artikel darf die Verurteilung oder Bestrafung einer Person nicht ausgeschlossen werden, die sich einer Handlung oder Unterlassung schuldig gemacht hat, welche im Zeitpunkt ihrer Begehung nach den allgemeinen von den zivilisierten Völkern anerkannten Rechtsgrundsätzen strafbar war.

Artikel 8

(1) Jedermann hat Anspruch auf Achtung seines Privat- und Familienlebens, seiner Wohnung und seines Briefverkehrs.

(2) Der Eingriff einer öffentlichen Behörde in die Ausübung dieses Rechts ist nur statthaft, insoweit dieser Eingriff gesetzlich vorgesehen ist und eine Maßnahme darstellt, die in einer demokratischen Gesellschaft für die nationale Sicherheit, die öffentliche Ruhe und Ordnung, das wirtschaftliche Wohl des Landes, die Verteidigung der Ordnung und zur Verhinderung von strafbaren Handlungen, zum Schutz der Gesundheit und der Moral oder zum Schutz der Rechte und Freiheiten anderer notwendig ist.

Artikel 9

(1) Jedermann hat Anspruch auf Gedanken-, Gewissens- und Religionsfreiheit; dieses Recht umfaßt die Freiheit des einzelnen zum Wechsel der Religion oder der Weltanschauung sowie die Freiheit, seine Religion oder Weltanschauung einzeln oder in Gemeinschaft mit anderen öffentlich oder privat, durch Gottesdienst, Unterricht, durch die Ausübung und Beachtung religiöser Gebräuche auszuüben.

(2) Die Religions- und Bekenntnisfreiheit darf nicht Gegenstand anderer als vom Gesetz vorgesehener Beschränkungen sein, die in einer demokratischen Gesellschaft notwendige Maßnahmen im Interesse einer öffentlichen Sicherheit, der öffentlichen Ordnung, Gesundheit und Moral oder für den Schutz der Rechte und Freiheiten anderer sind.

Artikel 10

(1) Jeder hat Anspruch auf freie Meinungsäußerung. Dieses Recht schließt die Freiheit der Meinung und die Freiheit zum Empfang und zur Mitteilung von Nachrichten oder Ideen ohne Eingriffe öffentlicher Behörden und ohne Rücksicht auf Landesgrenzen ein. Dieser Artikel schließt nicht aus, daß die Staaten Rundfunk-, Lichtspiel- oder Fernsehunternehmen einem Genehmigungsverfahren unterwerfen.

(2) Da die Ausübung dieser Freiheit Pflichten und Verantwortung mit sich bringt, kann sie bestimmten, vom Gesetz vorgesehenen Formvorschriften, Bedingungen, Einschränkungen oder Strafandrohungen unterworfen werden, wie sie vom Gesetz vorgeschrieben und in einer demokratischen Gesellschaft im Interesse der nationalen Sicherheit, der territorialen Unversehrtheit oder der öffentlichen Sicherheit, der Aufrechterhaltung der Ordnung und der Verbrechensverhütung, des Schutzes der Gesunderhaltung und der Moral, des Schutzes des guten Rufes oder der Rechte anderer, um die Verbreitung von ver-

traulichen Nachrichten zu verhindern oder das Ansehen und die Unparteilichkeit der Rechtsprechung zu gewährleisten, unentbehrlich sind.

Artikel 11

(1) Alle Menschen haben das Recht, sich friedlich zu versammeln und sich frei mit anderen zusammenzuschließen, einschließlich des Rechts, zum Schutze ihrer Interessen Gewerkschaften zu bilden und diesen beizutreten.

(2) Die Ausübung dieser Rechte darf keinen anderen Einschränkungen unterworfen werden als den vom Gesetz vorgesehenen, die in einer demokratischen Gesellschaft im Interesse der äußeren und inneren Sicherheit zur Aufrechterhaltung der Ordnung und zur Verbrechensverhütung, zum Schutze der Gesundheit und der Moral oder zum Schutze der Rechte und Freiheiten anderer notwendig sind. Dieser Artikel verbietet nicht, daß die Ausübung dieser Rechte für Mitglieder der Streitkräfte, der Polizei oder der Staatsverwaltung gesetzlichen Einschränkungen unterworfen wird.

Artikel 12

Mit Erreichung des Heiratsalters haben Männer und Frauen das Recht, eine Ehe einzugehen und eine Familie nach den nationalen Gesetzen, die die Ausübung dieses Rechts regeln, zu gründen.

Artikel 13

Sind die in der vorliegenden Konvention festgelegten Rechte und Freiheiten verletzt worden, so hat der Verletzte das Recht, eine wirksame Beschwerde bei einer nationalen Instanz einzulegen, selbst wenn die Verletzung von Personen begangen worden ist, die in amtlicher Eigenschaft gehandelt haben.

Artikel 14

Der Genuß der in der vorliegenden Konvention festgelegten Rechte und Freiheiten muß ohne Unterschied des Geschlechts, der Rasse, Hautfarbe, Sprache, Religion, politischen oder sonstigen Anschauungen, nationaler Herkunft, Zugehörigkeit zu einer nationalen Minderheit, des Vermögens, der Geburt oder des sonstigen Status gewährleistet werden.

Artikel 15

(1) Im Falle eines Krieges oder eines anderen öffentlichen Notstandes, der das Leben der Nation bedroht, kann jeder der Hohen Vertragschließenden Teile Maßnahmen ergreifen, welche die in dieser Konvention vorgesehenen Verpflichtungen in dem Umfang, den die Lage unbedingt erfordert, und unter der Bedingung außer Kraft setzen, daß diese Maßnahmen nicht in Widerspruch zu den sonstigen völkerrechtlichen Verpflichtungen stehen.

(2) Die vorstehende Bestimmung gestattet kein Außerkraftsetzen des Artikels außer bei Todesfällen, die auf rechtmäßige Kriegshandlungen zurückzuführen sind, oder der Artikel 3, 4 (Absatz 1) und 7.

(3) Jeder Hohe Vertragschließende Teil, der dieses Recht der Außerkraftsetzung ausübt, hat den Generalsekretär des Europarats eingehend über die getroffenen Maßnahmen und deren Gründe zu unterrichten. Er muß den Generalsekretär des Europarates auch über den Zeitpunkt in Kenntnis setzen, in dem diese Maßnahmen außer Kraft getreten sind und die Vorschriften der Konvention wieder volle Anwendung finden.

Artikel 16

Keine der Bestimmungen der Artikel 10, 11 und 14 darf so ausgelegt werden, daß sie den Hohen Vertragschließenden Parteien verbietet, die politische Tätigkeit von Ausländern Beschränkungen zu unterwerfen.

Artikel 17

Keine Bestimmung dieser Konvention darf dahin ausgelegt werden, daß sie für einen Staat, eine Gruppe oder eine Person das Recht begründet, eine Tätigkeit auszuüben oder eine Handlung zu begehen, die auf die Abschaffung der in der vorliegenden Konvention festgelegten Rechte und Freiheiten oder auf weitergehende Beschränkungen dieser Rechte und Freiheiten, als in der Konvention vorgesehen, hinzielt.

Artikel 18

Die nach der vorliegenden Konvention gestatteten Einschränkungen dieser Rechte und Freiheiten dürfen nicht für andere Zwecke als die vorgesehenen angewandt werden.

Erstes Zusatzprotokoll zur Europäischen Konvention zum Schutze der Menschenrechte und Grundfreiheiten vom 20. März 1952

Entschlossen, Maßnahmen zur kollektiven Gewährleistung gewisser Rechte und Freiheiten außer denjenigen zu treffen, die bereits im Teil I der am 4. November 1950 in Rom unterzeichneten Konvention zum Schutze der Menschenrechte und Grundfreiheiten (nachstehend als »Konvention“ bezeichnet) berücksichtigt sind, vereinbaren die unterzeichneten Regierungen, die Mitglieder des Europarates sind, folgendes:

Artikel 1

Jede natürliche oder juristische Person hat ein Recht auf Achtung ihres Eigentums. Niemandem darf sein Eigentum entzogen werden, es sei denn, daß das öffentliche Interesse es verlangt, und nur unter den durch Gesetz und durch die allgemeinen Grundsätze des Völkerrechts vorgesehenen Bedingungen.

Die vorstehenden Bestimmungen beeinträchtigen jedoch in keiner Weise das Recht des Staates, diejenigen Gesetze anzuwenden, die er für die Regelung der Benutzung des Eigentums im Einklang mit dem Allgemeininteresse oder zur Sicherung der Zahlung der Steuern oder sonstigen Abgaben oder von Geldstrafen für erforderlich hält.

Artikel 2

Das Recht auf Bildung darf niemand verwehrt werden. Der Staat hat bei der Ausübung der von ihm auf dem Gebiet der Erziehung und des Unterrichts übernommenen Aufgaben das Recht der Eltern zu achten, die Erziehung und den Unterricht entsprechend ihren eigenen religiösen und weltanschaulichen Überzeugungen sicherzustellen.

Artikel 3

Die Hohen Vertragschließenden Teile verpflichten sich, in angemessenen Zeitabständen freie und geheime Wahlen unter Bedingungen abzuhalten, welche die freie Äußerung der Meinung des Volkes bei der Wahl der gesetzgebenden Körperschaften gewährleisten.

Protokoll Nr. 4

zur Europäischen Konvention zum Schutze der Menschenrechte und Grundfreiheiten, durch das gewisse Rechte und Freiheiten gewährleistet werden, die nicht bereits in der Konvention oder im ersten Zusatzprotokoll enthalten sind, vom 16. September 1963

Die Unterzeichnerregierungen, die Mitglieder des Europarates sind –

entschlossen, Maßnahmen zur kollektiven Gewährleistung gewisser Rechte und Freiheiten zu treffen, die in Abschnitt I der am 4. November 1950 in Rom unterzeichneten Konvention zum Schutze der Menschenrechte und Grundfreiheiten (im folgenden als „Konvention" bezeichnet) und in den Artikeln 1 bis 3 des am 20. März 1952 in Paris unterzeichneten ersten Zusatzprotokolls zur Konvention noch nicht enthalten sind –

haben folgendes vereinbart:

Artikel 1

Niemandem darf die Freiheit allein deshalb entzogen werden, weil er nicht in der Lage ist, eine vertragliche Verpflichtung zu erfüllen.

Artikel 2

(1) Jedermann, der sich rechtmäßig im Hoheitsgebiet eines Staates aufhält, hat das Recht, sich dort frei zu bewegen und seinen Wohnsitz frei zu wählen.

(2) Jedermann steht es frei, jedes Land, einschließlich seines eigenen, zu verlassen.

(3) Die Ausübung dieser Rechte darf keinen anderen Einschränkungen unterworfen werden als denen, die gesetzlich vorgesehen und in einer demokratischen Gesellschaft im Interesse der nationalen oder der öffentlichen Sicherheit, der Aufrechterhaltung der öffentlichen Ordnung, der Verhütung von Straftaten, des Schutzes der Gesundheit oder der Moral oder des Schutzes der Rechte und Freiheiten anderer notwendig sind.

(4) Die in Absatz 1 anerkannten Rechte können ferner für bestimmte Gebiete Einschränkungen unterworfen werden, die gesetzlich vorgesehen und in einer demokratischen Gesellschaft durch das öffentliche Interesse gerechtfertigt sind.

Artikel 3

(1) Niemand darf aus dem Hoheitsgebiet des Staates, dessen Staatsangehöriger er ist, durch eine Einzel- oder Kollektivmaßnahme ausgewiesen werden.
(2) Niemand darf das Recht entzogen werden, in das Hoheitsgebiet des Staates einzureisen, dessen Staatsangehöriger er ist.

Artikel 4

Kollektivausweisungen von Ausländern sind nicht zulässig.

36. Europäische Sozialcharta vom 18. Oktober 1961

(Auszug)

Die Unterzeichnerregierungen, Mitglieder des Europarats.

In der Erwägung, daß es das Ziel des Europarats ist, eine engere Verbindung zwischen seinen Mitgliedern herzustellen, um die Ideale und Grundsätze, die ihr gemeinsames Erbe sind, zu wahren und zu verwirklichen und ihren wirtschaftlichen und sozialen Fortschritt zu fördern, insbesondere durch die Erhaltung und Weiterentwicklung der Menschenrechte und Grundfreiheiten.
In der Erwägung, daß die Mitgliedstaaten des Europarates in der am 4. November 1950 zu Rom unterzeichneten Europäischen Konvention zum Schutz der Menschenrechte und Grundfreiheiten und in dem am 20. März 1952 zu Paris unterzeichneten Zusatzprotokoll übereingekommen sind, ihren Völkern die darin angeführten bürgerlichen und politischen Rechte und Freiheiten zu sichern.
In der Erwägung, daß die Ausübung sozialer Rechte sichergestellt sein muß, und zwar ohne Diskriminierung aus Gründen der Rasse, der Hautfarbe, des Geschlechts, der Religion, der politischen Meinung, der nationalen Abstammung oder der sozialen Herkunft.
In dem Entschluß, gemeinsam alle Anstrengungen zu unternehmen, um durch geeignete Einrichtungen und Maßnahmen den Lebensstandard ihrer Bevölkerung in Stadt und Land zu verbessern und ihr soziales Wohl zu fördern.

Sind wie folgt übereingekommen:

TEIL I

Die Vertragsparteien sind gewillt, mit allen zweckdienlichen Mitteln staatlicher und zwischenstaatlicher Art eine Politik zu verfolgen, die darauf abzielt, geeignete Voraussetzungen zu schaffen, damit die tatsächliche Ausübung der folgenden Rechte und Grundsätze gewährleistet ist:

1. Jedermann muß die Möglichkeit haben, seinen Lebensunterhalt durch eine frei übernommene Tätigkeit zu verdienen.

2. Alle Arbeitnehmer haben das Recht auf gerechte Arbeitsbedingungen.

3. Alle Arbeitnehmer haben das Recht auf sichere und gesunde Arbeitsbedingungen.

4. Alle Arbeitnehmer haben das Recht auf ein gerechtes Arbeitsentgelt, das ihnen und ihren Familien einen angemessenen Lebensstandard sichert.

5. Alle Arbeitnehmer und Arbeitgeber haben das Recht auf Freiheit zur Vereinigung in nationalen und internationalen Organisationen zum Schutz ihrer wirtschaftlichen und sozialen Interessen.

6. Alle Arbeitnehmer und Arbeitgeber haben das Recht auf Kollektivverhandlungen.

7. Kinder und Jugendliche haben das Recht auf besonderen Schutz gegen körperliche und sittliche Gefahren, denen sie ausgesetzt sind.

8. Arbeitnehmerinnen haben im Falle der Mutterschaft und in anderen geeigneten Fällen das Recht auf besonderen Schutz bei der Arbeit.

9. Jedermann hat das Recht auf geeignete Möglichkeiten der Berufsberatung, die ihm helfen soll, einen Beruf zu wählen, der seiner persönlichen Eignung und seinen Interessen entspricht.

10. Jedermann hat das Recht auf geeignete Möglichkeiten der Berufsausbildung.

11. Jedermann hat das Recht, alle Maßnahmen in Anspruch zu nehmen, die es ihm ermöglichen, sich des besten Gesundheitszustandes zu erfreuen, den er erreichen kann.

12. Alle Arbeitnehmer und ihre Angehörigen haben das Recht auf Soziale Sicherheit.

13. Jedermann hat das Recht auf Fürsorge, wenn er keine ausreichenden Mittel hat.

14. Jedermann hat das Recht, soziale Dienste in Anspruch zu nehmen.

15. Jeder Behinderte hat das Recht auf berufliche Ausbildung sowie auf berufliche und soziale Eingliederung oder Wiedereingliederung ohne Rücksicht auf Ursprung und Art seiner Behinderung.

16. Die Familie als Grundeinheit der Gesellschaft hat das Recht auf angemessenen sozialen, gesetzlichen und wirtschaftlichen Schutz, der ihre volle Entfaltung zu sichern vermag.

17. Mütter und Kinder haben, unabhängig vom Bestehen einer Ehe und von familienrechtlichen Beziehungen, das Recht auf angemessenen sozialen und wirtschaftlichen Schutz.

18. Die Staatsangehörigen einer Vertragspartei haben das Recht, im Hoheitsgebiet jeder anderen Vertragspartei gleichberechtigt mit deren Staatsangehörigen jede Erwerbstätigkeit aufzunehmen, vorbehaltlich von Einschränkungen, die auf triftigen wirtschaftlichen oder sozialen Gründen beruhen.

19. Wanderarbeitnehmer, die Staatsangehörige einer Vertragspartei sind, und ihre Familien haben das Recht auf Schutz und Beistand im Hoheitsgebiet jeder anderen Vertragspartei.

TEIL II

Die Vertragsparteien erachten sich durch die in den folgenden Artikeln und Absätzen festgelegten Verpflichtungen nach Maßgabe des Teils III gebunden.

Artikel 1

Das Recht auf Arbeit

Um die wirksame Ausübung des Rechtes auf Arbeit zu gewährleisten, verpflichten sich die Vertragsparteien,

1. zwecks Verwirklichung der Vollbeschäftigung die Erreichung und Aufrechterhaltung eines möglichst hohen und stabilen Beschäftigungsstandes zu einer ihrer wichtigsten Zielsetzungen und Aufgaben zu machen;
2. das Recht des Arbeitnehmers wirksam zu schützen, seinen Lebensunterhalt durch eine frei übernommene Tätigkeit zu verdienen;
3. unentgeltliche Arbeitsvermittlungsdienste für alle Arbeitnehmer einzurichten oder aufrechtzuerhalten;
4. eine geeignete Berufsberatung, Berufsausbildung und berufliche Wiedereingliederung sicherzustellen oder zu fördern.

Artikel 2

Das Recht auf gerechte Arbeitsbedingungen

Um die wirksame Ausübung des Rechtes auf gerechte Arbeitsbedingungen zu gewährleisten, verpflichten sich die Vertragsparteien,

1. für eine angemessene tägliche und wöchentliche Arbeitszeit zu sorgen und die Arbeitswoche fortschreitend zu verkürzen, soweit die Produktivitätssteigerung und andere mitwirkende Faktoren dies gestatten;
2. bezahlte öffentliche Feiertage vorzusehen;
3. die Gewährung eines bezahlten Jahresurlaubs von mindestens zwei Wochen sicherzustellen;
4. für die Gewährung zusätzlicher bezahlter Urlaubstage oder einer verkürzten Arbeitszeit für Arbeitnehmer zu sorgen, die mit bestimmten gefährlichen oder gesundheitsschädlichen Arbeiten beschäftigt sind;
5. eine wöchentliche Ruhezeit sicherzustellen, die, soweit möglich, mit dem Tag zusammenfällt, der in dem betreffenden Land oder Bezirk durch Herkommen oder Brauch als Ruhetag anerkannt ist.

Artikel 3

Das Recht auf sichere und gesunde Arbeitsbedingungen

Um die wirksame Ausübung des Rechtes auf sichere und gesunde Arbeitsbedingungen zu gewährleisten, verpflichten sich die Vertragsparteien,

1. Sicherheits- und Gesundheitsvorschriften zu erlassen;
2. für Kontrollmaßnahmen zur Einhaltung dieser Vorschriften zu sorgen;
3. die Arbeitgeber- und Arbeitnehmerorganisationen in geeigneten Fällen bei Maßnahmen zu Rate zu ziehen, die auf eine Verbesserung der Sicherheit und der Gesundheit bei der Arbeit gerichtet sind.

Artikel 4

Das Recht auf gerechtes Arbeitsentgelt

Um die wirksame Ausübung des Rechtes auf ein gerechtes Arbeitsentgelt zu gewährleisten, verpflichten sich die Vertragsparteien
1. das Recht der Arbeitnehmer auf ein Arbeitsentgelt anzuerkennen, welches ausreicht, um ihnen und ihren Familien einen angemessenen Lebensstandard zu sichern;
2. das Recht der Arbeitnehmer auf Zahlung erhöhter Lohnsätze für Überstundenarbeit anzuerkennen, vorbehaltlich von Ausnahmen in bestimmten Fällen;
3. das Recht männlicher und weiblicher Arbeitnehmer auf gleiches Entgelt für gleichwertige Arbeit anzuerkennen;
4. das Recht aller Arbeitnehmer auf eine angemessene Kündigungsfrist im Falle der Beendigung des Arbeitsverhältnisses anzuerkennen;
5. Lohnabzüge nur unter den Bedingungen und in den Grenzen zuzulassen, die in innerstaatlichen Rechtsvorschriften vorgesehen oder durch Gesamtarbeitsvertrag oder Schiedsspruch bestimmt sind.

Die Ausübung dieser Rechte ist durch frei geschlossene Gesamtarbeitsverträge, durch gesetzliche Verfahren der Lohnfestsetzung oder auf jede andere, den Landesverhältnissen entsprechende Weise zu gewährleisten.

Artikel 5

Das Vereinigungsrecht

Um die Freiheit der Arbeitnehmer und Arbeitgeber zu gewährleisten oder zu fördern, örtliche, nationale oder internationale Organisationen zum Schutze ihrer wirtschaftlichen und sozialen Interessen zu bilden und diesen Organisationen beizutreten, verpflichten sich die Vertragsparteien, diese Freiheit weder durch das innerstaatliche Recht noch durch dessen Anwendung zu beeinträchtigen. Inwieweit die in diesem Artikel vorgesehenen Garantien auf die Polizei Anwendung finden, bestimmt sich nach innerstaatlichem Recht. Das Prinzip und gegebenenfalls der Umfang der Anwendung dieser Garantien auf die Mitglieder der Streitkräfte bestimmen sich gleichfalls nach innerstaatlichem Recht.

Artikel 6

Das Recht auf Kollektivverhandlungen

Um die wirksame Ausübung des Rechtes auf Kollektivverhandlungen zu gewährleisten, verpflichten sich die Vertragsparteien,

1. gemeinsame Beratungen zwischen Arbeitnehmern und Arbeitgebern zu fördern

2. Verfahren für freiwillige Verhandlungen zwischen Arbeitgebern oder Arbeitgeberorganisationen einerseits und Arbeitnehmerorganisationen andererseits zu fördern, soweit dies notwendig und zweckmäßig ist, mit dem Ziele, die Beschäftigungsbedingungen durch Gesamtarbeitsverträge zu regeln;

3. die Einrichtung und die Benutzung geeigneter Vermittlungs- und freiwilliger Schlichtungsverfahren zur Beilegung von Arbeitsstreitigkeiten zu fördern;

und anerkennen

4. das Recht der Arbeitnehmer und der Arbeitgeber auf kollektive Maßnahmen einschließlich des Streikrechts im Falle von Interessenkonflikten, vorbehaltlich etwaiger Verpflichtungen aus geltenden Gesamtarbeitsverträgen.

Artikel 7

Das Recht der Kinder und Jugendlichen auf Schutz

Um die wirksame Ausübung des Rechtes der Kinder und Jugendlichen auf Schutz zu gewährleisten, verpflichten sich die Vertragsparteien,

1. das Mindestalter für die Zulassung zu einer Beschäftigung auf 15 Jahre festzusetzen, vorbehaltlich von Ausnahmen für Kinder, die mit bestimmten leichten Arbeiten beschäftigt werden, welche weder ihre Gesundheit noch ihre Moral, noch ihre Erziehung gefährden;

2. ein höheres Mindestalter für die Zulassung zur Beschäftigung in bestimmten Berufen festzusetzen, die als gefährlich oder gesundheitsschädlich gelten;

3. die Beschäftigung Schulpflichtiger mit Arbeiten zu verbieten, die verhindern würden, daß sie aus ihrer Schulausbildung den vollen Nutzen ziehen;

4. die Arbeitszeit von Jugendlichen unter 16 Jahren entsprechend den Erfordernissen ihrer Entwicklung und insbesondere ihrer Berufsausbildung zu begrenzen;

5. das Recht der jugendlichen Arbeitnehmer und Lehrlinge auf ein gerechtes Arbeitsentgelt oder eine angemessene Beihilfe anzuerkennen;

6. vorzusehen, daß die Zeit, die Jugendliche während der normalen Arbeitszeit mit Zustimmung des Arbeitgebers für die Berufsausbildung verwenden, als Teil der täglichen Arbeitszeit gilt;

7. für Arbeitnehmer unter 18 Jahren die Dauer des bezahlten Jahresurlaubs auf mindestens drei Wochen festzusetzen;

8. für Personen unter 18 Jahren Nachtarbeit zu verbieten, mit Ausnahme bestimmter, im innerstaatlichen Recht festgelegter Arbeiten;

9. vorzusehen, daß Arbeitnehmer unter 18 Jahren, die in bestimmten, in dem innerstaatlichen Recht festgelegten Beschäftigungen tätig sind, einer regelmäßigen ärztlichen Überwachung unterliegen;

10. einen besonderen Schutz gegen die körperlichen und sittlichen Gefahren sicherzustellen, denen Kinder und Jugendliche ausgesetzt sind, insbesondere gegen Gefahren, die sich unmittelbar oder mittelbar aus ihrer Arbeit ergeben.

Artikel 8

Das Recht der Arbeitnehmerinnen auf Schutz

Um die wirksame Ausübung des Rechtes der Arbeitnehmerinnen auf Schutz zu gewährleisten, verpflichten sich die Vertragsparteien,

1. sicherzustellen, daß Frauen vor und nach der Niederkunft eine Arbeitsbefreiung von insgesamt mindestens 12 Wochen erhalten, und zwar entweder in Form eines bezahlten Urlaubs oder durch angemessene Leistungen der Sozialen Sicherheit oder aus sonstigen öffentlichen Mitteln;

2. es als ungesetzlich zu betrachten, daß ein Arbeitgeber einer Frau während ihrer Abwesenheit infolge Mutterschaftsurlaubs oder so kündigt, daß die Kündigungsfrist während einer solchen Abwesenheit abläuft;

3. sicherzustellen, daß Mütter, die ihre Kinder stillen, für diesen Zweck Anspruch auf ausreichende Arbeitsunterbrechungen haben;

4. a) die Nachtarbeit von Arbeitnehmerinnen in gewerblichen Betrieben zu regeln;

b) jede Beschäftigung von Arbeitnehmerinnen mit Untertagarbeiten in Bergwerken und gegebenenfalls mit allen sonstigen Arbeiten zu untersagen, die infolge ihrer gefährlichen, gesundheitsschädlichen oder beschwerlichen Art für sie ungeeignet sind.

Artikel 9

Das Recht auf Berufsberatung

Um die wirksame Ausübung des Rechtes auf Berufsberatung zu gewährleisten, verpflichten sich die Vertragsparteien, einen Dienst einzurichten oder zu fördern – soweit dies notwendig ist –, der allen Personen einschließlich der Behinderten hilft, die Probleme der Berufswahl oder des beruflichen Aufstiegs zu lösen, und zwar unter Berücksichtigung ihrer persönlichen Eigenschaften und deren Beziehung zu den Beschäftigungsmöglichkeiten; diese Hilfe soll sowohl Jugendlichen einschließlich Kindern schulpflichtigen Alters als auch Erwachsenen unentgeltlich zur Verfügung stehen.

Artikel 10

Das Recht auf berufliche Ausbildung

Um die wirksame Ausübung des Rechtes auf berufliche Ausbildung zu gewährleisten, verpflichten sich die Vertragsparteien,

1. die fachliche und berufliche Ausbildung aller Personen, einschließlich der Behinderten, soweit es notwendig ist, zu gewährleisten oder zu fördern, und zwar in Beratung mit Arbeitgeber- und Arbeitnehmerorganisationen, sowie Möglichkeiten für den Zugang zu Technischen Hochschulen und Universitäten nach alleiniger Maßgabe der persönlichen Eignung zu schaffen;

2. ein System der Lehrlingsausbildung und andere Systeme der Ausbildung für junge Menschen beiderlei Geschlechts in ihren verschiedenen Berufstätigkeiten sicherzustellen oder zu fördern;

3. soweit notwendig, folgendes sicherzustellen oder zu fördern:

a) geeignete und leicht zugängliche Ausbildungsmöglichkeiten für erwachsene Arbeitnehmer,

b) besondere Möglichkeiten für die berufliche Umschulung erwachsener Arbeitnehmer, die durch den technischen Fortschritt oder neue Entwicklungen auf dem Arbeitsmarkt erforderlich wird;

4. zur vollen Ausnutzung der geschaffenen Möglichkeiten durch geeignete Maßnahmen anzuregen, zum Beispiel dadurch, daß

a) alle Gebühren und Kosten herabgesetzt oder abgeschafft werden;

b) in geeigneten Fällen finanzielle Hilfe gewährt wird;

c) die Zeiten, die der Arbeitnehmer während der Beschäftigung auf Verlangen seines Arbeitgebers für den Besuch von Fortbildungslehrgängen verwendet, auf die normale Arbeitszeit angerechnet werden;

d) durch geeignete Überwachung die Wirksamkeit des Systems der Lehrlingsausbildung und jedes anderen Ausbildungssystems für jugendliche Arbeitnehmer sowie ganz allgemein deren ausreichender Schutz gewährleistet wird, und zwar in Beratung mit Arbeitgeber- und Arbeitnehmerorganisationen.

Artikel 11

Das Recht auf Schutz der Gesundheit

Um die wirksame Ausübung des Rechtes auf Schutz der Gesundheit zu gewährleisten, verpflichten sich die Vertragsparteien, entweder unmittelbar oder in Zusammenarbeit mit öffentlichen oder privaten Organisationen geeignete Maßnahmen zu ergreifen, die u. a. darauf abzielen,

1. soweit wie möglich die Ursachen von Gesundheitsschäden zu beseitigen;

2. Beratungs- und Schulungsmöglichkeiten zu schaffen zur Verbesserung der Gesundheit und zur Entwicklung des persönlichen Verantwortungsbewußtseins in Fragen der Gesundheit;

3. soweit wie möglich epidemischen, endemischen und anderen Krankheiten vorzubeugen.

Artikel 12

Das Recht auf Soziale Sicherheit

Um die wirksame Ausübung des Rechtes auf Soziale Sicherheit zu gewährleisten, verpflichten sich die Vertragsparteien,

1. ein System der Sozialen Sicherheit einzuführen oder beizubehalten;

2. das System der Sozialen Sicherheit auf einem befriedigenden Stand zu halten, der zumindest dem entspricht, der für die Ratifikation des Übereinkommens (Nr. 102) der Internationalen Arbeitsorganisation über die Mindestnormen der Sozialen Sicherheit erforderlich ist;

3. sich zu bemühen, das System der Sozialen Sicherheit fortschreitend auf einen höheren Stand zu bringen;

4. durch den Abschluß geeigneter zwei- und mehrseitiger Übereinkünfte oder durch andere Mittel und nach Maßgabe der in diesen Übereinkünften niedergelegten Bedingungen Maßnahmen zu ergreifen, die folgendes gewährleisten:

a) die Gleichbehandlung der Staatsangehörigen anderer Vertragsparteien mit ihren eigenen Staatsangehörigen hinsichtlich der Ansprüche aus der Sozialen Sicherheit einschließlich der Wahrung der nach den Rechtsvorschriften der Sozialen Sicherheit erwachsenen Leistungsansprüche, gleichviel, wo die geschützten Personen innerhalb der Hoheitsgebiete der Vertragsparteien ihren Aufenthalt nehmen;

b) die Gewährung, die Erhaltung und das Wiederaufleben von Ansprüchen aus der Sozialen Sicherheit, beispielsweise durch die Zusammenrechnung von Versicherungs- und Beschäftigungszeiten, die nach den Rechtsvorschriften jeder der Vertragsparteien zurückgelegt wurden.

Artikel 13

Das Recht auf Fürsorge

Um die wirksame Ausübung des Rechtes auf Fürsorge zu gewährleisten, verpflichten sich die Vertragsparteien,

1. sicherzustellen, daß jedem, der nicht über ausreichende Mittel verfügt und sich diese auch nicht selbst oder von anderen, insbesondere durch Leistungen, aus einem System der Sozialen Sicherheit verschaffen kann, ausreichende Unterstützung gewährt wird und im Falle der Erkrankung die Betreuung, die seine Lage erfordert;

2. sicherzustellen, daß Personen, die diese Fürsorge in Anspruch nehmen, nicht aus diesem Grunde in ihren politischen oder sozialen Rechten beeinträchtigt werden;

3. dafür zu sorgen, daß jedermann durch zweckentsprechende öffentliche oder private Einrichtungen die zur Verhütung, Behebung oder Milderung einer persönlichen oder familiären Notlage erforderliche Beratung und persönliche Hilfe erhalten kann;

4. die in den Absätzen 1, 2 und 3 genannten Bestimmungen auf die rechtmäßig in ihrem Hoheitsgebiet befindlichen Staatsangehörigen der anderen Vertragsparteien anzuwenden, und zwar auf der Grundlage der Gleichbehandlung und in Übereinstimmung mit den Verpflichtungen, die sie in dem am 11. Dezember 1953 zu Paris unterzeichneten Europäischen Fürsorgeabkommen übernommen haben.

Artikel 14

Das Recht auf Inanspruchnahme sozialer Dienste

Um die wirksame Ausübung des Rechtes auf Inanspruchnahme sozialer Dienste zu gewährleisten, verpflichten sich die Vertragsparteien,

1. Dienste zu fördern oder zu schaffen, die unter Anwendung der Methoden der Sozialarbeit zum Wohlbefinden und zur Entfaltung des einzelnen und der Gruppen innerhalb der Gemeinschaft beitragen, sowie zu ihrer Anpassung an die soziale Umgebung;

2. bei der Bildung und Durchführung dieser Dienste Einzelpersonen und freie oder andere Organisationen zur Beteiligung anzuregen.

Artikel 15

Das Recht der körperlich, geistig oder seelisch Behinderten auf berufliche Ausbildung sowie auf berufliche und soziale Eingliederung oder Wiedereingliederung

Um die wirksame Ausübung des Rechtes der körperlich, geistig oder seelisch Behinderten auf berufliche Ausbildung sowie auf berufliche und soziale Eingliederung oder Wiedereingliederung zu gewährleisten, verpflichten sich die Vertragsparteien,

1. geeignete Maßnahmen zu treffen für die Bereitstellung von Ausbildungsmöglichkeiten, erforderlichenfalls unter Einschluß von öffentlichen oder privaten Sondereinrichtungen;
2. geeignete Maßnahmen zu treffen für die Vermittlung Behinderter auf Arbeitsplätze, namentlich durch besondere Arbeitsvermittlungsdienste, durch Ermöglichung wettbewerbsgeschützter Beschäftigung und durch Maßnahmen, die den Arbeitgebern einen Anreiz zur Einstellung von Behinderten bieten.

Artikel 16

Das Recht der Familie auf sozialen, gesetzlichen und wirtschaftlichen Schutz

Um die erforderlichen Voraussetzungen für die Entfaltung der Familie als einer Grundeinheit der Gesellschaft zu schaffen, verpflichten sich die Vertragsparteien, den wirtschaftlichen, gesetzlichen und sozialen Schutz des Familienlebens zu fördern, insbesondere durch Sozial- und Familienleistungen, steuerliche Maßnahmen, Förderung des Baues familiengerechter Wohnungen, Hilfen für junge Eheleute und andere geeignete Mittel jeglicher Art.

Artikel 17

Das Recht der Mütter und der Kinder auf sozialen und wirtschaftlichen Schutz

Um die wirksame Ausübung des Rechtes der Mütter und der Kinder auf sozialen und wirtschaftlichen Schutz zu gewährleisten, werden die Vertragsparteien alle hierzu geeigneten und notwendigen Maßnahmen treffen, einschließlich der Schaffung und Unterhaltung geeigneter Einrichtungen und Dienste.

Artikel 18

Das Recht auf Ausübung einer Erwerbstätigkeit im Hoheitsgebiet der anderen Vertragsparteien

Um die wirksame Ausübung des Rechtes auf Ausübung einer Erwerbstätigkeit im Hoheitsgebiet jeder anderen Vertragspartei zu gewährleisten, verpflichten sich die Vertragsparteien,

1. bestehende Vorschriften großzügig anzuwenden;

2. bestehende Formvorschriften zu vereinfachen und Verwaltungsgebühren und andere von ausländischen Arbeitnehmern oder ihren Arbeitgebern zu entrichtende Abgaben herabzusetzen oder abzuschaffen;

3. die Vorschriften über die Beschäftigung ausländischer Arbeitnehmer einzeln oder gemeinschaftlich zu liberalisieren;

und anerkennen

4. das Recht ihrer Staatsangehörigen, das Land zu verlassen, um im Hoheitsgebiet anderer Vertragsparteien eine Erwerbstätigkeit auszuüben.

Artikel 19

Das Recht der Wanderarbeitnehmer und ihrer Familie auf Schutz und Beistand

Um die wirksame Ausübung des Rechtes der Wanderarbeitnehmer und ihrer Familien auf Schutz und Beistand im Hoheitsgebiet jeder anderen Vertragspartei zu gewährleisten, verpflichten sich die Vertragsparteien,

1. geeignete Stellen zu unterhalten oder sich zu vergewissern, daß solche Stellen bestehen, die diese Arbeitnehmer unentgeltlich betreuen, insbesondere durch Erteilung genauer Auskünfte sowie im Rahmen des innerstaatlichen Rechts geeignete Maßnahmen gegen irreführende Werbung zur Auswanderung und Einwanderung zu treffen;

2. in den Grenzen ihrer Zuständigkeit geeignete Maßnahmen zur Erleichterung der Abreise, der Reise und der Aufnahme dieser Arbeitnehmer und ihrer Familien zu treffen und ihnen in den Grenzen ihrer Zuständigkeit während der Reise notwendige Gesundheitsdienste, ärztliche Betreuung und gute hygienische Bedingungen zu verschaffen;

3. soweit erforderlich, die Zusammenarbeit zwischen den öffentlichen und privaten sozialen Diensten der Auswanderungs- und der Einwanderungsländer zu fördern;

4. sicherzustellen, daß diese Arbeitnehmer, soweit sie sich rechtmäßig in ihrem Hoheitsgebiet befinden, nicht weniger günstig behandelt werden als ihre eigenen Staatsangehörigen in bezug auf die folgenden Gegenstände, soweit diese durch Rechtsvorschriften geregelt oder der Überwachung durch die Verwaltungsbehörden unterstellt sind:

a) das Arbeitsentgelt und andere Beschäftigungs- und Arbeitsbedingungen;

b) den Beitritt zu gewerkschaftlichen Organisationen und den Genuß der durch Gesamtarbeitsverträge gebotenen Vorteile;

c) die Unterkunft;

5. sicherzustellen, daß diese Arbeitnehmer, soweit sie sich rechtmäßig in ihrem Hoheitsgebiet befinden, nicht weniger günstig behandelt werden als ihre eigenen Staatsangehörigen in bezug auf die Steuern, Abgaben und Beiträge, die für den Arbeitnehmer auf Grund der Beschäftigung zu zahlen sind;

6. soweit möglich, die Zusammenführung eines zur Niederlassung im Hoheitsgebiet berechtigten Wanderarbeitnehmers mit seiner Familie zu erleichtern;

7. sicherzustellen, daß diese Arbeitnehmer, soweit sie sich rechtmäßig in ihrem Hoheitsgebiet befinden, nicht weniger günstig behandelt werden als

ihre eigenen Staatsangehörigen in bezug auf die Möglichkeit, hinsichtlich der in diesem Artikel behandelten Angelegenheiten den Rechtsweg zu beschreiten;

8. sicherzustellen, daß diese Arbeitnehmer, soweit sie in ihrem Hoheitsgebiet ihren rechtmäßigen gewöhnlichen Aufenthalt haben, nur ausgewiesen werden können, wenn sie die Sicherheit des Staates gefährden oder gegen die öffentliche Sicherheit und Ordnung oder die Sittlichkeit verstoßen;

9. innerhalb der gesetzlichen Grenzen die Überweisung der Teile des Verdienstes und der Ersparnisse zuzulassen, die diese Arbeitnehmer zu überweisen wünschen;

10. den in diesem Artikel vorgesehenen Schutz und Beistand auf die aus- oder einwandernden selbständig Erwerbstätigen zu erstrecken, soweit solche Maßnahmen auf diesen Personenkreis anwendbar sind.

TEIL III

Artikel 20

Verpflichtungen

(1) Jede der Vertragsparteien verpflichtet sich,

a) Teil I dieser Charta als eine Erklärung der Ziele anzusehen, die sie entsprechend dem einleitenden Absatz jenes Teils mit allen geeigneten Mitteln verfolgen wird;

b) mindestens fünf der folgenden sieben Artikel des Teils II dieser Charta als für sich bindend anzusehen: Artikel 1, 5, 6, 12, 13, 16 und 19;

c) zusätzlich zu den nach Maßgabe des Buchstabens b ausgewählten Artikeln so viele Artikel oder numerierte Absätze des Teils II der Charta auszuwählen und als für sich bindend anzusehen, daß die Gesamtzahl der Artikel oder numerierten Absätze, durch die sie gebunden ist, mindestens 10 Artikel oder 45 numerierte Absätze beträgt.

(2) Die nach Maßgabe des Absatzes 1 Buchstaben b und c ausgewählten Artikel oder Absätze sind dem Generalsekretär des Europarats gleichzeitig mit der Hinterlegung der Ratifikations- und Genehmigungsurkunde durch die betreffende Vertragspartei zu notifizieren.

(3) Jede Vertragspartei kann zu einem späteren Zeitpunkt durch eine an den Generalsekretär zu richtende Notifikation erklären, daß sie in Teil II der Charta einen anderen Artikel oder numerierten Absatz als für sich bindend ansieht, den sie bisher noch nicht nach Absatz 1 dieses Artikels angenommen hatte. Diese später übernommenen Verpflichtungen gelten als Bestandteil der Ratifikation oder Genehmigung und haben vom dreißigsten Tag nach dem Zeitpunkt der Notifikation an die gleiche Wirkung.

(4) Der Generalsekretär bringt allen Unterzeichnerregierungen und dem Generaldirektor des Internationalen Arbeitsamtes jede Notifikation zur Kenntnis, die er auf Grund dieses Teils der Charta erhält.

(5) Jede Vertragspartei hat ein den innerstaatlichen Verhältnissen entsprechendes System der Arbeitsaufsicht zu unterhalten.

TEIL V

Artikel 30

Notstandsklausel

(1) In Kriegszeiten oder bei einem anderen öffentlichen Notstand, der das Leben der Nation bedroht, kann jede Vertragspartei Maßnahmen treffen, die von ihren Verpflichtungen aus dieser Charta abweichen, soweit es auf Grund der Lage unbedingt erforderlich ist, vorausgesetzt, daß diese Maßnahmen nicht zu ihren anderen völkerrechtlichen Verpflichtungen im Widerspruch stehen.

(2) Jede Vertragspartei, die von diesem Recht der Abweichung Gebrauch gemacht hat, hält den Generalsekretär des Europarats innerhalb einer angemessenen Frist vollständig auf dem laufenden über die getroffenen Maßnahmen und die Gründe hierfür. Sie unterrichtet den Generalsekretär auch von dem Zeitpunkt, zu dem diese Maßnahmen aufgehoben wurden und die von ihr angenommenen Bestimmungen der Charta wieder in vollem Umfang angewandt werden.

(3) Der Generalsekretär setzt die anderen Vertragsparteien und den Generaldirektor des Internationalen Arbeitsamtes von allen nach Absatz 2 bei ihm eingegangenen Mitteilungen in Kenntnis.

Artikel 31

Einschränkungen

(1) Die in Teil I niedergelegten Rechte und Grundsätze dürfen nach ihrer Verwirklichung ebenso wie ihre in Teil II vorgesehene wirksame Ausübung anderen als den in diesen Teilen vorgesehenen Einschränkungen oder Begrenzungen nur unterliegen, wenn diese gesetzlich vorgeschrieben und in einer demokratischen Gesellschaft zum Schutze der Rechte und Freiheiten anderer oder zum Schutze der öffentlichen Sicherheit und Ordnung, der Sicherheit des Staates, der Volksgesundheit und der Sittlichkeit notwendig sind.

(2) Von den nach dieser Charta zulässigen Einschränkungen der darin niedergelegten Rechte und Verpflichtungen darf für keinen anderen als den vorgesehenen Zweck Gebrauch gemacht werden.

Artikel 32

Verhältnis zwischen der Charta und dem innerstaatlichen Recht sowie internationalen Übereinkünften

Die Bestimmungen dieser Charta lassen geltende oder künftig in Kraft tretende Bestimmungen des innerstaatlichen Rechtes und zwei- oder mehrseitiger Übereinkünfte unberührt, die den geschützten Personen eine günstigere Behandlung einräumen.

37. Internationaler Pakt über bürgerliche und politische Rechte vom 19. Dezember 1966

Präambel

...

Die Vertragsstaaten dieses Paktes,

in der Erwägung, daß nach den in der Charta der Vereinten Nationen verkündeten Grundsätzen die Anerkennung der allen Mitgliedern der menschlichen Gesellschaft innewohnenden Würde und der Gleichheit und Unveräußerlichkeit ihrer Rechte die Grundlage von Freiheit, Gerechtigkeit und Frieden in der Welt bildet,

in der Erkenntnis, daß sich diese Rechte aus der dem Menschen innewohnenden Würde herleiten,

in der Erkenntnis, daß nach der Allgemeinen Erklärung der Menschenrechte das Ideal vom freien Menschen, der bürgerliche und politische Freiheit genießt und frei von Furcht und Not lebt, nur verwirklicht werden kann, wenn Verhältnisse geschaffen werden, in denen jeder seine bürgerlichen und politischen Rechte ebenso wie seine wirtschaftlichen, sozialen und kulturellen Rechte genießen kann,

in der Erwägung, daß die Charta der Vereinten Nationen die Staaten verpflichtet, die allgemeine und wirksame Achtung der Rechte und Freiheiten des Menschen zu fördern,

im Hinblick darauf, daß der einzelne gegenüber seinen Mitmenschen und der Gemeinschaft, der er angehört, Pflichten hat und gehalten ist, für die Förderung und Achtung der in diesem Pakt anerkannten Rechte einzutreten,

vereinbaren folgende Artikel:

TEIL I

Artikel 1

(1) Alle Völker haben das Recht auf Selbstbestimmung. Kraft dieses Rechts entscheiden sie frei über ihren politischen Status und gestalten in Freiheit ihre wirtschaftliche, soziale und kulturelle Entwicklung.

(2) Alle Völker können für ihre eigenen Zwecke frei über ihre natürlichen Reichtümer und Mittel verfügen, unbeschadet aller Verpflichtungen, die aus der internationalen wirtschaftlichen Zusammenarbeit auf der Grundlage des gegenseitigen Wohles sowie aus dem Völkerrecht erwachsen. In keinem Falle darf ein Volk seiner eigenen Existenzmittel beraubt werden.

(3) Die Vertragsstaaten einschließlich der Staaten, die für die Verwaltung von Gebieten ohne Selbstregierung und von Treuhandgebieten verantwortlich sind, haben entsprechend den Bestimmungen der Charta der Vereinten Nationen die Verwirklichung des Rechts auf Selbstbestimmung zu fördern und dieses Recht zu achten.

TEIL II

Artikel 2

(1) Jeder Vertragsstaat verpflichtet sich, die in diesem Pakt anerkannten Rechte zu achten und sie allen in seinem Gebiet befindlichen und seiner Herrschafts-

gewalt unterstehenden Personen ohne Unterschied wie insbesondere der Rasse, der Hautfarbe, des Geschlechts, der Sprache, der Religion, der politischen oder sonstigen Anschauung, der nationalen oder sozialen Herkunft, des Vermögens, der Geburt oder des sonstigen Status zu gewährleisten.

(2) Jeder Vertragsstaat verpflichtet sich, im Einklang mit seinem verfassungsmäßigen Verfahren und mit den Bestimmungen dieses Paktes die erforderlichen Schritte zu unternehmen, um die gesetzgeberischen oder sonstigen Vorkehrungen zu treffen, die notwendig sind, um den in diesem Pakt anerkannten Rechten Wirksamkeit zu verleihen, soweit solche Vorkehrungen nicht bereits getroffen worden sind.

(3) Jeder Vertragsstaat verpflichtet sich,

a) dafür Sorge zu tragen, daß jeder, der in seinen in diesem Pakt anerkannten Rechten oder Freiheiten verletzt worden ist, das Recht hat, eine wirksame Beschwerde einzulegen, selbst wenn die Verletzung von Personen begangen worden ist, die in amtlicher Eigenschaft gehandelt haben;

b) dafür Sorge zu tragen, daß jeder, der eine solche Beschwerde erhebt, sein Recht durch das zuständige Gerichts-, Verwaltungs- oder Gesetzgebungsorgan oder durch eine andere, nach den Rechtsvorschriften des Staates zuständige Stelle feststellen lassen kann, und den gerichtlichen Rechtsschutz auszubauen;

c) dafür Sorge zu tragen, daß die zuständigen Stellen Beschwerden, denen stattgegeben wurde, Geltung verschaffen.

Artikel 3

Die Vertragsstaaten verpflichten sich, die Gleichberechtigung von Mann und Frau bei der Ausübung aller in diesem Pakt festgelegten bürgerlichen und politischen Rechte sicherzustellen.

Artikel 4

(1) Im Falle eines öffentlichen Notstandes, der das Leben der Nation bedroht und der amtlich verkündet ist, können die Vertragsstaaten Maßnahmen ergreifen, die ihre Verpflichtungen aus diesem Pakt in dem Umfang, den die Lage unbedingt erfordert, außer Kraft setzen, vorausgesetzt, daß diese Maßnahmen ihren sonstigen völkerrechtlichen Verpflichtungen nicht zuwiderlaufen und keine Diskriminierung allein wegen der Rasse, der Hautfarbe, des Geschlechts, der Sprache, der Religion oder der sozialen Herkunft enthalten.

(2) Auf Grund der vorstehenden Bestimmung dürfen die Artikel 6, 7, 8 (Absätze 1 und 2), 11, 15, 16 und 18 nicht außer Kraft gesetzt werden.

(3) Jeder Vertragsstaat, der das Recht, Verpflichtungen außer Kraft zu setzen, ausübt, hat den übrigen Vertragsstaaten durch Vermittlung des Generalsekretärs der Vereinten Nationen unverzüglich mitzuteilen, welche Bestimmungen er außer Kraft gesetzt hat und welche Gründe ihn dazu veranlaßt haben. Auf demselben Wege ist durch eine weitere Mitteilung der Zeitpunkt anzugeben, in dem eine solche Maßnahme endet.

Artikel 5

(1) Keine Bestimmung dieses Paktes darf dahin ausgelegt werden, daß sie für einen Staat, eine Gruppe oder eine Person das Recht begründet, eine Tätigkeit auszuüben oder eine Handlung zu begehen, die auf die Abschaffung der in diesem Pakt anerkannten Rechte und Freiheiten oder auf weitergehende Beschränkungen dieser Rechte und Freiheiten, als in dem Pakt vorgesehen, hinzielt.

(2) Die in einem Vertragsstaat durch Gesetze, Übereinkommen, Verordnungen oder durch Gewohnheitsrecht anerkannten oder bestehenden grundlegenden Menschenrechte dürfen nicht unter dem Vorwand beschränkt oder außer Kraft gesetzt werden, daß dieser Pakt derartige Rechte nicht oder nur in einem geringen Ausmaße anerkenne.

TEIL III

Artikel 6

(1) Jeder Mensch hat ein angeborenes Recht auf Leben. Dieses Recht ist gesetzlich zu schützen. Niemand darf willkürlich seines Lebens beraubt werden.

(2) In Staaten, in denen die Todesstrafe nicht abgeschafft worden ist, darf ein Todesurteil nur für schwerste Verbrechen auf Grund von Gesetzen verhängt werden, die zur Zeit der Begehung der Tat in Kraft waren und die den Bestimmungen dieses Paktes und der Konvention über die Verhütung und Bestrafung des Völkermordes nicht widersprechen. Diese Strafe darf nur auf Grund eines von einem zuständigen Gericht erlassenen rechtskräftigen Urteils vollstreckt werden.

(3) Erfüllt die Tötung den Tatbestand des Völkermordes, so ermächtigt dieser Artikel die Vertragsstaaten nicht, sich in irgendeiner Weise einer Verpflichtung zu entziehen, die sie nach den Bestimmungen der Konvention über die Verhütung und Bestrafung des Völkermordes übernommen haben.

(4) Jeder zum Tode Verurteilte hat das Recht, um Begnadigung oder Umwandlung der Strafe zu bitten. Amnestie, Begnadigung oder Umwandlung der Todesstrafe kann in allen Fällen gewährt werden.

(5) Die Todesstrafe darf für strafbare Handlungen, die von Jugendlichen unter 18 Jahren begangen worden sind, nicht verhängt und an schwangeren Frauen nicht vollstreckt werden.

(6) Keine Bestimmung dieses Artikels darf herangezogen werden, um die Abschaffung der Todesstrafe durch einen Vertragsstaat zu verzögern oder zu verhindern.

Artikel 7

Niemand darf der Folter oder grausamer, unmenschlicher oder erniedrigender Behandlung oder Strafe unterworfen werden. Insbesondere darf niemand ohne seine freiwillige Zustimmung medizinischen oder wissenschaftlichen Versuchen unterworfen werden.

Artikel 8

(1) Niemand darf in Sklaverei gehalten werden; Sklaverei und Sklavenhandel in allen ihren Formen sind verboten.

(2) Niemand darf in Leibeigenschaft gehalten werden.

(3) a) Niemand darf gezwungen werden, Zwangs- oder Pflichtarbeit zu verrichten;

b) Buchstabe a ist nicht so auszulegen, daß er in Staaten, in denen bestimmte Straftaten mit einem mit Zwangsarbeit verbundenen Freiheitsentzug geahndet werden können, die Leistung von Zwangsarbeit auf Grund einer Verurteilung durch ein zuständiges Gericht ausschließt;

c) als „Zwangs- oder Pflichtarbeit" im Sinne dieses Absatzes gilt nicht

i) jede nicht unter Buchstabe b genannte Arbeit oder Dienstleistung, die normalerweise von einer Person verlangt wird, der auf Grund einer rechtmäßigen Gerichtsentscheidung die Freiheit entzogen oder die aus einem solchen Freiheitsentzug bedingt entlassen worden ist;

ii) jede Dienstleistung militärischer Art sowie in Staaten, in denen die Wehrdienstverweigerung aus Gewissensgründen anerkannt wird, jede für Wehrdienstverweigerer gesetzlich vorgeschriebene nationale Dienstleistung;

iii) jede Dienstleistung im Falle von Notständen oder Katastrophen, die das Leben oder das Wohl der Gemeinschaft bedrohen;

iv) jede Arbeit oder Dienstleistung, die zu den normalen Bürgerpflichten gehört.

Artikel 9

(1) Jedermann hat ein Recht auf persönliche Freiheit und Sicherheit. Niemand darf willkürlich festgenommen oder in Haft gehalten werden. Niemandem darf seine Freiheit entzogen werden, es sei denn aus gesetzlich bestimmten Gründen und unter Beachtung des im Gesetz vorgeschriebenen Verfahrens.

(2) Jeder Festgenommene ist bei seiner Festnahme über die Gründe der Festnahme zu unterrichten und die gegen ihn erhobenen Beschuldigungen sind ihm unverzüglich mitzuteilen.

(3) Jeder, der unter dem Vorwurf einer strafbaren Handlung festgenommen worden ist oder in Haft gehalten wird, muß unverzüglich einem Richter oder einer anderen gesetzlich zur Ausübung richterlicher Funktionen ermächtigten Amtsperson vorgeführt werden und hat Anspruch auf ein Gerichtsverfahren innerhalb angemessener Frist oder auf Entlassung aus der Haft. Es darf nicht die allgemeine Regel sein, daß Personen, die eine gerichtliche Aburteilung erwarten, in Haft gehalten werden, doch kann die Freilassung davon abhängig gemacht werden, daß für das Erscheinen zur Hauptverhandlung oder zu jeder anderen Verfahrenshandlung und gegebenenfalls zur Vollstreckung des Urteils Sicherheit geleistet wird.

(4) Jeder, dem seine Freiheit durch Festnahme oder Haft entzogen ist, hat das Recht, ein Verfahren vor einem Gericht zu beantragen, damit dieses unverzüglich über die Rechtmäßigkeit der Freiheitsentziehung entscheiden und seine Entlassung anordnen kann, falls die Freiheitsentziehung nicht rechtmäßig ist.

(5) Jeder, der unrechtmäßig festgenommen oder in Haft gehalten worden ist, hat einen Anspruch auf Entschädigung.

Artikel 10

(1) Jeder, dem seine Freiheit entzogen ist, muß menschlich und mit Achtung vor der dem Menschen innewohnenden Würde behandelt werden.

(2) a) Beschuldigte sind, abgesehen von außergewöhnlichen Umständen, von Verurteilten getrennt unterzubringen und so zu behandeln, wie es ihrer Stellung als Nichtverurteilten entspricht;

b) jugendliche Beschuldigte sind von Erwachsenen zu trennen, und es hat so schnell wie möglich ein Urteil zu ergehen.

(3) Der Strafvollzug schließt eine Behandlung der Gefangenen ein, die vornehmlich auf ihre Besserung und gesellschaftliche Wiedereingliederung hinzielt. Jugendliche Straffällige sind von Erwachsenen zu trennen und ihrem Alter und ihrer Rechtsstellung entsprechend zu behandeln.

Artikel 11

Niemand darf nur deswegen in Haft genommen werden, weil er nicht in der Lage ist, eine vertragliche Verpflichtung zu erfüllen.

Artikel 12

(1) Jedermann, der sich rechtmäßig im Hoheitsgebiet eines Staates aufhält, hat das Recht, sich dort frei zu bewegen und seinen Wohnsitz frei zu wählen.

(2) Jedermann steht es frei, jedes Land einschließlich seines eigenen zu verlassen.

(3) Die oben erwähnten Rechte dürfen nur eingeschränkt werden, wenn dies gesetzlich vorgesehen und zum Schutz der nationalen Sicherheit, der öffentlichen Ordnung (ordre public), der Volksgesundheit, der öffentlichen Sittlichkeit oder der Rechte und Freiheiten anderer notwendig ist und die Einschränkungen mit den übrigen in diesem Pakt anerkannten Rechten vereinbar sind.

(4) Niemandem darf willkürlich das Recht entzogen werden, in sein eigenes Land einzureisen.

Artikel 13

Ein Ausländer, der sich rechtmäßig im Hoheitsgebiet eines Vertragsstaates aufhält, kann aus diesem nur auf Grund einer rechtmäßig ergangenen Entscheidung ausgewiesen werden, und es ist ihm, sofern nicht zwingende Gründe der nationalen Sicherheit entgegenstehen, Gelegenheit zu geben, die gegen seine Ausweisung sprechenden Gründe vorzubringen und diese Entscheidung durch die zuständige Behörde oder durch eine oder mehrere von dieser Behörde besonders bestimmte Personen nachprüfen und sich dabei vertreten zu lassen.

Artikel 14

(1) Alle Menschen sind vor Gericht gleich. Jedermann hat Anspruch darauf, daß über eine gegen ihn erhobene strafrechtliche Anklage oder seine zivil-

rechtlichen Ansprüche und Verpflichtungen durch ein zuständiges, unabhängiges, unparteiisches und auf Gesetz beruhendes Gericht in billiger Weise und öffentlich verhandelt wird. Aus Gründen der Sittlichkeit, der öffentlichen Ordnung (ordre public) oder der nationalen Sicherheit in einer demokratischen Gesellschaft oder wenn es im Interesse des Privatlebens der Parteien erforderlich ist oder – soweit dies nach Auffassung des Gerichts unbedingt erforderlich ist – unter besonderen Umständen, in denen die Öffentlichkeit des Verfahrens die Interessen der Gerechtigkeit beeinträchtigen würde, können Presse und Öffentlichkeit während der ganzen oder eines Teils der Verhandlung ausgeschlossen werden; jedes Urteil in einer Straf- oder Zivilsache ist jedoch öffentlich zu verkünden, sofern nicht die Interessen Jugendlicher dem entgegenstehen oder das Verfahren Ehestreitigkeiten oder die Vormundschaft über Kinder betrifft.

(2) Jeder wegen einer strafbaren Handlung Angeklagte hat Anspruch darauf, bis zu dem im gesetzlichen Verfahren erbrachten Nachweis seiner Schuld als unschuldig zu gelten.

(3) Jeder wegen einer strafbaren Handlung Angeklagte hat in gleicher Weise im Verfahren Anspruch auf folgende Mindestgarantien:

a) Er ist unverzüglich und im einzelnen in einer ihm verständlichen Sprache über Art und Grund der gegen ihn erhobenen Anklage zu unterrichten;

b) er muß hinreichend Zeit und Gelegenheit zur Vorbereitung seiner Verteidigung und zum Verkehr mit einem Verteidiger seiner Wahl haben;

c) es muß ohne unangemessene Verzögerung ein Urteil gegen ihn ergehen;

d) er hat das Recht, bei der Verhandlung anwesend zu sein und sich selbst zu verteidigen oder durch einen Verteidiger seiner Wahl verteidigen zu lassen; falls er keinen Verteidiger hat, ist er über das Recht, einen Verteidiger in Anspruch zu nehmen, zu unterrichten; fehlen ihm die Mittel zur Bezahlung eines Verteidigers, so ist ihm ein Verteidiger unentgeltlich zu bestellen, wenn dies im Interesse der Rechtspflege erforderlich ist;

e) er darf Fragen an die Belastungszeugen stellen oder stellen lassen und das Erscheinen und die Vernehmung der Entlastungszeugen unter den für die Belastungszeugen geltenden Bedingungen erwirken;

f) er kann die unentgeltliche Beiziehung eines Dolmetschers verlangen, wenn er die Verhandlungssprache des Gerichts nicht versteht oder spricht;

g) er darf nicht gezwungen werden, gegen sich selbst als Zeuge auszusagen oder sich schuldig zu bekennen.

(4) Gegen Jugendliche ist das Verfahren in einer Weise zu führen, die ihrem Alter entspricht und ihre Wiedereingliederung in die Gesellschaft fördert.

(5) Jeder, der wegen einer strafbaren Handlung verurteilt worden ist, hat das Recht, das Urteil entsprechend dem Gesetz durch ein höheres Gericht nachprüfen zu lassen.

(6) Ist jemand wegen einer strafbaren Handlung rechtskräftig verurteilt und ist das Urteil später aufgehoben oder der Verurteilte begnadigt worden, weil eine neue oder eine neu bekanntgewordene Tatsache schlüssig beweist, daß ein Fehlurteil vorlag, so ist derjenige, der auf Grund eines solchen Urteils eine Strafe verbüßt hat, entsprechend dem Gesetz zu entschädigen, sofern nicht nachge-

wiesen wird, daß das nicht rechtzeitige Bekanntwerden der betreffenden Tatsache ganz oder teilweise ihm zuzuschreiben ist.

(7) Niemand darf wegen einer strafbaren Handlung, wegen der er bereits nach dem Gesetz und dem Strafverfahrensrecht des jeweiligen Landes rechtskräftig verurteilt oder freigesprochen worden ist, erneut verfolgt oder bestraft werden.

Artikel 15

(1) Niemand darf wegen einer Handlung oder Unterlassung verurteilt werden, die zur Zeit ihrer Begehung nach inländischem oder nach internationalem Recht nicht strafbar war. Ebenso darf keine schwerere Strafe als die im Zeitpunkt der Begehung der strafbaren Handlung angedrohte Strafe verhängt werden. Wird nach Begehung einer strafbaren Handlung durch Gesetz eine mildere Strafe eingeführt, so ist das mildere Gesetz anzuwenden.

(2) Dieser Artikel schließt die Verurteilung oder Bestrafung einer Person wegen einer Handlung oder Unterlassung nicht aus, die im Zeitpunkt ihrer Begehung nach den von der Völkergemeinschaft anerkannten allgemeinen Rechtsgrundsätzen strafbar war.

Artikel 16

Jedermann hat das Recht, überall als rechtsfähig anerkannt zu werden.

Artikel 17

(1) Niemand darf willkürlichen oder rechtswidrigen Eingriffen in sein Privatleben, seine Familie, seine Wohnung und seinen Schriftverkehr oder rechtswidrigen Beeinträchtigungen seiner Ehre und seines Rufes ausgesetzt werden.

(2) Jedermann hat Anspruch auf rechtlichen Schutz gegen solche Eingriffe oder Beeinträchtigungen.

Artikel 18

(1) Jedermann hat das Recht auf Gedanken-, Gewissens- und Religionsfreiheit. Dieses Recht umfaßt die Freiheit, eine Religion oder eine Weltanschauung eigener Wahl zu haben oder anzunehmen, und die Freiheit, seine Religion oder Weltanschauung allein oder in Gemeinschaft mit anderen, öffentlich oder privat durch Gottesdienst, Beachtung religiöser Bräuche, Ausübung und Unterricht zu bekunden.

(2) Niemand darf einem Zwang ausgesetzt werden, der seine Freiheit, eine Religion oder eine Weltanschauung seiner Wahl zu haben oder anzunehmen, beeinträchtigen würde.

(3) Die Freiheit, seine Religion oder Weltanschauung zu bekunden, darf nur den gesetzlich vorgesehenen Einschränkungen unterworfen werden, die zum Schutz der öffentlichen Sicherheit, Ordnung, Gesundheit, Sittlichkeit oder der Grundrechte und -freiheiten anderer erforderlich sind.

(4) Die Vertragsstaaten verpflichten sich, die Freiheit der Eltern und gegebenenfalls des Vormunds oder Pflegers zu achten, die religiöse und sittliche Erziehung ihrer Kinder in Übereinstimmung mit ihren eigenen Überzeugungen sicherzustellen.

Artikel 19

(1) Jedermann hat das Recht auf unbehinderte Meinungsfreiheit.

(2) Jedermann hat das Recht auf freie Meinungsäußerung; dieses Recht schließt die Freiheit ein, ohne Rücksicht auf Staatsgrenzen, Informationen und Gedankengut jeder Art in Wort, Schrift oder Druck, durch Kunstwerke oder andere Mittel eigener Wahl sich zu beschaffen, zu empfangen und weiterzugeben.

(3) Die Ausübung der in Absatz 2 vorgesehenen Rechte ist mit besonderen Pflichten und einer besonderen Verantwortung verbunden. Sie kann daher bestimmten, gesetzlich vorgesehenen Einschränkungen unterworfen werden, die erforderlich sind,

a) für die Achtung der Rechte oder des Rufs anderer;

b) für den Schutz der nationalen Sicherheit, der öffentlichen Ordnung (ordre public), der Volksgesundheit oder der öffentlichen Sittlichkeit.

Artikel 20

(1) Jede Kriegspropaganda wird durch Gesetz verboten.

(2) Jedes Eintreten für nationalen, rassischen oder religiösen Haß durch das zu Diskriminierung, Feindseligkeit oder Gewalt aufgestachelt wird, wird durch Gesetz verboten.

Artikel 21

Das Recht, sich friedlich zu versammeln, wird anerkannt. Die Ausübung dieses Rechts darf keinen anderen als den gesetzlich vorgesehenen Einschränkungen unterworfen werden, die in einer demokratischen Gesellschaft im Interesse der nationalen oder der öffentlichen Sicherheit, der öffentlichen Ordnung (ordre public), zum Schutz der Volksgesundheit, der öffentlichen Sittlichkeit oder zum Schutz der Rechte und Freiheiten anderer notwendig sind.

Artikel 22

(1) Jedermann hat das Recht, sich frei mit anderen zusammenzuschließen sowie zum Schutz seiner Interessen Gewerkschaften zu bilden und ihnen beizutreten.

(2) Die Ausübung dieses Rechts darf keinen anderen als den gesetzlich vorgesehenen Einschränkungen unterworfen werden, die in einer demokratischen Gesellschaft im Interesse der nationalen oder der öffentlichen Sicherheit, der öffentlichen Ordnung (ordre public), zum Schutz der Volksgesundheit, der öffentlichen Sittlichkeit oder zum Schutz der Rechte und Freiheiten anderer notwendig sind. Dieser Artikel steht gesetzlichen Einschränkungen der Ausübung dieses Rechts für Angehörige der Streitkräfte oder der Polizei nicht entgegen.

(3) Keine Bestimmung dieses Artikels ermächtigt die Vertragsstaaten des Übereinkommens der Internationalen Arbeitsorganisation von 1948 über die Vereinigungsfreiheit und den Schutz des Vereinigungsrechts gesetzgeberische Maßnahmen zu treffen oder Gesetze so anzuwenden, daß die Garantien des obengenannten Übereinkommens beeinträchtigt werden.

Artikel 23

(1) Die Familie ist die natürliche Kernzelle der Gesellschaft und hat Anspruch auf Schutz durch Gesellschaft und Staat.

(2) Das Recht von Mann und Frau, im heiratsfähigen Alter eine Ehe einzugehen und eine Familie zu gründen, wird anerkannt.

(3) Eine Ehe darf nur im freien und vollen Einverständnis der künftigen Ehegatten geschlossen werden.

(4) Die Vertragsstaaten werden durch geeignete Maßnahmen sicherstellen, daß die Ehegatten gleiche Rechte und Pflichten bei der Eheschließung, während der Ehe und bei Auflösung der Ehe haben. Für den nötigen Schutz der Kinder im Falle einer Auflösung der Ehe ist Sorge zu tragen.

Artikel 24

(1) Jedes Kind hat ohne Diskriminierung hinsichtlich der Rasse, der Hautfarbe, des Geschlechts, der Sprache, der Religion, der nationalen oder sozialen Herkunft, des Vermögens oder der Geburt das Recht auf diejenigen Schutzmaßnahmen durch seine Familie, die Gesellschaft und den Staat, die seine Rechtsstellung als Minderjähriger erfordert.

(2) Jedes Kind muß unverzüglich nach seiner Geburt in ein Register eingetragen werden und einen Namen erhalten.

(3) Jedes Kind hat das Recht, eine Staatsangehörigkeit zu erwerben.

Artikel 25

Jeder Staatsbürger hat das Recht und die Möglichkeit, ohne Unterschied nach den in Artikel 2 genannten Merkmalen und ohne unangemessene Einschränkungen

a) an der Gestaltung der öffentlichen Angelegenheiten unmittelbar oder durch frei gewählte Vertreter teilzunehmen;

b) bei echten, wiederkehrenden, allgemeinen, gleichen und geheimen Wahlen, bei denen die freie Äußerung des Wählerwillens gewährleistet ist, zu wählen und gewählt zu werden;

c) unter allgemeinen Gesichtspunkten der Gleichheit zu öffentlichen Ämtern seines Landes Zugang zu haben.

Artikel 26

Alle Menschen sind vor dem Gesetz gleich und haben ohne Diskriminierung Anspruch auf gleichen Schutz durch das Gesetz. In dieser Hinsicht hat das Gesetz jede Diskriminierung zu verbieten und allen Menschen gegen jede Diskriminierung, wie insbesondere wegen der Rasse, der Hautfarbe, des Geschlechts, der Sprache, der Religion, der politischen oder sonstigen Anschauung, der nationalen oder sozialen Herkunft, des Vermögens, der Geburt oder des sonstigen Status, gleichen und wirksamen Schutz zu gewährleisten.

Artikel 27

In Staaten mit ethnischen, religiösen oder sprachlichen Minderheiten darf Angehörigen solcher Minderheiten nicht das Recht vorenthalten werden, gemeinsam mit anderen Angehörigen ihrer Gruppe ihr eigenes kulturelles Leben zu pflegen, ihre eigene Religion zu bekennen und auszuüben oder sich ihrer eigenen Sprache zu bedienen.

TEIL IV

Artikel 28 bis 45

...

(enthält Bestimmungen zum Schutzsystem dieses Paktes – Gründung eines Menschenrechtsausschusses, dessen Zusammensetzung und Verfahrensweise, Einsetzung einer Vergleichskommission usw.)

TEIL V

Artikel 46 und 47

...

(enthält Auslegungsbestimmungen; Artikel 47 entspricht Artikel 25 des Paktes über wirtschaftliche, soziale und kulturelle Rechte)

...

38. Internationaler Pakt über wirtschaftliche, soziale und kulturelle Rechte vom 19. Dezember 1966

(Auszug)

Die Vertragsstaaten dieses Paktes,

in der Erwägung, daß nach den in der Charta der Vereinten Nationen verkündeten Grundsätzen die Anerkennung der allen Mitgliedern der menschlichen Gesellschaft innewohnenden Würde und der Gleichheit und Unveräußerlichkeit ihrer Rechte die Grundlage von Freiheit, Gerechtigkeit und Frieden in der Welt bildet,

in der Erkenntnis, daß sich diese Rechte aus der dem Menschen innewohnenden Würde herleiten,

in der Erkenntnis, daß nach der Allgemeinen Erklärung der Menschenrechte das Ideal vom freien Menschen, der frei von Furcht und Not lebt, nur verwirklicht werden kann, wenn Verhältnisse geschaffen werden, in denen jeder seine wirtschaftlichen, sozialen und kulturellen Rechte ebenso wie seine bürgerlichen und politischen Rechte genießen kann, in der Erwägung, daß die

Charta der Vereinten Nationen die Staaten verpflichtet, die allgemeine und wirksame Achtung der Rechte und Freiheiten des Menschen zu fördern,

im Hinblick darauf, daß der einzelne gegenüber seinen Mitmenschen und der Gemeinschaft, der er angehört, Pflichten hat und gehalten ist, für die Förderung und Achtung der in diesem Pakt anerkannten Rechte einzutreten,

vereinbaren folgende Artikel:

TEIL I

Artikel 1

(1) Alle Völker haben das Recht auf Selbstbestimmung. Kraft dieses Rechts entscheiden sie frei über ihren politischen Status und gestalten in Freiheit ihre wirtschaftliche, soziale und kulturelle Entwicklung.

(2) Alle Völker können für ihre eigenen Zwecke frei über ihre natürlichen Reichtümer und Mittel verfügen, unbeschadet aller Verpflichtungen, die aus der internationalen wirtschaftlichen Zusammenarbeit auf der Grundlage des gegenseitigen Wohles sowie aus dem Völkerrecht erwachsen. In keinem Fall darf ein Volk seiner eigenen Existenzmittel beraubt werden.

(3) Die Vertragsstaaten, einschließlich der Staaten, die für die Verwaltung von Gebieten ohne Selbstregierung und von Treuhandgebieten verantwortlich sind, haben entsprechend der Charta der Vereinten Nationen die Verwirklichung des Rechts auf Selbstbestimmung zu fördern und dieses Recht zu achten.

TEIL II

Artikel 2

(1) Jeder Vertragsstaat verpflichtet sich, einzeln und durch internationale Hilfe und Zusammenarbeit, insbesondere wirtschaftlicher und technischer Art, unter Ausschöpfung aller seiner Möglichkeiten Maßnahmen zu treffen, um nach und nach mit allen geeigneten Mitteln, vor allem durch gesetzgeberische Maßnahmen, die volle Verwirklichung der in diesem Pakt anerkannten Rechte zu erreichen.

(2) Die Vertragsstaaten verpflichten sich, zu gewährleisten, daß die in diesem Pakt verkündeten Rechte ohne Diskriminierung hinsichtlich der Rasse, der Hautfarbe, des Geschlechts, der Sprache, der Religion, der politischen oder sonstigen Anschauung, der nationalen oder sozialen Herkunft, des Vermögens, der Geburt oder des sonstigen Status ausgeübt werden.

(3) Entwicklungsländer können unter gebührender Berücksichtigung der Menschenrechte und der Erfordernisse ihrer Volkswirtschaft entscheiden, inwieweit sie Personen, die nicht ihre Staatsangehörigkeit besitzen, die in diesem Pakt anerkannten wirtschaftlichen Rechte gewährleisten wollen.

Artikel 3

Die Vertragsstaaten verpflichten sich, die Gleichberechtigung von Mann und Frau bei der Ausübung aller in diesem Pakt festgelegten wirtschaftlichen, sozialen und kulturellen Rechte sicherzustellen.

Artikel 4

Die Vertragsstaaten erkennen an, daß ein Staat die Ausübung der von ihm gemäß diesem Pakt gewährleisteten Rechte nur solchen Einschränkungen unterwerfen darf, die gesetzlich vorgesehen und mit der Natur dieser Rechte vereinbar sind und deren ausschließlicher Zweck es ist, das allgemeine Wohl in einer demokratischen Gesellschaft zu fördern.

Artikel 5

(1) Keine Bestimmung dieses Paktes darf dahin ausgelegt werden, daß sie für einen Staat, eine Gruppe oder eine Person das Recht begründet, eine Tätigkeit auszuüben oder eine Handlung zu begehen, die auf die Abschaffung der in diesem Pakt anerkannten Rechte und Freiheiten oder auf weitergehende Beschränkungen dieser Rechte und Freiheiten, als in dem Pakt vorgesehen, hinzielt.

(2) Die in einem Land durch Gesetze, Übereinkommen, Verordnungen oder durch Gewohnheitsrecht anerkannten oder bestehenden grundlegenden Menschenrechte dürfen nicht unter dem Vorwand beschränkt oder außer Kraft gesetzt werden, daß dieser Pakt derartige Rechte nicht oder nur in einem geringen Ausmaße anerkenne.

TEIL III

Artikel 6

(1) Die Vertragsstaaten erkennen das Recht auf Arbeit an, welches das Recht jedes einzelnen auf die Möglichkeit, seinen Lebensunterhalt durch frei gewählte oder angenommene Arbeit zu verdienen, umfaßt, und unternehmen geeignete Schritte zum Schutz dieses Rechts.

(2) Die von einem Vertragsstaat zur vollen Verwirklichung dieses Rechts zu unternehmenden Schritte umfassen fachliche und berufliche Beratung und Ausbildungsprogramme sowie die Festlegung von Grundsätzen und Verfahren zur Erzielung einer stetigen wirtschaftlichen, sozialen und kulturellen Entwicklung und einer produktiven Vollbeschäftigung unter Bedingungen, welche die politischen und wirtschaftlichen Grundfreiheiten des einzelnen schützen.

Artikel 7

Die Vertragsstaaten erkennen das Recht eines jeden auf gerechte und günstige Arbeitsbedingungen an, durch die insbesondere gewährleistet wird

a) ein Arbeitsentgelt, das allen Arbeitnehmern mindestens sichert

i) angemessenen Lohn und gleiches Entgelt für gleichwertige Arbeit ohne Unterschied; insbesondere wird gewährleistet, daß Frauen keine ungünstigeren Arbeitsbedingungen als Männer haben und daß sie für gleiche Arbeit gleiches Entgelt erhalten,

ii) einen angemessenen Lebensunterhalt für sie und ihre Familien in Übereinstimmung mit diesem Pakt;

b) sichere und gesunde Arbeitsbedingungen;

c) gleiche Möglichkeiten für jedermann, in seiner beruflichen Tätigkeit entsprechend aufzusteigen, wobei keine anderen Gesichtspunkte als Beschäftigungsdauer und Befähigung ausschlaggebend sein dürfen;

d) Arbeitspausen, Freizeit, eine angemessene Begrenzung der Arbeitszeit, regelmäßiger bezahlter Urlaub sowie Vergütung gesetzlicher Feiertage.

Artikel 8

(1) Die Vertragsstaaten verpflichten sich, folgende Rechte zu gewährleisten:

a) das Recht eines jeden, zur Förderung und zum Schutz seiner wirtschaftlichen und sozialen Interessen Gewerkschaften zu bilden oder einer Gewerkschaft eigener Wahl allein nach Maßgabe ihrer Vorschriften beizutreten. Die Ausübung dieses Rechts darf nur solchen Einschränkungen unterworfen werden, die gesetzlich vorgesehen und in einer demokratischen Gesellschaft im Interesse der nationalen Sicherheit oder der öffentlichen Ordnung oder zum Schutz der Rechte und Freiheiten anderer erforderlich sind;

b) das Recht der Gewerkschaften, nationale Vereinigungen oder Verbände zu gründen, sowie deren Recht, internationale Gewerkschaftsorganisationen zu bilden oder solchen beizutreten;

c) das Recht der Gewerkschaften, sich frei zu betätigen, wobei nur solche Einschränkungen zulässig sind, die gesetzlich vorgesehen und in einer demokratischen Gesellschaft im Interesse der nationalen Sicherheit oder der öffentlichen Ordnung oder zum Schutz der Rechte und Freiheiten anderer erforderlich sind;

d) das Streikrecht, soweit es in Übereinstimmung mit der innerstaatlichen Rechtsordnung ausgeübt wird.

(2) Dieser Artikel schließt nicht aus, daß die Ausübung dieser Rechte durch Angehörige der Streitkräfte, der Polizei oder der öffentlichen Verwaltung rechtlichen Einschränkungen unterworfen wird.

(3) Keine Bestimmung dieses Artikels ermächtigt die Vertragsstaaten des Übereinkommens der Internationalen Arbeitsorganisation von 1948 über die Vereinigungsfreiheit und den Schutz des Vereinigungsrechts, gesetzgeberische Maßnahmen zu treffen oder Gesetze so anzuwenden, daß die Garantien des obengenannten Übereinkommens beeinträchtigt werden.

Artikel 9

Die Vertragsstaaten erkennen das Recht eines jeden auf soziale Sicherheit an; diese schließt die Sozialversicherung ein.

Artikel 10

Die Vertragsstaaten erkennen an,

1. daß die Familie als die natürliche Kernzelle der Gesellschaft größtmöglichen Schutz und Beistand genießen soll, insbesondere im Hinblick auf ihre Gründung und solange sie für die Betreuung und Erziehung unterhaltsberechtigter Kinder verantwortlich ist. Eine Ehe darf nur im freien Einverständnis der künftigen Ehegatten geschlossen werden;

2. daß Mütter während einer angemessenen Zeit vor und nach der Niederkunft besonderen Schutz genießen sollen. Während dieser Zeit sollen berufstätige Mütter bezahlten Urlaub oder Urlaub mit angemessenen Leistungen aus der sozialen Sicherheit erhalten;

3. daß Sondermaßnahmen zum Schutz und Beistand für alle Kinder und Jugendlichen ohne Diskriminierung aufgrund der Abstammung oder aus sonstigen Gründen getroffen werden sollen. Kinder und Jugendliche sollen vor wirtschaftlicher und sozialer Ausbeutung geschützt werden. Ihre Beschäftigung mit Arbeiten, die ihrer Moral oder Gesundheit schaden, ihr Leben gefährden oder voraussichtlich ihre normale Entwicklung behindern, soll gesetzlich strafbar sein. Die Staaten sollen ferner Altersgrenzen festsetzen, unterhalb derer die entgeltliche Beschäftigung von Kindern gesetzlich verboten und strafbar ist.

Artikel 11

(1) Die Vertragsstaaten erkennen das Recht eines jeden auf einen angemessenen Lebensstandard für sich und seine Familie an, einschließlich ausreichender Ernährung, Bekleidung und Unterbringung, sowie auf eine stetige Verbesserung der Lebensbedingungen. Die Vertragsstaaten unternehmen geeignete Schritte, um die Verwirklichung dieses Rechts zu gewährleisten, und erkennen zu diesem Zweck die entscheidende Bedeutung einer internationalen, auf freier Zustimmung beruhenden Zusammenarbeit an.

(2) In Anerkennung des grundlegenden Rechts eines jeden, vor Hunger geschützt zu sein, werden die Vertragsstaaten einzeln und im Wege internationaler Zusammenarbeit die erforderlichen Maßnahmen, einschließlich besonderer Programme, durchführen

a) zur Verbesserung der Methoden der Erzeugung, Haltbarmachung und Verteilung von Nahrungsmitteln durch volle Nutzung der technischen und wissenschaftlichen Erkenntnisse, durch Verbreitung der ernährungswissenschaftlichen Grundsätze sowie durch die Entwicklung oder Reform landwirtschaftlicher Systeme mit dem Ziel einer möglichst wirksamen Erschließung und Nutzung der natürlichen Hilfsquellen;

b) zur Sicherung einer dem Bedarf entsprechenden gerechten Verteilung der Nahrungsmittelvorräte der Welt unter Berücksichtigung der Probleme der Nahrungsmittel einführenden und ausführenden Länder.

Artikel 12

(1) Die Vertragsstaaten erkennen das Recht eines jeden auf das für ihn erreichbare Höchstmaß an körperlicher und geistiger Gesundheit an.

(2) Die von den Vertragsstaaten zu unternehmenden Schritte zur vollen Verwirklichung dieses Rechts umfassen die erforderlichen Maßnahmen

a) zur Senkung der Zahl der Totgeburten und der Kindersterblichkeit sowie zur gesunden Entwicklung des Kindes;

b) zur Verbesserung aller Aspekte der Umwelt- und der Arbeitshygiene;

c) zur Vorbeugung, Behandlung und Bekämpfung epidemischer, endemischer Berufs- und sonstiger Krankheiten;

d) zur Schaffung der Voraussetzungen, die für jedermann im Krankheitsfall den Genuß medizinischer Einrichtungen und ärztlicher Betreuung sicherstellen.

Artikel 13

(1) Die Vertragsstaaten erkennen das Recht eines jeden auf Bildung an. Sie stimmen überein, daß die Bildung auf die volle Entfaltung der menschlichen Persönlichkeit und des Bewußtseins ihrer Würde gerichtet sein und die Achtung vor den Menschenrechten und Grundfreiheiten stärken muß. Sie stimmen ferner überein, daß die Bildung es jedermann ermöglichen muß, eine nützliche Rolle in einer freien Gesellschaft zu spielen, daß sie Verständnis, Toleranz und Freundschaft unter allen Völkern und allen rassischen, ethnischen und religiösen Gruppen fördern sowie die Tätigkeit der Vereinten Nationen zur Erhaltung des Friedens unterstützen muß.

(2) Die Vertragsstaaten erkennen an, daß im Hinblick auf die volle Verwirklichung dieses Rechts

a) der Grundschulunterricht für jedermann Pflicht und allen unentgeltlich zugänglich sein muß;

b) die verschiedenen Formen des höheren Schulwesens einschließlich des höheren Fach- und Berufsschulwesens auf jede geeignete Weise, insbesondere durch allmähliche Einführung der Unentgeltlichkeit, allgemein verfügbar und jedermann zugänglich gemacht werden müssen;

c) der Hochschulunterricht auf jede geeignete Weise, insbesondere durch allmähliche Einführung der Unentgeltlichkeit, jedermann gleichermaßen entsprechend seinen Fähigkeiten zugänglich gemacht werden muß;

d) eine grundlegende Bildung für Personen, die eine Grundschule nicht besucht oder nicht beendet haben, so weit wie möglich zu fördern oder zu vertiefen ist;

e) die Entwicklung eines Schulsystems auf allen Stufen aktiv voranzutreiben, ein angemessenes Stipendiensystem einzurichten und die wirtschaftliche Lage der Lehrerschaft fortlaufend zu verbessern ist.

(3) Die Vertragsstaaten verpflichten sich, die Freiheit der Eltern und gegebenenfalls des Vormunds oder Pflegers zu achten, für ihre Kinder andere als öffentliche Schulen zu wählen, die den vom Staat gegebenenfalls festgesetzten oder gebilligten bildungspolitischen Mindestnormen entsprechen, sowie die religiöse und sittliche Erziehung ihrer Kinder in Übereinstimmung mit ihren eigenen Überzeugungen sicherzustellen.

(4) Keine Bestimmung dieses Artikels darf dahin ausgelegt werden, daß sie die Freiheit natürlicher oder juristischer Personen beeinträchtigt, Bildungseinrichtungen zu schaffen und zu leiten, sofern die in Absatz 1 niedergelegten Grundsätze beachtet werden und die in solchen Einrichtungen vermittelte Bildung den vom Staat gegebenenfalls festgesetzten Mindestnormen entspricht.

Artikel 14

Jeder Vertragsstaat, der zu dem Zeitpunkt, da er Vertragspartei wird, im Mutterland oder in sonstigen seiner Hoheitsgewalt unterstehenden Gebieten noch nicht die Grundschulpflicht auf der Grundlage der Unentgeltlichkeit einführen konnte, verpflichtet sich, binnen zwei Jahren einen ausführlichen Aktionsplan auszuarbeiten und anzunehmen, der die schrittweise Verwirklichung des Grundsatzes der unentgeltlichen allgemeinen Schulpflicht innerhalb einer angemessenen, in dem Plan festzulegenden Zahl von Jahren vorsieht.

Artikel 15

(1) Die Vertragsstaaten erkennen das Recht eines jeden an,

a) am kulturellen Leben teilzunehmen;

b) an den Errungenschaften des wissenschaftlichen Fortschritts und seiner Anwendung teilzuhaben;

c) den Schutz der geistigen und materiellen Interessen zu genießen, die ihm als Urheber von Werken der Wissenschaft, Literatur oder Kunst erwachsen.

(2) Die von den Vertragsstaaten zu unternehmenden Schritte zur vollen Verwirklichung dieses Rechts umfassen die zur Erhaltung, Entwicklung und Verbreitung von Wissenschaft und Kultur erforderlichen Maßnahmen.

(3) Die Vertragsstaaten verpflichten sich, die zu wissenschaftlicher Forschung und schöpferischer Tätigkeit unerläßliche Freiheit zu achten.

(4) Die Vertragsstaaten erkennen die Vorteile an, die sich aus der Förderung und Entwicklung internationaler Kontakte und Zusammenarbeit auf wissenschaftlichem und kulturellem Gebiet ergeben.

TEIL IV

Artikel 16

(1) Die Vertragsstaaten verpflichten sich, nach Maßgabe dieses Teiles Berichte über die von ihnen getroffenen Maßnahmen und über die Fortschritte vorzulegen, die hinsichtlich der Beachtung der in dem Pakt anerkannten Rechte erzielt wurden.

(2) a) Alle Berichte werden dem Generalsekretär der Vereinten Nationen vorgelegt, der sie abschriftlich dem Wirtschafts- und Sozialrat übermittelt, damit dieser sie nach Maßgabe dieses Paktes prüft.

b) Sind Vertragsstaaten gleichzeitig Mitglieder von Sonderorganisationen, so übermittelt der Generalsekretär der Vereinten Nationen ihre Berichte oder einschlägige Teile solcher Berichte abschriftlich auch den Sonderorganisationen, soweit diese Berichte oder Teile sich auf Angelegenheiten beziehen, die nach den Satzungen dieser Organisation in deren Aufgabenbereich fallen.

Artikel 17 bis 24

...

[enthalten Verfahrensbestimmungen]

Artikel 25

Keine Bestimmung dieses Paktes ist so auszulegen, daß sie das allen Völkern innewohnende Recht auf den Genuß und die volle und freie Nutzung ihrer natürlichen Reichtümer und Mittel beeinträchtigt.

39. Schlußakte der Konferenz über Sicherheit und Zusammenarbeit in Europa (KSZE/Helsinki) vom 1. August 1975

(Auszug)

Die Teilnehmerstaaten* der Konferenz über Sicherheit und Zusammenarbeit in Europa

...

In der Erkenntnis

der engen Verbindung zwischen Frieden und Sicherheit in Europa und in der ganzen Welt und im Bewußtsein der Notwendigkeit, daß jeder von ihnen seinen Beitrag zur Festigung des Friedens und der Sicherheit in der Welt und zur Förderung der Grundrechte, des wirtschaftlichen und sozialen Fortschritts und des Wohlergehens aller Völker leistet,

Haben folgendes angenommen:

1.
a) Erklärung über die Prinzipien, die die Beziehungen der Teilnehmerstaaten leiten

Die Teilnehmerstaaten,
...

In Bekundung

ihrer einmütigen Zustimmung zu den Prinzipien, die unten aufgeführt sind und die mit der Charta der Vereinten Nationen übereinstimmen sowie ihres einmütigen Willens, bei der Anwendung dieser Prinzipien in Übereinstimmung mit den Zielen und Grundsätzen der Charta der Vereinten Nationen zu handeln;

Erklären

ihre Entschlossenheit, die folgenden Prinzipien, die alle von grundlegender Bedeutung sind und ihre gegenseitigen Beziehungen leiten, ein jeder in seinen Beziehungen zu allen anderen Teilnehmerstaaten, ungeachtet ihrer politischen, wirtschaftlichen oder sozialen Systeme, als auch ihrer Größe, geographischen Lage oder ihres wirtschaftlichen Entwicklungsstandes, zu achten und in die Praxis umzusetzen:
...

---

* Belgien, Bulgarien, Dänemark, DDR, Bundesrepublik Deutschland, Finnland, Frankreich, Griechenland, Heiliger Stuhl, Irland, Island, Italien, Jugoslawien, Kanada, Liechtenstein, Luxemburg, Malta, Monaco, Niederlande, Norwegen, Österreich, Polen, Portugal, Rumänien, San Marino, Schweden, Schweiz, Spanien, Tschechoslowakei, Türkei, Ungarn, UdSSR (GUS), Vereinigtes Königreich, Vereinigte Staaten, Zypern.

VI.
Nichteinmischung in innere Angelegenheiten

Die Teilnehmerstaaten werden sich ungeachtet ihrer gegenseitigen Beziehungen jeder direkten oder indirekten, individuellen oder kollektiven Einmischung in die inneren oder äußeren Angelegenheiten enthalten, die in die innerstaatliche Zuständigkeit eines anderen Teilnehmerstaates fallen.

...

VII.
Achtung der Menschenrechte und Grundfreiheiten, einschließlich der Gedanken-, Gewissens-, Religions- oder Überzeugungsfreiheit

Die Teilnehmerstaaten werden die Menschenrechte und Grundfreiheiten, einschließlich der Gedanken-, Gewissens-, Religions- oder Überzeugungsfreiheit für alle ohne Unterschied der Rasse, des Geschlechts, der Sprache oder der Religion achten.

Sie werden die wirksame Ausübung der zivilen, politischen, wirtschaftlichen, sozialen, kulturellen sowie der anderen Rechte und Freiheiten, die sich alle aus der dem Menschen innewohnenden Würde ergeben und für seine freie und volle Entfaltung wesentlich sind, fördern und ermutigen.

In diesem Rahmen werden die Teilnehmerstaaten die Freiheit des Individuums anerkennen und achten, sich allein oder in Gemeinschaft mit anderen zu einer Religion oder einer Überzeugung in Übereinstimmung mit dem, was sein Gewissen ihm gebietet, zu bekennen und sie auszuüben.

Die Teilnehmerstaaten, auf deren Territorium nationale Minderheiten bestehen, werden das Recht von Personen, die zu solchen Minderheiten gehören, auf Gleichheit vor dem Gesetz achten; sie werden ihnen jede Möglichkeit für den tatsächlichen Genuß der Menschenrechte und Grundfreiheiten gewähren und werden auf diese Weise ihre berechtigten Interessen in diesem Bereich schützen.

Die Teilnehmerstaaten anerkennen die universelle Bedeutung der Menschenrechte und Grundfreiheiten, deren Achtung ein wesentlicher Faktor für den Frieden, die Gerechtigkeit und das Wohlergehen ist, die ihrerseits erforderlich sind, um die Entwicklung freundschaftlicher Beziehungen und der Zusammenarbeit zwischen ihnen sowie zwischen allen Staaten zu gewährleisten.

Sie werden diese Rechte und Freiheiten in ihren gegenseitigen Beziehungen stets achten und sich einzeln und gemeinsam, auch in Zusammenarbeit mit den Vereinten Nationen, bemühen, die universelle und wirksame Achtung dieser Rechte und Freiheiten zu fördern.

Sie bestätigen das Recht des Individuums, seine Rechte und Pflichten auf diesem Gebiet zu kennen und auszuüben.

Auf dem Gebiet der Menschenrechte und Grundfreiheiten werden die Teilnehmerstaaten in Übereinstimmung mit den Zielen und Grundsätzen der Charta der Vereinten Nationen und mit der Allgemeinen Erklärung der Menschenrechte handeln. Sie werden ferner ihre Verpflichtungen erfüllen, wie diese festgelegt sind in den internationalen Erklärungen und Abkommen auf diesem Gebiet, soweit sie an sie gebunden sind, darunter auch in den Internationalen Konventionen über die Menschenrechte.

VIII.
Gleichberechtigung und Selbstbestimmungsrecht der Völker

Die Teilnehmerstaaten werden die Gleichberechtigung der Völker und ihr Selbstbestimmungsrecht achten, indem sie jederzeit in Übereinstimmung mit den Zielen und Grundsätzen der Charta der Vereinten Nationen und den einschlägigen Normen des Völkerrechts handeln, einschließlich jener, die sich auf die territoriale Integrität der Staaten beziehen.

Kraft des Prinzips der Gleichberechtigung und des Selbstbestimmungsrechts der Völker haben alle Völker jederzeit das Recht, in voller Freiheit, wann und wie sie es wünschen, ihren inneren und äußeren politischen Status ohne äußere Einmischung zu bestimmen und ihre politische, wirtschaftliche, soziale und kulturelle Entwicklung nach eigenen Wünschen zu verfolgen.

Die Teilnehmerstaaten bekräftigen die universelle Bedeutung der Achtung und der wirksamen Ausübung der Gleichberechtigung und des Selbstbestimmungsrechts der Völker für die Entwicklung freundschaftlicher Beziehungen zwischen ihnen sowie zwischen allen Staaten; sie erinnern auch an die Bedeutung der Beseitigung jeglicher Form der Verletzung dieses Prinzips.

...

Literaturhinweise*

Bello, Emmanuel G.: Organisation of African Unity, in: EPIL Instalment 6 (1983) p. 270 seq.

Brunner, Georg: Die neue Verfassungsgerichtsbarkeit in Osteuropa, in: ZaöRV Bd. 53 (1993) S. 819 ff.

Buergenthal, Thomas: American Convention on Human Rights, in: EPIL Vol. I (1992) p. 131 seq.

Capatorti, Francesco: Die Rechte der Angehörigen von Minderheiten, in: Vereinte Nationen – Zeitschrift für die Vereinten Nationen und ihre Sonderorganisationen, 1980, S. 113 ff.

Farer, Tom J.: Inter-American Commission on Human Rights, EPIL Instalment 8 (1985) p. 323

Franz, Günther: Staatsverfassungen. 3. Auflage 1975

Hartung, Fritz: Die Entwicklung der Menschen- und Bürgerrechte von 1776 bis zur Gegenwart. 4. Auflage 1972

Henkin, Louis: Human Rights, in: EPIL Instalment 8 (1985) p. 271

Hobbes, Thomas: Leviathan (Urfassung London 1651). Hrsg. von P.C. Mayer-Tasch, 1965

Hošková, Mahulena: Zur Wiederherstellung der Verfassungsgerichtsbarkeit in der Tschechoslowakei, in: ZaöRV Bd. 52 (1992) S. 334 ff.

Jonathan, Gérard Cohen: Human Rights Covenants, in: EPIL Instalment 8 (1985) p. 298

Kimmel, Adolf: Die Verfassungen der EG-Mitgliedsstaaten. 3. Auflage 1993

Kokott, Juliane: Der Interamerikanische Gerichtshof für Menschenrechte und seine bisherige Praxis, in: ZaöRV, Bd. 44 (1984) S. 806 ff.

---

* Abkürzungen: EPIL Encyclopedia of Public International Law. Rudolf Bernhardt (ed).

ZaöRV Zeitschrift für ausländisches öffentliches Recht und Völkerrecht. Max-Planck-Institut f. ausl. öffentl. Recht und Völkerrecht, Heidelberg.

Kristan, Ivan: Verfassungsentwicklung und Verfassungsordnung Sloweniens, in: ZaöRV Bd. 53 (1993) S. 322 ff.

KSZE-Schlußakte. Drittes deutsch-polnisches Juristen-Kolloquium – Völkerrecht und Außenpolitik Bd. 27. Hrsg. von Rudolf Bernhardt u. a. Mit Beiträgen von Krzystof Skubiszewski, Jost Delbrück, Adam Daniel Rotfeld, Zdislaw Kedzia, Walter Rudolf. 1977

Laotse: Tao Te king. Deutsch von F. Fiedler. Hrsg. Gustav Wyneken. 1922

Locke, John: Über die Regierung (Two Treatises on Government, II – Urausgabe 1690). Hrsg. von P.C. Mayer-Tasch, 1966

Mayer-Tasch, Peter Cornelius: Die Verfassungen der nichtkommunistischen Staaten Europas, 1975

Nickel, Dietmar: Zum Grundrechtsdefizit der Europäischen Gemeinschaften, in: Zeitschrift für Rechtspolitik, 1980, S. 161 ff.

Oestreich, Gerhard: Die Idee der Menschenrechte in ihrer geschichtlichen Entwicklung. 5. Auflage 1974

Oeter, Stefan: Selbstbestimmungsrecht im Wandel, in: ZaöRV Bd. 52 (1992) S. 741 (761 ff.)

Petzold, Herbert: Der gegenwärtige Wirkungsbereich der Europäischen Menschenrechtskonvention und ihrer Zusatzprotokolle, der Konvention zur Beseitigung aller Formen von Rassendiskriminierung sowie der Menschenrechtspakte der Vereinten Nationen, in: ZaöRV Bd. 30 (1979) S. 400 ff.

Platz, Klaus Wilhelm: Internationale Konvention gegen Geiselnahme, in: ZaöRV Bd. 40 (1980) S. 276 ff.

Reibstein, Ernst: Die Anfänge des neueren Natur- und Völkerrechts. 1949

Ritter, Gerhard: Ursprung und Wesen der Menschenrechte, in: Historische Zeitschrift Bd. 169, 1949

Romberg, Harold Percy: Die Richter ihrer Majestät. Porträt der englischen Justiz. 1956

Seneca, L. Annaeus: Briefe an Lucilius. Deutsche Gesamtausgabe, Hsrg. von Ernst Glaser-Gerhard. 1965

Schickhardt, Bernhard: Die Erklärung der Menschen- und Bürgerrechte von 1789 – 91 in den Debatten der Nationalversammlung. Historische Studien, Heft 205. 1931

Schlögel, Anton: Geneva Red Cross Convention and Protocols, in EPIL Instalment 3 (1982) p. 181 seq.

Schweisfurth, Theodor:

1. Perestrojka durch Staatsrecht, in: ZaöRV Bd. 49 (1989) S. 711 ff.
2. Vom Einheitsstaat (UdSSR) zum Staatenbund (GUS), in: ZaöRV Bd. 52 (1992) S. 541 ff.

Um die Erklärung der Menschenrechte. Ein Symposion. Hrsg. unter dem Patronat der UNESCO, mit einer Einführung von J. Maritain, 1951. U. a. mit Beiträgen von Chung-Sho Lo, S. Hessen.

Verosta, Stephan: History of the Law of Nations 1648 to 1815, in: EPIL Instalment 7 (1984) p. 161

Quellenverzeichnis

Die Nummern des Verzeichnisses entsprechen den Nummern der Dokumente im zweiten Teil des vorliegenden Bandes

1. – 3. Neu übersetzt von W. Heidelmeyer nach den Originaltexten bei Günther Franz: Staatsverfassungen, 3. Aufl. 1975
4. – 8. Übersetzung von W. Heidelmeyer nach Maurice Duverger: Constitutions et Documents Politiques, 11. Auflage, 1987
9. Hartung: Entwicklung der Menschen- und Bürgerrechte, 4. Auflage, S. 78 f.
10. A. a. O. S. 84 ff.
11. Gesetzsammlung für die Königl. Preußischen Staaten, 1850, Nr. 3512, S. 17 ff.
12. Amtlicher Text
13. Deutsche Übertragung von W. Heidelmeyer
14. Heinrich Schönfelder: Deutsche Gesetze, Nr. 1
15. 1. und 2. übersetzt von W. Heidelmeyer nach Duverger: Constitutions
16. Übersetzt nach dem italienischen Text von W. Heidelmeyer
17. Amtl. niederl. Übersetzung bei Adolf Kimmel: Die Verfassungen der EG-Migliedstaaten, 3. Aufl. 1993
18. Deutsche Übertragung von W. Heidelmeyer
19. Übersetzt nach dem russischen Text von W. Heidelmeyer
20. Übersetzt von W. Heidelmeyer nach: Constitución Española. Edición Comentada. Hrsg. Centro de Estudios Constitucionales. Madrid, 1979
21.–22. Deutsche Übertragungen von W. Heidelmeyer
23.1. Deutsche Übertragung von W. Heidelmeyer
   2. Treaty Series No. 26 (1985), Cmnd. 9543; Ztschr. f. ausl. öffentl. Recht und Völkerrecht, Bd. 46 (1986) S. 682 ff.
24.–25. Deutsche Übertragungen von W. Heidelmeyer
26. Übersetzt nach Originaltexten von W. Heidelmeyer
27. Übersetzungen von Erika Jacobs und Ellinor von Puttkamer, in: Die Friedensverträge in deutschem Wortlaut, herausgegeben von der Redaktion der „Wandlung“, Heidelberg 1947
28. Bundesgesetzblatt Teil II, 1954, S. 730 f.
29. Texte der Konventionen nach Bundesgesetzblatt, Teil II, 1954, S. 781 ff. – Texte der Zusatzprotokolle deutsch nach dem englischen Original in ZaöRV, Bd. 38 S. 86 ff. von W. Heidelmeyer
30. Bundesgesetzblatt Teil II, 1958, S. 205 ff.

31. „Vereinte Nationen", Zeitschrift für die Vereinten Nationen und ihre Sonderorganisationen, 1/68, S. 27 f.
32. Bundesgesetzblatt, Teil II, 1969, S. 962 ff.
33. Bundesgesetzblatt, Teil II, 1980, S. 1362
34.1 Deutscher Text nach: Veröffentlichung Nr. 63, I. 13 der Informationsabteilung der Vereinten Nationen
34.2 ILA – Report 1994, S. 29
35. Bundesgesetzblatt, Teil II, 1952, S. 686 (Konvention); Bundesgesetzblatt Teil II, 1956, S. 1879 (Erstes Zusatzprotokoll); Bundesgesetzblatt Teil II, 1968, S. 422 (Viertes Zusatzprotokoll); der abgedruckte Text der Konvention wird durch die Änderungen in den Zusatzprotokollen Nr. 3/1963 und Nr. 5/1966 nicht berührt.
36. Bundesgesetzblatt Teil II, 1964, S. 1262 ff.
37. Bundesgesetzblatt Teil II, 1973, S. 1534 ff. – Dieser und der folgende Pakt (Nr. 38) bilden einen Anhang zur Resolution 2200 (XXI) der Generalversammlung der Vereinten Nationen vom 16. Dezember 1966; beide wurden am 19. Dezember 1966 zur Unterzeichnung aufgelegt (UN-Yearbook on Human Rights for 1966, New York 1969, S. 437 ff.)
38. Bundesgesetzblatt Teil II, 1973, S. 1570 ff.
39. Presse- und Informationsamt der Bundesregierung, Bulletin Nr. 102 vom 15. August 1975, S. 968 ff. (amtliche Veröffentlichung für die Bundesrepublik Deutschland).